名师工程
创新班主任系列

班级活动创新
与问题应对

杨连山　杨　照　张国良 著

西南师范大学 出版社
全国百佳图书出版单位　国家一级出版社

图书在版编目(CIP)数据

班级活动创新与问题应对/杨连山,杨照,张国良著.
一重庆:西南师范大学出版社,2013.4
(名师工程系列丛书)
ISBN 978-7-5621-6182-0

Ⅰ.①班… Ⅱ.①杨… ②杨… ③张… Ⅲ.①班级—活动
课程—中小学—教学参考资料 Ⅳ.①G632.41

中国版本图书馆 CIP 数据核字(2013)第 064336 号

名师工程系列丛书

编委会主任:马 立 宋乃庆
总策划:周安平
策 划:李远毅 卢 旭 郑持军 郭德军

班级活动创新与问题应对

杨连山 杨 照 张国良 著

责任编辑:张浩宇 任占弟
封面设计:天之赋设计室
出版发行:西南师范大学出版社
地址:重庆市北碚区天生路1号
邮编:400715 市场营销部电话:023-68868624
http://www.xscbs.com
经 销:新华书店
印 刷:重庆新生代彩印技术有限公司
开 本:787mm×1092mm 1/16
印 张:16.75
字 数:258千字
版 次:2013年6月 第1版
印 次:2013年6月 第1次印刷
书 号:ISBN 978-7-5621-6182-0
定 价:30.00元

《名师工程》
系 列 丛 书

编者的话

当前，以人为本的教育理念正在逐步深化，素质教育以及基础教育课程改革不断推进。在这场深刻又艰苦的教育改革中，涌现了无数甘为人梯、乐于奉献的优秀教师。他们积极探索、更新观念、敢于创新、善于改革，在实践中创造性地发展、总结了很多先进的教育思想、教育理念；创造性地开发了很多新的教学模式、教学内容和教学方法。这些新思想、新模式、新方法在实践中极大地提高了教学质量，是教育改革实践中的新内涵和宝贵财富。这些优秀教师就是我们的名师，这些新内涵就是名师的核心教育力。整理、总结、发展、推广这些教育新内涵，是深化教育改革、完善教育体制、提高教育质量、提升教师水平的一件大事。

教育，是民族振兴的基石；教师，是教育发展的根基。

胡锦涛在全国优秀教师代表座谈会上指出："教师是人类文明的传承者。推动教育事业又好又快发展，培养高素质人才，教师是关键。没有高水平的教师队伍，就没有高质量的教育。"十七大报告又进一步强调了必须加强教师队伍建设，不断提高教师的素质。当今世界，社会进步一日千里，科技发展日新月异，知识更新的周期越来越短。教师作为"文明的传承者"更要与时俱进，刻苦钻研、奋发进取，尽快提升自身素质和能力，为推动教育事业的健康发展贡献自己的力量。

基于以上，西南师范大学出版社策划、组织出版了大型系列教育丛书——"名师工程"。希望通过总结名师的创新经验、先进理念，宣传名师的核心教育力，为广大教师职业生涯提供精神源泉和实践动力，在教育实践层面切实推动从教者职业素养的提升。通过"名师工程"实现"打造名师的工程"。

丛书在策划、创作过程中力求实现以下特色：

一、理念创新，体现教育的人本精神

教师角色在以人为本的教育理念下发生了重大的变化，教师的素质和能力也面临更高的要求。如何弘扬、培植学生的主体性、增强学生的主体意识、发展学生的主体能力、塑造学生的主体人格等问题成为教师在目前教育中亟待解决的难题。丛书以教育管理者和教师为主要读者对象，通过教师综合素质的提高而将人本教育的思想落实到教育实践中，真正实现教育培养人、塑造人、发展人的本质要求。

二、全面构建，系统提升教师的教育能力

丛书选题的最大特点就是系统、全面地针对教师教育能力的提升而展开。施教者的能力决定教育的效果，教育改革的落实、教育效果的提高无不体现在教师身上。丛书针对不同教育能力、不同教学要求、不同教育对象，有针对性地设置选题。棘手学生、课堂切入、引导艺术、班主任的教导力、互动艺术、课堂效率、心灵教育等等，这些鲜明的主题从教育的细节出发，从教育实际情况出发，有针对性地解决问题，让教师在阅读中学有所指、读有所获。

三、科学权威，体现教育的时代前沿性

丛书邀请全国各地著名的教育工作者执笔，汇集在教育改革与实践中涌现的先进理念、成果和方法，经过专家认真遴选、评点总结而成，代表了目前教育实践中先进的教育生产力，具有时代前沿性，是广大一线教师学习、借鉴的好素材。

四、注重实践，突出施教的实用价值

丛书采用了通俗的创作方法，把死板的道理鲜活化，把教条的写法改变为以案例为主，分析、评点为辅，把最先进的教育理念和方法融入有趣的情境中。经典的案例，情境式的叙述，流畅的语言，充满感情的评述，发人深省的剖析，娓娓道来、深入浅出，让教师更充分地领会先进、有效的教育方法。

在诸多教育、出版界同仁的支持与努力下，"名师工程"陆续推出了"名师讲述系列""教学提升系列""教学新突破系列""高中新课程系列""教师成长系列""大师讲坛系列""教育细节系列""创新语文教学系列""教育管理力系列""教师修炼系列""创新数学教学系列""教育通识系列""教育心理系列""创新课堂系列""思想者系列""名师名课系列""幼师提升系列""优化教学系列""教研提升系列""名校长核心思想系列""名校工程系列""高效课堂系列""创新班主任系列""教育探索者系列"等系列，共200多个品种，后续图书也将陆续出版。

丛书在出版创作过程中得到各地、各级教育部门与教育工作者的大力支持与帮助，在此一并表示感谢！

教育事业是全社会共同的事业，本丛书的出版一方面希望能对广大教育工作者有所帮助，共飨先进成果；另一方面也是抛砖引玉，希望更多的教育工作者参与到出版创作中来，百家争鸣、百花齐放，为促进教育事业的发展共同努力！

目　　录

序　言

记得 1986 年，杨连山先生来北京拜访《班主任》杂志社，那时，我与我的同仁们结识了这位《班主任》杂志的忠实读者和班主任理论的执着研究者，并开始关注他在报刊上发表的文章。后来，我们聘请他做了《班主任》的兼职编辑，他也成为《班主任》杂志社同仁们的好朋友。1988 年，他的首部著作《班主任的 100 个怎么办》（合著）问世，当时这方面的书很少，我们真的为此而兴奋。此后，杨先生还作为我主编的《实用班主任辞典》《班主任工作全书》等多部书籍的副主编，并对此做出了贡献。同时，他在德育、班主任理论与实践方面的研究成果多了起来，并且，在多次全国班集体建设理论研讨会上，都能听到他独到的见解，显示出他深厚的理论功底，他已经成为这方面的有较高知名度的专家。

令人感动的是，尽管杨先生年事已高，却仍然研究不止、笔耕不辍，而且年年都有新成果。在我刚刚读了他的《班主任工作行为论》一书后，他又把他的《班级活动创新与问题应对》书稿送到我手上，请我帮他审读和修改。我认真读了这本近 20 万字的著作，感觉像这样从理论与实践相结合的角度系统阐述班集体活动创新的专著，目前仍然所见甚少，这也正是该书的价值所在。该书不仅为班集体活动的理论研究提供了借鉴，还对班主任组织好班集体活动提供了具体的指导和帮助。因此，这是一部值得一读的好书。

希望杨先生身体健康，并在今后的德育和班主任理论研究上做出更大的贡献。

王宝祥

新版自序

　　《班集体活动创新与学生创新精神的培养》是全国教育科学"十五"规划课题《班集体建设创新与学生创新精神培养》的一个子课题,笔者与实验学校的领导和班主任们历经 3 年的研究,形成了《班级活动创新与问题应对》这一成果。在 2005 年 6 月的结题鉴定会上,该成果受到与会专家王宝祥、班华、唐云僧、李国汉、李德善、杨惠敏和各地代表的一致好评,同时,他们也对我们提出了一些宝贵的意见。会后,我又将本书稿送给许多专家、科研工作者和优秀班主任征求意见。2007 年,我在指导中国教育学会"十一五"重点课题《中小学班主任专业素养的现状与发展的研究》过程中,对"班集体活动创新对班主任专业素养的诉求"做了进一步的研究,大大丰富了这一成果的内涵。幸运的是 2010 年初,本成果被列入西南师范大学出版社的出版计划,并得到专业人士的具体指导,《班级活动创新与问题应对》一书得以出版。

　　为了使本书更符合班主任工作的需求,更具有针对性、实用性和可读性,我邀请了天津市"十佳"班主任,具有较高研究能力的宝坻四中张国良先生和南开区优秀班主任杨照女士参加了本书的修改。我们综合了理论界、一线班主任朋友们的意见和建议,重新构思了本书的基本框架。第一章:班级活动及其魅力,在简要阐述班级活动构成要素的基础上,多角度地分析班级活动的魅力;第二章:班级活动的分类,本章是对广大班主任组织实施班级活动丰富经验的多维度地概括与总结,它来源于实践,也必将服务于实践;第三章:运用频率较高的几种班级活动,针对当前班级活动存在的问题,详细地阐述了如何运用这些活动开发学生的智力、培养学生良好的思想品德;第四章:班级活动的创新,结合当前班级活动的现状,提出了班级活动必须创新和如何创新等问题;第五章:班级活动的创意与策划,就如何设计和实施班级活动提出具体的建议;第六章:在班级活动中培养学生的创新精神，本章在厘清创新精神内涵与外延的基础上，就什么样的班级活动有利于学生创新精神的形成与发展，作了理论联系实际的论述。

在本书的修改过程中，我们秉承以人为本的理念，力争做到：一是理论科学、观点鲜明，用生活中生动的故事和班主任们鲜活的案例来诠释理论观点，即用理论阐释现象，用案例升华理论，做到理论联系实际，使其既具有理论价值，又具有实用价值；二是努力以崭新的视角看班集体活动，以负责任的态度为班主任提出一些建议，有利于提升班主任管理班级的行动能力；三是力争行文规范、语言通俗、夹叙夹议，使读者读起来生动不枯燥。这是我们的追求，相信这次呈现在读者面前的《班级活动创新与问题应对》一书，一定不会让您失望。但是，书中内容仍嫌稚嫩，我们也仍需广大读者一如既往地关心和指点，以不断地成长、成熟。

杨连山

第一章 班级活动及其魅力

1999年6月，第三次全教会制定的《关于深化教育改革全面推行素质教育的决定》（以下简称《决定》）中指出："实施素质教育，必须把德育、智育、体育、美育等有机统一在教育活动的各环节中。"在中小学开展的教育活动，基本上是以班级为单位组织的，由全班师生共同参与的活动，被称之为班级活动。我们研究班级活动创新问题，有必要对班级活动及其结构要素做概要阐述。

第一节　班级活动及结构要素

一、班级活动概述

活动是行为构成的主体和客体相互作用的过程。从哲学的角度看，活动的过程指人在有意识、有目的地改造客观世界的同时，改造主观世界的过程。

马克思主义认为，人一降生，就已经从一个"有生命的能动的自然存在物"变成了"自然实体"与"社会实体"复合的人，开始接受社会的影响，主动投身到社会的共同活动之中。人类的存在和繁衍，是人的共同生活和共同活动的过程；离开了共同的实践活动以及由此而形成的社会交往，离开了周围生活环境这一感性世界，也就离开了"构成这一世界的个人的共同的、活生生的、感性的活动"，那种"抽象的人"是不存在的（见《马克思恩格斯选集》，人民教育出版社，1972 年第一卷第 50 页）。这就是说，用历史唯物主义的观点来分析，人类感性的实践活动都带有共同性。与此同时，人作为行为主体在一定的社会环境（包括物化环境和人际环境——活动的客体）中，从事各种各样的活动，并接受社会道德的影响，逐渐形成与社会一致的社会态度、价值观、人生观及个性特征，按照所处的社会规范成长为社会的积极成员。这一过程便是人的个性化与社会化的过程。

在学校组织中，班级是学生共同生活与共同活动的"准社会"组织。

班级活动不仅对班集体的形成与发展，而且对班集体中的每位成员的个性发展、创新精神与实践能力的培养都具有重要的作用。

班集体的形成与发展是有一个过程的，遵循着"从量变到质变的发展规律"。它的形成过程，一般被划分为班级松散群体、有组织的班级群体、初级班集体、成熟班集体和优秀班集体五个阶段。一个成熟的班集体，是由班主任（包括任课教师）和学生组成的，有共同的奋斗目标、坚强的领导核心、正确的集体舆论、和谐的人际关系和崇高的集体主义精神。班集体形成的过程，就是班主任和学生（群体主体）共同参与各种教育活动的过程，也是师生素质不断发展的过程。可以说，没有活动就没有教育，就没有班集体的形成与发展。苏联教育家马卡连柯最先肯定了班集体的教育功能。他认为，学生集体既是教育的对象，又是教育的手段，形成一个良好的班集体能够促进每个学生健康的成长。他认为："教育了集体，团结了集体，加强了集体之后，集体自身就能成为很大的教育力量"，"不管什么样的劝说，也做不到一个正确组织起来的，自豪的集体所能做到的一切"。

班集体的形成靠什么呢？主要靠组织开展丰富多彩的班级活动。班集体中的教师与学生，在班级生活和丰富多彩的班级活动中，学习怎样做人和怎样学习。可见，班级活动与其他社会活动的区别，就在于它是一种培养人的活动，是一种有计划、有目的地促进学生"全面发展基础上的个性发展"的教育活动。因此，班级活动必须体现社会的要求，使学生在班级活动中接受社会价值观，理解社会生活的目的及其意义，掌握社会道德规范，体现社会角色，学会生存技能，为进入社会做好准备。同时，班级还是师生间、生生间精神交往的园地，是他们发展交往能力的场所。班级活动能满足学生的诸多心理需要，如交往需要、归属需要和发展需要，而这些需要又是班集体形成与发展的心理基础。教师，特别是班主任教师，必须充分认识到学生的这一特点，才能正确地进行班级活动的组织与领导。那么，什么是班级活动呢？

在以班级授课制为主的现代学校教育中，班级活动包括两大系列：

一是课堂教学活动系列，其中包括新课程改革提出的"活动课程"系列；

二是课堂教学活动以外的一切由班级组织的活动系列。

关于课堂教学活动，第三次全教会的《决定》中说："进一步改进德育工作方法，寓德育于各科教学之中，加强学校德育与学生生活和社会实践的联系，讲究实际效果，克服形式主义倾向。"

众所周知，课堂教学活动及"活动课程"占学生在校时间的3/4，是学校工作的重心，担负着培养学生德智体全面发展的责任。课堂是教师教书育人、言传身教的重要场所，教师崇高的人格形象和学术形象，都将在课堂教学活动中得到充分的体现，成为学生的"师表"，甚至成为学生的"目标形象"。课堂教学活动的过程，一要克服重智轻德、重智轻能、重智轻体的错误观念，充分发挥德育的动力、导向、保证作用；二要在课堂教学活动中实现师生"双主互动"，教学活动是师生的"双边活动"，教师和学生在参与教学活动时是平等的主体，二者互相促进、教学相长。在这种"双主互动"的关系中，从教师的地位和作用来看，教师又要发挥主导作用，以调动学生参与课堂教学活动的积极性，使学生真正成为课堂教学的主人。

在现代教育理念指导下的课堂教学活动及"活动课程"，对班集体的目标、组织结构、人际关系、环境氛围、规范化管理及情感管理等方面发挥着重要作用。但是，课堂教学活动系列不是本书研究的重点，我们将集中研究课堂教学以外的，一切由班级组织开展的活动系列。因此，本书对班级活动概念的界定也是狭义的。

班级活动，是班级教学活动和活动课程以外的，为实现教育目标，在班主任和任课教师的指导下，集体参与的，坚持以集体主义价值原则为导向的，有目的、有计划、有组织的各种教育活动。它"是班集体这一社会心理共同体必备的有一定结构要素的活动系列"。

二、班级活动的结构要素

班级活动由一定的结构要素构成，这些要素之间的和谐互动、相互促进，直接推动着班集体的形成与发展。对此，王宝祥等主编的《实用班主任辞典》中指出：就班级教育活动而言，其构成要素有：①教育者，以其自身的活动来引起、促进受教育者的身心发生合乎目的的发展和变化；②受教育者，以其接受教育影响后发生合乎目的的变化，来体现教育过程的完成；③教育影响，是教育实践活动的手段，是置于教育者和受教育者之间并把他们联系起来的一切中介的总和，如活动内容、方法、过程、形式、时间、地点、环境等。教育者只有通过教育影响才能把教育目的传导给受教育者，使之发生预期的变化。在班集体建设的最初阶段的班级活动中，教育者常常以教师为代表，随着班集体发展水平的提高，教育者逐步趋向教师与学生双方，最后形成以学生为主体的自我教育形式的班级教育活动。（见王宝祥、牛志强、陈燕慈主编的《实用班主任辞典》，中国工人出版社，1992年9月第1版）

吴盘生和盛一民两位先生，在他们共同撰写的《简析班集体共同活动的要素和特征》一文中，对这一问题作了比较具体的研究和较为形象的表述。笔者在这里结合自己的认识作如下阐述：

（一）群体主体

吴盘生先生提出群体主体的概念，是对主体观的很大突破。他认为，群体主体即指"作为主人的学生们"，这种把群体主体界定在"学生们"，而把班主任和任课教师排除在外的观点显然是不太全面的。笔者认为，群体主体是班集体活动中最积极、最活跃的要素，它应该包括全体教师和学生。

（二）活动的客体

活动的客体是指群体主体在"一致的动机"作用下的行为指向，即指人们从事特定活动时，出于共同的需要和动机，而形成的行为意向（共同的客体）。群体主体的行为可以指向物，也可以指向人。指向物的，如"为中华之崛起而读书"活动，指向的是"书"；为了了解祖国改革开放取得的巨大成果而开展的社会调查活动，指向的是改革开放的"成果"；为改善生态环境而组织的植树造林活动，指向的是"树"。指向人的，如班里开展的"敬老助残活动"。

（三）协同一致的行为动作

群体主体为实现共同的目的而从事某种共同活动时的各种行为动作，既有系列性，又有协调性，如参加学校组织的班级间的小品剧比赛，为了达到学校的要求和取得优异成绩，全班师生会共同选定素材、编写剧本、选择演员、组织排练、参加比赛等。如果抽去这一系列的行为动作，共同的活动也就不存在了。同时，这一系列的行为动作过程服从于群体主体，自觉自愿地去实现活动目标的过程。正如活动的对象（客体）决定于行动的动机，行为动作则是由动机决定的，这就构成了活动的一系列行为动作之中隐含着的目的，而活动主体通过协同的行为动作表述了共同的目的，而一系列活动的目的又构成了活动的动机。

（四）主体间的配合操作

主体间的配合操作，是达到共同目的的必要条件，也是群体主体完成行为动作所采取的相应配合方式。操作是行为动作的组成部分，是行为动作得以实现的方式，没有集体成员之间相互配合的操作，就难以完成协同的行为动作。行为动作与配合操作的区别在于：行为动作始终与自觉的目的相联系，而操作则并非在意识的明确指引下完成的，它只是与完成操作的具体条件相联系。即配合的操作在一定程度上就是巩固的、定型的、带自动化成分的集体性的行为动作方式。如前面提到的小品剧比赛，比赛前的各种准备环节需要共同努力。必须说明的是，群体主体在开展共同活动时，操作、行为、活动三者之间通常是后者包容前者。从上述的班级活动的结构要素看，班级活动过程也完全符合人的行为模式，构成了一个完整的活动系统。（见下图，引自吴盘生、盛一民《简析班集体共同活动的要素和特征》）

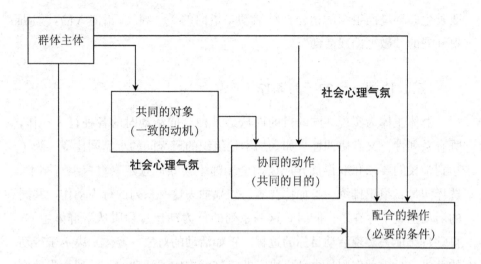

在对班级活动的基本内涵及其结构要素初步了解的基础上，笔者在这里谈一谈德育工作者，特别是班主任，为什么对组织班级活动那么情有独钟。那是因为在长期的班级活动实践中，班主任们深刻感受到了班级活动对班集体的形成与发展、对师生"全面发展基础上的个性发展"的重要作用和特殊功能。

第二节　班级活动的魅力

就其本质而言，教育是人类社会所特有的、在人与人之间进行的、有意识地促进人类自身发展的传授和交流活动，即教育是一个"育人"的活动过程。

"一切影响都只能通过活动而对人格发展产生作用"，现代心理学家皮亚杰特别强调活动在人的发展中的意义，他认为，人是活动着的个体，在人与环境、人与教育、人与遗传这三对关系中，活动是最关键的因素。他主张，要发展儿童智力，就必须让儿童作用于环境，换言之，儿童只有在环境中活动才能触摸世界，感知万物，才能促进认知结构的发展，活动是儿童认知发展的关键，离开了儿童作用于环境的活动，就无法构建知识结构。他还认为，人的活动应当最有独立自主性、积极性和创造性。

在古代欧洲，一位王子幼年时被人绑架，囚禁在森林中一座窄小的黑屋子里，只给食物，不许活动，与外界完全隔绝。10年后，王子被放了出来，他神情呆滞，怕见阳光，不能分辨事物。死后发现，王子的大脑皮层结构——沟和回少而浅，这显然是由于缺乏社会环境和人的日常活动造成的。

由此可见活动对人成长的重要性，尤其在中小学教育过程中，班级活动扮演了更为重要的角色，是最具魅力的教育方式。

一、为什么班主任对组织班级活动情有独钟

第三次全教会对我国跨世纪教育改革与发展的战略目标作出了全面规划，对以创新精神培养为重点的素质教育的实施提出了新的要求。未来的教育绝不能只满足于传授给学生一点知识和技艺，它必须将学生置于一个有尊严、有个性、有巨大发展潜能的活的生命体位置上，全面关注他们的发展需要，关注他们的精神生活，开发他们的创造潜能，激发他们的创新精神，不断提高他们的生命质量和生存价值，进而使他们在生动活泼、主动和谐的发展过程中，真正为自己一生的幸福做好准备。

（一）班级活动是学生创新精神的激励场

班级活动中"蕴藏着许多激励点，但激励学生的创新意识和创新精神尤为重要"。班级活动能够"促进学生想创新（创新意识）、敢创新（创新精神）、能够创新"。学生参与班级活动的过程，实际上是与社会、与生活、与他人接触的过程，学生在接触过程中，通过沟通、交流、展示及信息互换等方式，在思想情感、价值观念和行为模式上相互影响，从而潜在地改变学生内在的意志品质。而能产生激励效应的班级活动，正是师生、生生、教师与环境、学生与环境之间积极的相互作用，这些相互作用也正是培养学生创新精神的基点，对个体和群体产生一种推动作用。一方面，可以创设民主、和谐、竞争、进取的班级氛围，有利于学生创新个性的培养；另一方面，可以激发个体求信、求异，不唯书、不唯上，勇于冒险、敢于挑战的创新精神。

1. 设置多样化小组，引导学生自主参加

按活动内容的不同，要求班级建立各种班务管理小组（如墙报编辑小组、财务管理小组、图书管理小组、卫生监督小组、生活服务小组等）、学习小组、各种课外兴趣小组、运动队和校外小组等。每个学生可以加入一至几个小组，扮演各种角色。为了增强学生的集体意识，让学生为自己

的小组命名，此举还能培养学生的创新意识。学校也可以成立诸如"小记者团""小编辑部""红领巾广播站""新蕾手抄报"等不同的团体，每班派代表参加，自主开展活动。

2. 设置多样岗位，帮助学生实现自我价值

每个学生都渴望成功，都希望自己在班内发挥积极作用，得到价值认可。实践证明，在一个班级中，如果学生的民主意识、参与意识和主人翁意识强，积极参与班级活动，热心为他人服务，他们的自尊心和自我实现的需要便能得到合理的满足，则其个人会充满生气，其创造性思维和积极性会更加旺盛和长久。因此，教师应在班级中提供多种类型的角色让学生去自由选择，在角色体验中发挥他们的创造性。

为了使每个学生都有展示才能、获得成功的机会，我校各班根据学生兴趣、爱好、能力、特长和需要，把班级内的各种管理职能分解为一个个明确的岗位：如板报宣传岗、图书管理岗、环境保护岗等。不少班级在岗位设置上打破常规，甚至让学生提出要求，班级同意，从而为他设立特殊的岗位。总之，我们力求使每一个学生都能在班级管理中找到自己满意的位置，做到"人人有岗位"。

由于学生选择角色是根据自己的特长进行的，所以，他们往往能比较出色地完成角色任务，并获得好评，体验到快乐（看到自己的价值），从而产生"自我感觉良好"的意识和进一步巩固、改善角色地位（在班级中取得有利的地位）的欲望，继而激发自尊心和创造激情。长此以往，学生的创造性思维就会得到良好的发展。

3. 定期变换角色，让学生知道"我能行"

我们还及时采用了角色动态分配制，即采用轮换、轮值的方法，让每个学生都能参与不同层次的班级管理。角色动态制主要体现在："校长助理"要能上能下，每周一换，由各班竞选产生，校长在周一升旗时亲自"任命"，"校长助理"挂牌上岗；班级管理岗（"今日我当家"）每天一轮换，根据班级实际设置多种管理角色，并经常对学生在班级管理中的表现给予积极的评价。学生从管理角色的变换中学会自我管理，增强角色的自我调整能力，不断加深自我认识，提高主体意识。

实行"角色变换制",能为更多的同学提供施展创造才华的平台。在不同的角色体验中,学生的"思维碰撞"增多,由于他们的不断追求,更多创造性的火花被点燃。同时,在学生的积极参与和竞争中,能使其积极、乐观、自信的心态得到培养,其勇于挑战的个性品质得到锻炼。

(二)班级活动有利于学生知情意行的协调发展

1. 活动有利于开发孩子的智能

美国心理学家黛安·E. 帕普利指出,测量一个人在幼儿期的智能,唯一方法就是借助于动作的发展,如果他到了特定阶段会抬起头来,会伸手抓玩具,会自己坐起来,我们就可以确信,他在体格上和智力上可能正常。假如这些动作出现得晚,那常常是智力迟钝的一个征兆。

1984 年,世界上第一个"诺贝尔"小孩——多龙,刚出生 4 个月,就表现出惊人的记忆力,现在,多龙在攀登和游泳方面的活动能力都远远超出同龄儿童的平均水平。活动既然是智力的早期表现,那么反过来对其进行活动训练,能不能促使儿童的智力发展呢?经过专家们的观察研究,已经证实了这个观点。

美国费城进行"人类潜能开发研究"的科学家,对脑损伤和痴呆症的儿童采用以活动为主的治疗方法进行爬和走的相关训练。结果表明,那些爬得好、走得好的孩子,学说话快,认字和阅读能力也强。科学家同时还进行了世界性的调查,发现在缺少爬和走的环境中,儿童智力明显比其他环境下的儿童智力低。通过这样一些发现,活动对智力的作用就逐渐被揭示出来,并为人们所认识。

对成年人的实验也说明了这一点。心理学家用下棋的方式,对运动员和其他人进行了操作思维的实验,看他们完成任务的速度。结果,球类运动员用了 6.2 秒,田径运动员用了 8.7 秒,未从事体育运动的人则用了 13.2 秒。

这一切表明,孩子具有"人类潜在能力",通过活动和早期教育,可以全面开发出来。他们处于思维发展的开始阶段,所以,活动对他们以后发展所起的作用通常是决定性的。美国加利福尼亚州的塞威茨学校,就是根据体育活动能开发孩子智力的思想建立的，并且获得了"令人吃惊的"成功。塞威茨本人把自己只有 1 岁的孩子抛上抛下，让他做各种动作以使其长大后能成为一名学者。英国剑桥大学的一个研究小组发现，孩子睡在羊毛被单上长得快，究其原因，就在于羊毛的特殊结构对孩子的感官有一种镇静作用，从而增强了孩子自身活动的能力。教育家注意到，如果孩子的行动受到限制，往往会情绪失控。事实证明，孩子情绪和行为发展是否正常，与环境刺激，特别是与运动影响有着密切关系。活动性较强的孩子，爱观察事物，本身也富于想象。

在进一步的研究中，日本教授提出开发智力的一种系统化的方法——"每天 10 分钟育儿法"。在孩子 1 周岁内，主要培养他的反应能力，通过设计具体的活动，使其感官的敏捷性得到均衡发展，在 3 周岁内，则侧重于从行为和思维两个方面来完善孩子的智力。这是一个系统化的有控制的刺激过程。经过这种智力开发的儿童，会加快智力发展的速度，并且，直至上学，这个智力优势都将一直保持下去，影响人一生的发展。

2. 班级活动有助于学生身心的全面健康发展

在班级活动中，学生广泛地接触自然、接触社会、接触科学技术与文艺体育，活动空间扩大，人际交往增多，他们从中体察社会生活，了解科技动态，拓展文化视野，培养高尚情操，提高各种能力，在德智体美诸方面得到全面发展。班集体活动拥有全面发展的多种方式，如富有教育意义的主题班会、社会调查、参观访问、社会服务和社会交往，都能增强学生的道德情感，加深其道德认识，促成其良好的道德行为；观察实验、研究制作既是发展学生智能的重要手段，又能激发他们的科学兴趣和创造精神；体质的增强与运动水平的提高，有赖于经常性的体育活动，在旅行野营和文艺活动中，通过感受自然美、社会美和艺术美，提高其鉴赏能力和创造美的能力；在公益劳动和自我服务中，培养学生的劳动观念和劳动技能。班级活动的丰富性，还给学生提供了多种选择的机会，既发展了他们的兴趣、爱好和特长，又发挥了他们的主体精神，从而促进他们个性的充分发展。

3. 道德的生命在于实践

实践的观点是德育工作中最重要最基本的观点。班级活动的过程，就是实践的过程。有针对性、能调动学生积极性的实践才是科学的实践，才会有实效。班级活动的实践证明，班级活动是以现实生活为基础的德育环境，通过社会实践、生活实践、交往的情感体验实践，引导学生理解正确与错误、体验成功与失败、感悟伟大与渺小，由情入理，在心灵深处升华为对人美好本质的理解与追求。因此，班级活动具有实践性与开放性的特点，没有开放性，不和现实生活相结合，实践就是有限的；没有科学的实践，开放也是盲目的。

道德认识只有在实践中才能内化为基本信念，这是我们在多年德育工作中总结出来的基本规律之一。实践也证明，学生思想品德的形成与发展，靠的是班级丰富多彩的活动，因为班级活动的实践过程恰是培养学生知情意行的过程。人思想的真正完善不仅在理，更重要的是情，是情感上对某种理的感悟，只有如此才能化理为行。而这种实践性决定了班级活动不能把学生圈在班级或学校这个小范围内，必须带领他们走向社会生活和实践，使其在改革开放的社会大环境里锻炼成长。

毛泽东在《矛盾论》中指出："事物发展的根本原因，不是在事物的外部而是在事物的内部的矛盾性。任何事物内部都有这种矛盾，因此引起了事物的运动和发展。"以德育为核心，培养学生的创新精神和实践能力，使学生成为有理想、有道德、有文化、有纪律的社会主义建设者和接班人，实际上不仅是社会对教育的要求，也是对青少年学生的具体要求。这种要求必然和青少年的思想道德、知识能力、个性心理和社会行为方式等方面的实际水平存在着差距，即矛盾。而且这种矛盾贯穿于班级活动的始终。要想使班级活动有效发挥其发展功能，就必须从学生身心发展的状态和水平出发，遵循发展的客观规律，设计活动目标、安排活动内容、选择活动形式，做到使活动符合学生特定阶段的身心发展水平。否则，这种矛盾运动就会中断，就不能有效地促进学生整体素质的可持续发展。班主任一定要研究社会期望的学生应具备的素质水平和学生素质的实际水平，根据它们之间的矛盾，组织丰富多彩、目标适度、内容具体、形式活泼的班级活动，以便将社会要求通过班级活动这个中介，内化到学生的心理结构中去，转化为他们的自觉需要、行为动机、人生信念、志趣理想和社会行为习惯。

笔者认为，我们已经进入了以市场经济和全球化经济为主要特征的时代，学校培养的人才必须具备合作、参与、选择、竞争的意识和能力，并确立面向现代化、面向世界、面向未来的发展目标。因此，学生的实践能力不仅是观察社会、了解社会、认识社会的能力，更重要的是参与社会竞争的意识和能力、推动社会发展的实践能力，而这些只有在实践中才能培养。可见，班级活动最大的特点就是实践性，最能激励学生的主体意识和竞争意识。

（三）班级活动能促进学生"全面发展基础上的个性发展"

1. 结合最近发展需要，研究学生生活，发现其成长需要

心理学界对人的心理发展阶段的研究认为，人的心理发展是有先后顺序的，在这个发展顺序中，又具有不同质的发展阶段。作为德育工作重要途径的班级活动，只有贴近学生的心理特点，将形式与内容落在受教育者品德的"最近发展区"上，才符合主体性原则，才容易被接受并产生积极效果。在班级管理的实际操作中，应考虑学生爱幻想和富有创造力的特点，不能搞"一刀切"式的规范化管理，而应充分发挥他们的聪明才智。如果对学生缺乏了解和研究，对学生活动的安排和要求过于笼统单一，不管是小学生还是高中生，一样的内容、一样的标准，忽视了他们在思想认识、知识水平等方面的巨大差异，造成小学生跳几跳也摘不到桃子，高年级学生抬头就能碰到桃子，大家都会感到索然无味。如主题报告会、辩论会、演讲会、学习讨论会一般受高中生的欢迎，而主题班会、知识竞赛、故事会却受初中以下的学生欢迎。因此，教育者要根据不同年龄段学生的身心特点和接受能力，从学生的身边做起，从注重实践做起，从学会做人做起，确立由浅入深、由低到高的阶段性目标，开展丰富多彩的班级活动。过高或过低的活动目标都不能调动学生的参与积极性，只有既高于学生发展的现有水平，又是学生经过努力能够完成的活动，才能让学生在不断挑战中获得发展。

苏联心理学家维果茨基提出的"最近发展区"概念，对于我们理解班级活动的主题和目标有很大启发。从教学的角度出发，他认为教学提出的

要求只有落在"最近发展区",才能有效推动学生的发展。因此,要提升活动对学生的教育价值,就必须找到班级学生的"最近发展需要",从中提炼出合适的活动主题,确定符合学生需要的活动目标。通过观察学生,分析其行为表现,综合考虑最近一段时间学生在思想、生活、学习等方面所反映出的共性问题,由此发现值得探讨的主题。这既包括值得防备的问题,如迷恋网络游戏、早恋、厌学、住校生行为规范不够理想等,也包括值得鼓励的发展方向,如加强与同学、家长和老师的沟通,合理利用网络等各种辅助手段来帮助人际交往和课程学习等。

2. 没有活动就没有学生素质的持续发展

班级活动的目标、内容和形式,应集中反映素质教育的要求,反映马克思主义关于教育要促进人的"全面发展基础上的个性发展"的要求。只有如此,学生个性社会化的可能性才能发展成现实性,才能使他们真正实现"全面发展基础上的个性发展"。

王桂荣老师向我们介绍了她在班里开展的"录、思、论"活动情况:"录"就是抄录一条格言;"思"就是说出自己对格言的理解和感想,"论"就是同学们联系实际讨论,各抒己见、相互促进。全班学生要轮流把格言写在小黑板上,同学们都很珍惜这个锻炼的机会。比如,在开学的第一天,我在小黑板上写道:"良好的开端是事业成功的一半";期中,韩永刚录了"不怕无能,就怕无恒"。任瑞玲录了"无志则不能学"。期末复习时,杨志勇在小黑板上写道:"重复练习是知识的母亲",并针对自己和同学的思想实际讲道,"孔子说'温故而知新,可以为师矣',我们现在正处在复习阶段,就要全面认真地复习,那种坐不下来、学不进去是要不得的"。

一年来,同学们为集体辑录了不少格言警句。由于大家是同龄人,又是生活在同一个集体中,因此,所选的格言警句针对性比较强,能起到自我教育和相互促进的作用。我们还适时召开"格言伴我成长"系列主题班会,针对不同时段讨论不同内容和重点。其中包括以下主题:"知识就是力量""放飞理想""今天多长一分知识,明天为祖国多尽一分力量"。现在的中学生,充满着理想和青春的活力。因此,对中学生进行理想和爱国主义教育是系列教育活动的核心内容,他们围绕理想与爱国格言,联系自己的实际、畅谈自己的理想、交流自己的体验和感悟，在同窗互动中提高了觉悟，领会了中学生爱国就要从学好知识、掌握本领开始，将来才能有本领报效祖国。这些活动对提高学生的素质和自我教育能力起了相当大的促进作用。

3. 活动有利于锻炼学生的自主能力，体现学生的个性

学生是班级活动的主体，班级活动能够满足学生自我教育的需求。作为班主任，在活动的全过程中要关注他们接受教育的情绪，要认可他们自我教育的风格与方式，要大胆放手让他们自己规划、自主实施、自我评价、自我矫正、自我提高。这样才能充分发挥学生的主动性和积极性，激活他们自我教育的动力系统（需要的满足、动机水平的提高）。教师在组织班级活动时应做到不盲从、不苟同，敢于创新、善于创新，使班级活动从内容到形式，具有时代气息和个性特征，能激励学生的创新精神，培养学生的创新能力。

丰富多彩的班级活动，可以激发学生进行思想、情感和技术的交流，使他们自觉地养成良好的思想品德，满足他们自尊和自我表现的需要，为他们提供尊重他人、学习他人的机会，为学生创造思想品德形成与发展的良好氛围。帮助学生做到为了集体的荣誉努力拼搏；为了大家的利益不计个人得失；为了完善自我虚心向别人学习，努力克服自己的缺点。

活动能使一些学习成绩平平，却具有其他特长的学生摆脱压抑感，有了发挥自己潜能的条件。应试教育以学习成绩作为衡量学生的唯一标准，只重视课堂教学活动，忽视丰富多彩的班级活动，结果使荣誉只落在少数学习尖子身上，绝大多数学生的情感受到冷落，优势难以发挥，才华不能显露。而丰富多彩的班级活动，为具有不同特长和优势的学生创造了施展才华的机会和条件。能歌善舞者，可以在文艺活动中展示才华；体育特长生，可以在运动场上大显身手；勤劳能干者，可以在各项劳动中显示良好品德；善于组织者，可以在各项活动中脱颖而出。他们在这种角色变换中获得成功者的情感体验，发展自己的创新精神和实践能力。同时，丰富多彩的班级活动，还可以培养他们的交往能力和社会适应能力，使其形成健康的个性心理品质。可见，班级活动具有促进学生全面发展的功能。

(四) 班级活动是班集体形成与发展的载体

班级活动能促进班集体的形成与发展。因为，班级活动可以提高学生的集体荣誉感，增加集体的凝聚力；可以使班级松散群体迅速发展为成熟的班集体。为什么呢？

1. 班级活动能够造就一批批学生干部

广东东莞市光明小学林社福老师开展的"班干部选拔与培养活动"，大大提高了全班学生的责任心和组织管理能力。他说，担任班干部是许多学生的愿望，为了让孩子们如愿以偿，我在班里制订并实施了"人人担任班干部与组长负责制"。

我们的操作方法是：班主任和学生一起根据学校要求，将班上的班务工作一一列出来，并设立相应的班干部职位。在此基础上，我们分三步确定每个学生的工作岗位。第一步，竞选班长和中队长。班长和中队长作为全班的领军人物，在班里的作用非常大，一定要通过竞选产生。同学们先自愿报名，然后准备竞选演讲，选手可以请老师、家长或好友来帮忙指导或策划。之后召开"竞选班长、中队长"主题班队会，程序是：(1) 竞选演讲，一般是5分钟。(2) 自由答辩，师生自由提问。(3) 正式投票，可以邀请任课教师一起参加。(4) 宣誓就职。第二步，聘任各组的常务组长。班长、中队长宣誓就职后，便可着手聘任常务组长。之所以称为常务组长，一是为了区别组内的语文、数学、英语组长，二是他们将直接监督并考评本组同学的学习、工作、纪律、生活情况。常务组长由班长、中队长提名，班主任提出参考意见，并经过班队会公示。常务组长对班长、中队长负责。第三步，确定每人的工作岗位和职责。各组的同学根据自己的兴趣爱好与特长，承担一项或几项班务工作，担任相应的班干部。组长和组内同学一起确定每个人的工作职责，班长在此基础上汇总出全班同学的工作职责表。

因为每个学生的成长环境不一样，所以在能力、爱好、责任心等方面差异较大。那怎样管理和培养这些干部呢？我们采用了组长负责制：老师先培养班长和中队长，然后和班长一起指导各常务组长，再让各常务组长监督、帮助并考评每个组员。组长负责制增强了学生的主人翁意识，大大提高了班务工作的效率。

为了让组长更好地开展工作，我们还制订了《常务组长职责》：（1）监督本组同学的一日常规。（2）组织每天的 5 分钟晚间例会。（3）每周组织一次民主评议。（4）将组员考评等级转化为分数，填入《自我管理量化考评表》。事实证明，这种有效的考评可以促进班干部的进步。

班级活动是学生主体性发挥的主要途径，能够造就一批符合社会主流思想和发展方向的、具有"领袖素质"的学生干部群体。而且，其意义不仅是培养几个优秀学生干部，而是有利于从小组负责人到班委、从团支部到学生会、团委等整个学生干部结构整体素质的提升。每一层面的工作，都为学生干部提供了更为广阔的学习空间和施展才华的舞台，同时，也使优秀干部的个人素质有机会传导给其他学生，这种相互促进的作用是学生干部整体发展的推动力。反之，班级活动的组织者和领导者素质的提高，也会大大推动班集体的健康发展。

2. 班级活动有利于增强班集体的凝聚力

任何一位班主任都希望自己的学生热爱集体，关心他人，而活动正是这些品质形成的催化剂。在班级授课制的教学形式下，客观形成了以班级为单位的学校基本团体。对班集体的巩固与发展，除了通过日常的学习生活进行外，还有具备较强刺激作用的班集体活动。如班级联欢会，会场的布置都是由学生独立完成，像彩纸、花束、彩灯等也都是学生自己准备，学生从家里带来用得上的东西，并以能出上力、帮上忙为荣。尤其是在和其他班级的对抗性活动中，如在拔河、运动会中，全班同学更是空前的齐心。

活动中，班级的名次和荣誉是压倒一切的。为班级争光的同学，会成为班级的英雄。学生对班级的热爱、依恋和情感，也会被极大地激发出来。在以班级为单位参加的校园活动中，学生谈得最多的话题是"我们班……"，在这个时候，班主任与学生的关系最融洽，同学之间互帮互助，出谋划策，或为荣誉而欢呼，或为挫折而流泪。"班荣我荣、班耻我耻"的口号激励着班级的每个成员为集体荣誉努力拼搏。这样的班级活动，大大增强了集体的凝聚力，推动着班集体向高层次发展。

活动能够增强班级生活的吸引力，为学生释放过剩精力找到正当途径。学校本是少年儿童成长的乐园，丰富多彩的活动对儿童的吸引力有多大，老师们都深有体会。有活动的日子，学生到校的积极性空前高涨，就是春游、秋游这种老生常谈的活动，也永远为学生所盼望。

3. 班级活动是形成群体价值观的载体

班集体的魅力在于集体教育。建设班集体就是要发挥集体教育的功能，以促进学生全面和谐的发展。高尔基认为："集体使人具有完全另外一种个性心理，使人变得更积极，更坚定，更具有行动的决心，决心用集体的意志去建设生活。"

看看"大雁飞行的启示"：

"……当每只雁展翅高飞时，也为后面的队友提供了向上之风。由于组成 V 字队形，可以增加雁群 71％ 的飞行范围。"

给班级的启示：让学生在集体中分享团队的力量，同学之间互相帮助，更能轻松地完成任务，因为他们是在彼此信任的基础上携手前进。

而"当某只雁离队时，它立即感到孤独飞行的困难和阻力，它会立即飞回队伍，善用前面同伴提供的向上之风继续前进"。

所以，作为班主任，要善于给学生创造一个优秀的班集体，让学生像大雁一样具有团队意识，在队伍中紧跟带队者，与团队同奔目的地。在管理上，从重视个人行为转移至群体行为，因为只有学生协调一致的努力，才能使集体赢得最大成功，从而使个体也得到最大发展。而协调一致的群体行为的出现，依赖于共同信守的群体价值观的培育，因此，把最大的精力放在培育班级团队共同的价值观上，是实施文化管理的基本标志。众所周知，每一所名校都有其特定的文化底蕴，正是这种文化底蕴，使处在这种氛围的学生不自觉地向前发展，丰富多彩的班级活动就是最好的载体，如班级管理制度的制订活动。班级管理制度是外在的行为规范，它与内在的群体价值观是否一致，代表这个集体是否真正确立了文化管理观念，因为，不同的制度强化了不同的价值观。平均主义的分配制度，强化了"平庸"和"懒汉"的价值观；按劳取酬、按资分配的分配制度，强化了"进取""劳动""创新"的价值观。确立积极向上的群体价值观，关键是班级内部制度与共同价值观步调一致，就像一个人必须"心口一致""心手一致"一样。那么，如何形成积极向上的群体价值观呢？

校有校规，班有班法。有经验的班主任，都有一套适应学生管理的规章制度，但是，如果这种制度是来自学校和班主任，要求学生不能干这个，不能干那个，就是一种他律，是来自外部的约束，效果是不明显的。而要想使班集体形成群体价值观，就应引导学生形成自律，让他们明确自己该做什么，不该做什么，这才是教育的实质。

在班级活动中，班主任张国良老师是这样操作的：开学初，将学生分成若干小组，推选小组代表组建学生议会，评选出议长。议会在议长的主持下完成以下工作的审议：一是班训、班规、班级目标的制订；二是班干部的选拔、任用、监督与罢免制度的确立与实施。

在对班训、班规、班级目标的制订过程中，由议会对各组进行分工，分别制订不同的内容。如把班规分成学习方面、纪律方面、环境与卫生方面、文明礼貌方面、艺术与体育方面等，分别由不同的小组负责起草制度草案，然后议会定期统一讨论、审核、修正，最后形成全班共识。这样的班规班法的出台，体现了学生的意志，代表了全体学生的最高利益，形成的规章制度易被学生接受，也能形成很好的正激励作用。

在对班干部的选拔、任用方面，张老师改变了由老师任命或是由同学任意选举的传统方法，采取了先由各组推荐班干部候选人，并公示推荐理由，再由议会全体讨论进行投票确定的方法，还设立了专门监督班干部的小组。伴随活动的开展，学生积极主动地参与，由他律到自律，成为班集体真正的主人。这一活动，使学生集体由松散群体过渡到价值观统一的、积极向上的群体。

（五）班级活动能有效地形成和谐的人际关系

班级活动有利于统一师生的思想情感。众所周知，活动过程也是师生知情意行互动的过程，可以实现师生的信息互换、思想碰撞和情感交融，从而构建民主和谐的师生关系，提高德育的实效性。

1. 有助于班主任树立能力威信和情感威信

要想带好一个班级，首先要解决的是班主任的威信问题。很难想象，当班主任站在全班学生面前，学生根本无视他的存在时，这样一个没有威信的班主任如何能带好班级？威信大致可分为三类：权力威信、能力威信和情感威信。权力的威信令人畏，叫人不敢违；能力的威信令人敬，使人不能违；情感的威信令人亲，让人不愿违。班主任应该多拥有"情感和能力的威信"，少用点"权力的威信"（少用不等于不用，不用有时是行不通的，也是不合理的）。活动能帮助班主任树立能力威信和情感威信，增加班主任的亲和力。大部分教师都有多方面的爱好和兴趣，虽然不一定精通，但可以用来给学生启蒙。比如，书法、绘画、下棋、弹琴、做手工、航模、集邮等，开展多种活动，既能丰富学生的生活，开阔他们的眼界，又给学生提供了多方面发展的空间和可能，增加了学生获得成功、集体认可和成就感的机会，也为教师提供了舞台，有助于树立教师的威信。另外，在活动中让学生当家做主，教师给学生的及时指导、关心，让他们的人格得到了尊重，参与意识和主人公意识得到了加强，同时感到学习生活的愉快，从而"亲其师""乐其友"，达到"信其道"的目的。

2. 有利于发挥群体心理效应

人总是归属于一定的社会组织，学生作为特定的社会成员，自然是归属于学校里的班级组织。心理学家研究表明，个人在众人面前完成任务比单独完成任务的效果要出色，这就是"群体心理效应"。群体对个体心理和行为的影响，表现在让个体产生一种归属感、认同感和群体支持的力量。班级活动能使这种"群体效应"发挥的淋漓尽致。

众所周知，中小学生都有强烈的表现欲和好胜心，希望在班集体中找到自己的位置，发挥自己的作用，并且能被老师和同学们喜欢和接纳，从而获得一种情感上和精神上的满足。而班级活动则为每位班集体成员提供了满足这种心理需要的机会，活动能促使他们不遗余力地表现自己，为集体献计献策，并积极投入自己的角色，活动中，人人想的都是为班级出力、为他人负责，一种班荣我荣的思想会油然而生。这样和谐的人际关系的形成，是班集体发展的标志之一。

班级活动是由群体主体一致的动机、相互协调的行为动作和相互作用组成的，群体成员在班级活动中创造了共同执行的行为方式，确立了相互制约共同遵守的行为准则，而且表现出自愿的形式。在这样的活动空间，他们努力与他人建立良好的人际关系，通过语言的交流、情感的沟通、行为的互动，达到相互理解、相互影响、相互促进，从而形成和谐人际关系的基础。

《中（小）学德育大纲（纲要）》《中（小）学生日常行为规范》都明确要求，中小学生要相互友爱、尊重他人、互助合作、善于与他人交往，并在此基础上学会学习、学会尊重、学会负责、学会做人，为自己进入成人社会做好思想准备。因此，班主任在组织班级活动时，要调动学生参与的积极性，并让每个学生都有充分展示才华和为他人服务的机会，创设一种团结互助、共同实现活动目标、达到活动主题要求的和谐互动的氛围。

3. 成为学生沟通互信的桥梁

认同，是指个体将自己和另一个对象视为等同，引为同类，从而产生彼此密不可分的整体性感觉。在班级管理中，班主任应着重培养学生对组织的认同感。要让学生树立团队意识，首先让学生认同自己是这个团队的一分子，班主任是值得信赖的人，班级机构是合理的，班干部是让人信服的，制度规范是学生认同的，团队目标是自己的目标。这样才会实现班级管理的最大效果。

同学们长期生活在一起，不可避免的会出现矛盾与摩擦，教育学生如何处理同学之间的关系是班级发展过程中的重要一环。

有的老师，首先开展"我为同桌找优点"活动。让每位同学都对另一位同学说出他认为的优点，并当众公布。班里一名男生，成绩不好而且还动不动就与同学吵架，同组同学对他的优点是这样写的：你很讲义气，你很正直，你最大的优点是心眼好，乐于助人；你篮球打得真棒。还有一名同学这样写道：如果你不再斤斤计较的话，就成了我的偶像了。当这名男生听到组长在班里读这些内容的时候，我发现他的脸上红一阵，白一阵，心里肯定有着说不清的滋味，是高兴、是悔恨。后来发现，这个男生在集体中总是刻意地发挥他的长处，努力帮助别人。

然后再开展"同桌帮我查缺点"活动。培养学生正视同学关系，为他人善意提意见，虚心接受他人提出的问题，真诚改变自身的不足，从而融洽了同学关系，解决了同学间的矛盾，避免了同学间的误会，增进了同学间的感情，形成了班级合力。

以上活动让师生、生生间的关系更加融洽，心理上相互信任、情感上相互依赖，教师的教育更加易被学生接受，学生之间在帮中比、在比中学，其教育效果也得到明显提高。

（六）班级活动是提高德育效果的最佳途径

片面追求升学率的应试教育带有强烈的"功利"色彩，许多基础教育阶段的学校和教育机构唯分数马首是瞻，导致德育、体育教育等方面的严重缺失，一些健康有益的班级德育活动往往被无情地扼杀了，取而代之的是无穷无尽的题海战术，这样的恶性循环像雪球一样越滚越大。

《中国青年报》曾刊登了《一个苹果引发的'血案'——是育才还是毁才》一文，该文让人感觉教育者已经放弃了赖以生存和发展的教育、说服、疏导的方式，而选择以"围、追、堵、截、哄、骗、吓"的"强制"手段来解决他们在教育过程中所碰到的难题，甚至期望有"一劳永逸"的奇效出现。殊不知，正是这种简单思维和懒政，将学生推向社会，使学校问题演变成了社会问题。

社会调查显示，我国大学生群体中，心理疾病人数所占比例远高于教育发达的欧美国家的同类指标，这一现象，与我国基础教育中德育的缺失不无关系。学生的日常生活不应该是经院式的，而应有着丰富多彩的班集体活动。不同于枯燥的政治说教，也不同于课堂讲解，丰富多彩的班集体活动更加贴近学生的真实生活，更加贴近学生的内心世界，也就必然更加能够激发学生的参与热情，其实这是一种意义更加深远的教育。通过丰富多彩的班级活动，既能锤炼学生的人格和性格，又能加强学生与学生、学生与教师之间的感情交流，最终有利于整个班集体的和谐。

二、为什么班级活动对学生充满魅力

人们常说，没有班级活动就没有教育，社会的期望、素质教育的目标要求，就不可能内化为班集体成员的价值目标，就不可能把学生培养成为具有远大理想、具有崇高的社会主义道德、具有创新精神和实践能力的社会主义建设者和接班人。因此，班级活动育人的魅力是无限的。

（一）教育目的的隐蔽性

苏霍姆林斯基说："教育在他们（学生）面前以赤裸裸的形式进行，而处于这种年龄的人，按其本性来说，是不愿意感到有人在教育他们。"而组织班级活动既能强化教育目的，又能淡化教育痕迹，有效地防止学生产生逆反心理，使他们愿意参加活动并从中受到潜移默化的教育，这便是活动魅力之所在。

人们常说："纸上得来终觉浅，绝知此事须躬行。"中小学蓬勃兴起的体验教育就充分证明了这一点。学生思想品德的形成与发展，良好行为习惯的养成，必须经过知情意行的发展过程。离开了社会实践活动，学生就难以形成辨是非、明美丑、懂善恶的能力，也很难使所学的科学文化知识内化为真正的能力。

教育不只是要告诉学生怎么做，更要为他们提供可以做的舞台，班集体活动就是最好的舞台。通过丰富多彩的班级活动，学生可以提高与人交往的能力，学会关爱生命、关爱他人，养成负责的精神；同时，丰富多彩的班级活动还可以磨炼学生的意志，增长学生的才干，提高学生的实践能力。

有人做过这样的实验，把一组平时性情较为忧郁的学生带到农村去生活，以大自然为课堂，让他们在田野、森林中自由活动。几个月后，发现这些学生都不同程度地变得开朗了，而且，反应也比过去灵敏了。黑格尔把这种由大自然唤起的人文情怀称之为自然美的"生气灌注作用"，可见，班级活动过程的育人魅力是不可小觑的。

古人云："仁者乐山，智者乐水。"大自然可以陶冶学生的情操，改善学生的性格和气质。爱国主义教育除了在课堂教学中被潜移默化地培养之外，更重要的是，还能在班级组织的丰富多彩的爱国主义教育活动中被激活，在活动的过程中被体验。

通过游览祖国的名山大川，参观考察爱国主义教育基地，参观大型运动场馆、大型企业，了解家乡改革开放后的巨大变化，争当升旗手，撰写国旗下的讲话等活动，都可使学生感受现代化建设的辉煌成就，激发学生的爱国热情和报国志向。组织学生参观访问，到军营摸爬滚打，可以培养学生吃苦耐劳的精神，增强国防意识，使国家意识与民族精神得到凝聚与锤炼。

实践证明，学生最喜欢的班级活动是野外活动、文艺活动、科技活动和体育活动。因此，班主任应通过春游和夏令营活动，借助自然界一切美好的事物，提高学生的生活情趣，美化学生的精神世界。

科技活动同样如此，不仅能够普及科学知识，使学生了解现代科学技术的发展，还能够培养他们尊重科学的态度和追求真理的科学精神。目前，不少班级在开展科技活动时，加大了科技含量，改变了活动形式，使科技活动犹如一个大磁场，吸引着学生们。如目前一些班级开展的科技夏令营活动、航（舰）模比赛、科技小发明等。文化体育活动更是如此，不仅为学生搭设了展示才华的舞台，而且锻炼了他们的意志，美化了他们的心灵。

总之，当学生的思想处在活跃不定时期，一种思想能否被其接受，要看它是否满足了下列条件：第一，是否符合学生意识中贮存的要求；第二，是否对其渴望解决的问题提供了明确的解决方案；第三，是否能激起其受情绪影响的幻想；第四，是否吻合其残存的正确的价值取向。这四条无不与学生的情感有关。因此，情通则理达，理达则行至，只有活动才能满足这四个条件。下面举例说明：

面对学生大把大把地花钱，大手大脚地浪费，越来越严重的任性自私，不难看出，当前的学生不同程度地存在着情淡如水、只知被爱、不知爱人的问题。怎样才能解决这种情感下滑的现象呢？北京顺义县杨镇一中郝永成老师介绍了一位班主任的做法：他以听父母的话、牢记父母的恩为突破口，开展了"读万金家书"的主题教育活动。具体做法是：期中考试前，向学生家长发出一封信，告诉他们期中考试后，班里将开展一次读家长信的主题班会，希望家长务必写一封语重心长、动情晓理的信，以此来感染自己的孩子，沟通父母与子女的感情，架起理解的桥梁。信要直接寄给班主任，等到开会时再把信交给学生，请学生自愿向全班宣读并发表简短感想。

每位家长都望子成龙，也都知道孩子的长处与不足，却没机会当面与孩子说透，现在有了机会，把积在心里的话通过书信说了出来。孩子们从字里行间看到了父母的拳拳之心，负情的内疚、忘情的自责，一下子爆发出来。全班学生泣不成声，泪水冲散了骄娇二气，良知赶走了冷漠的情怀。痛定思痛，学生发现了自己身在福中不知福，也明白了不去爱人，终究也不会被人所爱的道理。

敬业乐群，不声不响地潜滋暗长；尊师爱校，热爱劳动的思想品德不断提高。这样的活动比耳提面命式的说教效果好得太多。

（二）活动的趣味性

爱因斯坦说："兴趣是最好的老师。"学生只有对活动感兴趣，其主动性和积极性才能被充分调动，才能变被动参与为主动参与。如果班级活动不考虑学生求新、求美、求异、求乐的心理特点，忽视他们的兴趣爱好，学生的积极性和能动性就无法调动起来。反之，开展学生喜闻乐见的活动，他们的愉悦感和成就感才会油然而生，才会潜移默化地使他们将兴趣从对活动的形式上转移到对活动的内容上来。同时，兴趣也是学生成才的起点，是发挥潜能、取得成功的动力。在参与班级活动过程中所产生的良好的情趣和积极的情感体验，又会强化他们坚持不懈、努力向前的意志品质，并产生一种艰苦奋斗的积极行为。

快乐带来和谐，活动促进发展。丰富多彩的活动，让每一位学生在学习过程中认识快乐、创造快乐、发现快乐、享受快乐和传递快乐，引导学生在实践中体验，在体验中成长。在寻找一个岗位、扮演一个角色，或是亲历一种场景、浸润一种氛围等多种形式体验中，获得一种感受，明白一个道理，学习一种本领，培养一种习惯。有些活动，学生不感兴趣、不愿参加，原因很多，如学生对报告会不感兴趣，就不在报告会本身，而在于报告会的内容是否充实、新颖，是否实事求是、具有针对性；在于报告人是否讲究语言艺术，是否把"大道理"寓于生动活泼、具体形象的语言之中；在于报告人是否言行一致、说到做到。当然，那些师生共同参与的演讲会、学习讨论会、主题报告会、知识竞赛则是学生喜闻乐见的灌输"大道理"的活动形式；还有，那些寓教于乐的班级文化体育活动（文化节、体育节、联欢会），那些启迪智慧、开发智力的科技活动，那些促进思想品德形成与发展的社会实践活动、各种劳动教育活动，学生以身边发生的事情（好的、坏的）为素材自编自演的小品剧和模拟法庭等活动，学生也都是乐于参与的。下面的场景是任何一位班主任都曾面对过的。

　　每当新班级组建时，为了尽快开展班级工作，班主任都要让同学之间互相了解，多数班主任采取学生自我介绍的方法。可是，这种让学生第一次就在陌生人面前介绍自我的方式，效果很不理想，一是学生不愿意接受，二是介绍的内容简单肤浅，不能把自我完全展示出来。这样的活动，除了能知道几个同学的名字和大体特征外，几乎没什么收获。

　　而有的班主任，根据中学生对计算机、网络媒体的兴趣，设计了这样一个展示自我的活动，"我的地盘我做主——个人空间展示大赛"。要求学生利用电脑设计自己的空间，将自己的照片、特长、成长经历、人生信条、今后的目标、朋友情况等设计成不同的板块，以美化自己的空间。然后利用班会时间集中展示、互相浏览、打分评价。在设计过程中，计算机水平高的同学帮助水平低的同学完成，从而既加深了相互了解，又培养了学生乐于助人的品格、努力创新的精神和追求完美的理念。

　　近几年，各中小学开展了许多类似"十星评比"的竞赛活动，有效地调动了学生的积极性和创造性，促进了学生良好思想品德和行为习惯的形成。杜社福老师开展的"每日一星"小组竞赛活动就是其中的一例：

　　小组管理与小组竞赛是我们班级自我管理的动力系统，被大家誉为"自我管理活动的心脏"。

　　最初，班级小组竞赛是这样进行的：老师给学生打分，表现好的就加分。每天、每周总分第一名的被评为明星组。这样操作虽然简便，但学生自主性不强，而且，每个老师的加分标准也不一样。

　　后来，在此基础上进行了改革。（1）不仅老师可以给学生加分，学生自己也可以为自己加分；（2）不仅上课可以加分，学生在生活、学习、作业、课外活动、周末在家等表现好的也可以加分；（3）奖罚分明，学生表现好该组加分，表现不好则该组扣分。每天、每周评选一个明星组进行表扬奖励；（4）制订加分标准，建立监督机制。小组竞赛由执行中队长专门负责监督管理。如果接到投诉，责任干部要立刻调查，确实有弄虚作假的，一次扣20分，甚至取消本周比赛资格。比如，在课堂自我管理办法中我们规定：上课举手发言一次，无论答对还是答错，自己都可以加1分，上课时先记在草稿本上，下课后组长统计本组总分，填入黑板上的小组竞赛栏内。

我们还尝试了另一种方法：有的组"后进生"太多，影响小组得分，班主任就给每个组制订一个目标分，只要达到了目标分，就可以被评为A，或被评为明星组。这就叫小组目标管理。

由此可见，让学生兴趣益然的活动才能产生魅力，才能激发学生的潜能，最大限度地促进学生人格的成长。

（三）活动主题的激励性

激励是通过外界令人感奋的刺激诱因去调动学生的积极性、主动性和创造性。班级活动能够形成一系列令学生感奋的刺激，能够触及学生的多种需要，并引起他们心理活动的一系列变化，从而对学生形成有效的激励。班级活动本身具有多种激励诱因，活动的目的、活动的主题、活动的内容、活动的形式、活动的场所及活动的环境氛围，都能有效地发挥激励功能。因为班级活动能够满足学生好奇、求知、交往、发展、创造等多种积极的心理需求，它是学生人际交往的主要途径，是战胜挫折、体验成功喜悦的实验场，是展示才华、发展创造性个性品质的舞台。它为学生提供了广阔的发展空间，它可以把教育影响和学生的思想联系起来，使这些激励诱因与学生的需要与动机、情感与意志交互作用，逐步形成良好的思想品德。班级活动的激励作用，是教育过程以外的实践与交往活动无法比拟的，一言以蔽之，班集体活动"对学生的激励功能是多方面的"。

活动一定要有主题。因为是否有主题，是衡量活动是自觉还是自发，是理性还是感性的标志，是体现德育水平高低的指标，也是学校培养目标在教育活动中的具体体现。因此，活动要突出主题，每一个活动都要有一个中心和具体目的。

天津市某重点中学年年都有英语节活动，但每年的主题都要根据学年的德育工作与教学重心有所改变。有的定位在世界文化交流，通过中西方比较，开拓文化视野，强化人类共同利益，加强和平与发展的思想与意识。2002 年，他们又联系加入 WTO 的现实形势与中国对外开放的政策，强化外语作为交际工具在对外开放中的作用与价值，以凸显活动的自觉性和目的性。主题确立之后，活动的内容、形式及环境布置的问题就能迎刃而解。

由此可见，活动主题是师生为活动提炼出来的口号或警句，其本身具有时代性、鲜明性和感召力，发挥着导向激励的作用。

(四) 活动内容的知识性

好的主题要靠好的内容来表现。内容的来源有借用的材料，如优秀诗词、歌曲、寓言故事；有学生自己创作的材料，如文艺习作、演讲稿。内容上有骨干材料、辅助材料，有庄重材料、活泼材料。内容的选择至少要注意四点：一是切合主题；二是主次结合，最能表现主题、直接展开主题的内容要显得充分、突出，起烘托作用的次要内容也必不可少；三是角度多样化，有利于生动活泼地表现主题，显示知识的丰富性；四是要力求新颖，符合时代精神，给学生以新的知识信息，新的感受、启迪。总之，丰富的知识含量，可以更加吸引学生，满足学生的求知欲。

如一位班主任在开展"我爱我的祖国"主题班会时，他选择的内容包括：我爱学校板块，选择了学校的可爱之处和学校如何可爱的材料；提升板块，选择了诸如未来的建设者要懂得爱，爱校是爱国的起点，爱国是爱校的升华、归宿等材料；典型人物板块，选择了爱家爱国的英雄模范人物；串词板块，选用了与班会主题相宜的诗词、歌曲和学生自己创作的歌颂祖国的文艺作品，作为活动的衔接材料，内容丰富、材料多样，使活动充满了魅力。

班级活动是社会活动的缩影，有利于提高学生的认识能力、动手能力、人际交往能力。学生正处于长身体、长知识时期，他们精力旺盛，求知欲强。开展丰富多彩的班级活动，既能锻炼学生的身体，增强他们的体质，又能增长学生的知识，提高他们的认识能力。在活动中，他们通过各种感官去感受事物，从中获得知识，开阔视野，增强思考能力，还可以学到某些技能，提高实践能力。同时，丰富多彩的班级活动能够促进学生良好个性的形成。因为学生的个性品质、兴趣，只有在集体活动中才能得到表现，也只有在活动中才能得到巩固、发展和调整。性格内向的学生，由于多次在活动中获得满意的角色而变得活泼开朗、积极主动，其智慧和特长也得到发挥。而热情欠踏实的学生，由于在班级活动中多次承担比较复杂的任务，使他们得到锻炼，从而变得比较冷静、踏实。

有的学校定期举办"交通安全你我他知识竞赛"，学生在积极准备班级竞赛、观看决赛的过程中，丰富了自己安全出行的知识。通过观摩比赛时的模拟违规表演，让学生深刻地认识到自己平时的不良习惯可能会酿成更大的危险，血淋淋的事例让学生更加重视安全问题。

有的学校通过参加社区义工服务，让学生深切体会到助人为乐的重大意义；通过校园文化艺术节活动，让学生接受了美育的洗礼；通过各种社团与兴趣小组，让学生展示与丰富了自己的特长。每个学生都有精彩的一面，在学习上找不到自信的，可能是一个"灌篮高手"，也可能是一个奔跑在绿茵场上的"贝克汉姆"，或者是一个才华横溢的"帕格尼尼"。给他们展示自己的机会，让他们赢得众人的目光，体验一把成功的喜悦，从而树立信心，带动学习上的积极性，带来学习成绩的较大起色。可见，丰富多彩的活动内容具有的激发力是不言而喻的。

（五）活动形式的多样性

选定班级活动内容之后，接下来就要选择为内容服务、符合学生年龄特点和心理特点的活动形式，以增强活动的吸引力，使学生在充满魅力的班级活动中长知识、增才干。例如，每年教师节，班主任都要组织以尊师为主题的活动。对这个传统的主题活动，形式与内容不能一成不变，否则对学生就失去了吸引力。周英剑老师介绍了他连续3年的活动情况：

2008年教师节前，他组织学生开展调查访问，以"我们喜欢这样的老师"为题展开讨论，在同学们统一了认识后，又组织他们到师范大学和师范生联欢，联欢会上，学生们以诗歌、故事等形式向师范生说出自己的心里话——我们喜欢的老师是什么样的。这个活动对师范生鼓舞很大。

2009 年教师节，周老师开展了"为白发老师贺生日"活动。同学们把自制、自买、自采的小礼物亲自送到白发老师的手里，并附上一句甜蜜的祝语，尊师气氛融融。到了 2010 年教师节，同学们又别出心裁，开展"校友来信话尊师"活动。每位同学都要给一位老校友写封信，请老校友谈尊师。然后，同学们又把收到的回信拿到班会上宣读，并把书信编印成册，发到全校师生手中。这一举动，大大扩大了活动的影响，也让同学们感到了自豪。连续 3 年的同一主题活动，由于形式的新颖变化，不仅学生乐于参加，活动效果也大大提高。

（六）活动过程的主体性

德育作为对学生思想素质、道德素质、政治素质和法纪观念的养成教育，是教育的核心问题之一。早在 20 世纪 20 年代，美国著名学者和教育家杜威，就在他的《民本主义与教育》一书中阐述了"教育即生活的观点"，他认为，教育进入新世纪以来，如何在新的教育背景下让学生能够获得更加自主的空间，让学生在更大的舞台上自主的生长和发展，让德育过程变得更加科学化、生活化和自主化，从而提高德育的实效。活动过程的主体性的实践，主旨在于探索发掘学生的主动性和积极性，合理运用德育模式，最大限度的发掘学生的创造能力和创新能力，从而弥补传统德育中忽视学生的主体作用，片面强调教师引导的缺陷。

活动的主体性是指班级活动要充分发挥教师特别是班主任（教育主体）的主导作用，并尊重学生（学习主体）在活动中的主体地位，发挥他们的能动性和积极性，形成两个主体的互动。

1. 学生是班级活动的主体，是真正的主人

马克思主义哲学认为，主体是指从事实践活动和认识活动的具有意义的特性的人，客体是进入人的活动领域，成为人的活动对象的事物。主体和客体最本质的区别在于客体是被动的、消极的，而主体是主动的、积极的、创造性的。这种主动的、积极的和创造性的特性，即人的主体性，包括自主性、自为性、主动性和创造性。另外，从学生个体的角度来说，"他的行动的一切活力都一定要通过他的头脑，一定要转变成他的愿望和

动机，才能使他行动起来"。因此，学生只有作为活动的真正主人，充分发挥其在活动中的主体作用，才能体现主体性原则。可见，开展班级活动，仅靠班主任和任课教师的主观努力是不行的，遵循主体性原则，就必须把班级活动的主动权交给学生，这也符合青少年的自身特点。因为青少年的自主意识在不断增强，他们具有独立的个性，不盲从、不苟同，希望自己的事情自己处理。所以，在班级活动中，充分发挥学生的主体能动性，更有利于促进他们的身心健康发展，有利于培养他们的创新精神和实践能力。

2. 尊重学生在活动中的主体地位

皮亚杰在批评学校不尊重学生主体地位时说："传统教育方法与新的教育方法的对立，乃是被动性与主动性的对立。"（见皮亚杰《教育科学与儿童心理学》，传统先译，文化教育出版社，1981年，第13页）在他看来，儿童活动的自主性是儿童认识发展，尤其是个性形成的关键。他还说："传统学校无论在理智方面还是在道德方面，都把一切社会化的过程归结为一种约束机制。"他认为，儿童能够在他们自己的社会（班集体），特别是在他们的集体活动中，使他们有一定的规则，"他们对于这种规则比对成人所发出的命令还要更加坚强地和自觉地予以尊重"，这种活动，最有利于促进儿童养成"批判态度、客观性和推理思考的行为方式"（见《教育科学与儿童心理学》，第184页）。可见，在班级活动中，只有当学生以主人翁的姿态出现时，班级活动才是生机勃勃的；学生对自身思想品德的要求才会更高、更严格；他们的思想境界才能提升，他们的创造性个性品质、创新精神和实践能力才能得到充分的发展。尊重学生的主体地位，班主任就不能以教育的权威者出现，而是活动的平等参与者和引路人。只有这样，学生才能摆脱来自班主任有意无意的束缚，消除对老师的依赖，成为真正的道德生活的主体。

3. 激励学生主动参与班集体活动

学生以主人翁精神参与班集体活动，是现实主体的一个基本内涵。因为，学生只有主动参与各项活动，真正成为活动的策划者、组织者、实践者，才能真正成为班级活动的主体，充分展现其主动性、独立性、敢为性和创造性。

遵循活动过程的主体性，还包括发挥教师特别是班主任的主体性作用。开展班级活动，离不开教师特别是班主任的指导。如前所述，在班级活动的结构要素中，最积极、最活跃的要素——群体主体——就是班主任（包括任课教师）和学生，班主任是教育主体，发挥着主导作用，其主要任务是调动学生的积极性，使学生在班级活动的过程中独立制订计划方案、组织贯彻实施计划方案、组织活动的总结与评价。在整个过程中，班主任（教师）作为教育主体，学生作为学习主体，他们之间是相互促进、教学相长的关系。

天津市某重点中学开展的"周末论坛"活动，就是一个很好的例子。他们的做法是：

第一步，由学生会通过问卷调查，搜集同学们关心的热门话题，经过筛选整理，确定"周末论坛"的主题。依据是，要反映时代气息，适应社会生活的新变化，紧贴广大学生的发展要求，以突出政治方向教育为主。如"你怎样看待以美国为首的北约轰炸我驻南使馆的野蛮行径""怎样看待反腐倡廉取得的伟大成果""日本篡改历史教科书的背景"等。除此之外，也有反映校园生活的相关话题。

第二步，将已经确定的热门话题，通过"周末论坛"和大家见面，要求所有学生畅所欲言，敢于亮明观点和发表意见，学校不打棍子，不揪辫子。同学们在争辩中出现意见相悖、甚至错误观点时，教师也不急于干预，而是通过策略提问的方式引导他们多角度思考，启发他们自己寻求正确答案。

第三步，对于分歧较大、同学们自己解决不了的问题或错误的观点，通过一定的方式，加以疏导和点拨，用事实和道理还学生一个明白。如学校决定用一周的时间，组织学生参加学农劳动，这一决定成了同学们的热点话题。讨论会上，有学生认为这有利于培养大家吃苦耐劳的精神，有的则认为会影响考试成绩。于是，他们通过专栏，组织了第二次讨论。全校通过动员会、班级主题会等方式进行了多层次的疏导，统一了学生的认识，为完成教育目标奠定了思想基础

班级活动，从设计到总结评价，只有充分体现班主任教育主体的教育

引导作用和学生学习主体的能动作用，才能充分发挥活动的多重功能。总之，活动中的体验和收获，更容易在学生的记忆中留下痕迹，成为生命的一部分，当然，不排除活动中的消极影响也会伴随他们终身。所以，作为班主任，要认真地组织好每一次活动，不要在麻烦、劳累面前却步。

阅读资料：

我爱我的祖国

——庆祖国 61 华诞

天津市津南区小站第三小学　侯希丹

活动目的：

1. 了解祖国屈辱的历史与辉煌的今天，激发学生的爱国情感。

2. 了解家乡的巨大变化，增强对祖国、对家乡的热爱。

3. 让学生认识到自己的责任与使命，并鼓励学生长大后为祖国作贡献。

准备活动：

1. 课前，老师精心设计并制作主题班会课件，学生通过书籍、网络收集有关主题班会的知识、图片，排练与主题班会相关的诗词、歌曲等。

2. 黑板上板书："我爱我的祖国——庆祖国 61 华诞"主题班会标题。

3. 设计"爱我中华，爱我家乡"主题黑板报。

活动形式：

1. 以合唱的形式开始，拉开主题班会的序幕。

2. 以多媒体课件展示及问答形式，了解祖国和家乡的巨大变化。

3. 以汇报爱国名言的方式，交流大家的爱国方式。

4. 以配乐朗诵的形式，表达对祖国母亲的深爱之情。

活动过程：

第一部分：主题班会开场序幕（5分钟）

一、师生同唱一首歌——《义勇军进行曲》

"起来，不愿做奴隶的人们，把我们的血肉筑成我们新的长城，中华民族到了最危险的时候……"在雄壮激昂的国歌声中，拉开了我班"我爱我的祖国——庆祖国 61 华诞"主题班会的序幕。

二、主持人宣布"我爱我的祖国——庆祖国 61 华诞"主题班会开始同学们，我国是一个拥有悠久历史和灿烂文化的东方古国。中华民族是一个具有勤劳勇敢、乐观向上、自强不息精神的民族。她有着山一般的意志，海一样的胸怀；长城是她坚强的臂膀，长江是她飘逸的裙带；白云浮动着她绵绵的情思，山花摇曳着她温馨的气息……这——就是我们亲爱的祖国！这——就是我们神圣的母亲！

"我爱我的祖国——庆祖国61华诞"主题班会现在开始。

第二部分：了解祖国屈辱的历史与辉煌的今天，激发学生的爱国情感（10分钟）

一、了解祖国的屈辱史，激发学生的爱国情感

主持人：同学们，61年沐浴皓月星光，接受风雨洗礼，回顾从历史深处昂然走来的伟大祖国，在这颗蔚蓝星球，已经屹立了悠悠五千年，她有过空前的繁荣鼎盛，也铭记了千年的坎坷与伤痛。同学们，我们是祖国的未来，虽然浴血奋战、硝烟弥漫的战火已离我们远去；历史恩怨，国危呼号也融进了历史。但是，我们不能遗忘这段充满羞辱与硝烟的历史。现在，我们一起来看一段视频，重新了解一下那段硝烟弥漫的历史。

（视频播放：鸦片战争、八国联军侵华战争、日本全面侵华战争等）

提问：为什么我们的国家会遭受如此的屈辱呢？为什么列强可以无休止地侵略我们的国家？（学生展开讨论、交流）

主持人：同学们，大家说得很对，正是由于清政府的腐败无能，才让我们的祖国承受了这么久的屈辱，这是多么令人愤慨啊！但是，我们作为新一代的接班人，要从小正确认识我们的祖国和我们的历史使命。现在，让我们一起了解一下祖国的辉煌。

二、了解祖国的辉煌，激发学生的爱国情感

（图片及音频展示：毛主席宣布新中国成立的一幕）

主持人：1949年10月1日，随着毛主席的声音"同胞们，中华人民共和国中央人民政府今天成立了"！饱经战争沧桑与落后苦难的中国人民终于站起来了！从此，中国像一条巨龙，以一个大国的身份屹立于世界东方。请同学们观看视频，了解祖国的辉煌。

（视频播放：从1964年10月首颗原子弹试爆成功，到2008年8月北京奥运会以及2010年上海世界博览会的成功举办）

同学们，61年的漫长时光，是一个光辉的历程。我们看到了祖国的沧桑巨变，更看到了祖国如今的辉煌。我们坚信，在中华民族伟大复兴的征程上，还会出现一个又一个的辉煌！祖国，我们为你骄傲！祖国，我们为你自豪！

第三部分：了解家乡变化，激发学生的爱国情感（9分钟）

新中国成立后，我们的祖国发生了翻天覆地的变化，特别是改革开放以来，我国的发展更是日新月异。当然，我们生活的家乡也发生了变化。现在，就让我们走进我们的家乡，了解我们的家乡——小站。

主持人：谁能讲讲过去的小站是什么样子的？

主持人：是的，过去的小站没有小区建设，没有休息、游玩的场所……那谁能具体说说小站都发生了哪些变化？（同学们纷纷介绍小站的巨大变化）

是的，我们生活的地方，如今也发生着翻天覆地的变化。小站，原来是一个落后的乡村，如今，已经发展成了一个较为富裕的城镇。

同学们，请大家欣赏照片，了解小站所发生的变化，发表自己的感想。

（图片展示：过去的小站和如今的小站所发生的变化）

同学们，我们是新一代的接班人，是祖国、家乡的一分子，祖国与家乡的发展需要我们，就让我们努力学习，共同创造一个更加伟大、富强的国家。

第四部分：汇报爱国宣言，交流如何爱国（10分钟）

学生展示爱国名言：

为中华崛起而读书！——周恩来

我是中国人民的儿子。我深情地爱着我的祖国和人民。——邓小平

中国唯有国魂是最可宝贵的。唯有他发扬起来，中国人才真有进步。——鲁迅

爱国主义就是千百年来巩固起来的对自己祖国的一种深厚的感情。——列宁

人民不仅有权爱国，而且爱国是个义务，是一种光荣。——徐特立

天下兴亡，匹夫有责。——（清）顾炎武

爱祖国高于一切。——（波兰）肖邦

科学没有国界，科学家却有国界。——（俄）巴甫洛夫

为祖国而死，那是最美的命运啊！——（法）大仲马

常思奋不顾身，而殉国家之急。——（汉）司马迁

爱国是文明人的首要美德。——（法）拿破仑

人类最高的道德是什么？那就是爱国之心。——（法）拿破仑

纵使世界给我珍宝和荣誉，我也不愿离开我的祖国。因为纵使我的祖国在耻辱之中，我还是喜欢、热爱、祝福我的祖国。——（匈）裴多菲

热爱祖国，这是一种最纯洁、最敏锐、最高尚、最强烈、最温柔、最无情、最温存、最严酷的感情。一个真正热爱祖国的人，在各个方面都是一个真正的人。——（苏联）苏霍姆林斯基

谁不属于自己的祖国，那么他也就不属于人类。——（俄）别林斯基

……

同学们，大家交流了这么多伟人的爱国宣言，作为处在和平年代的我们，作为祖国的花朵与未来的我们，应该如何爱国呢？

（学生讨论、师生交流）

我相信，同学们都有一颗爱国之心。只要我们坚持从小事做起，从身边做起，争做一个讲文明、讲信用、诚实守信的小公民，树立现代文明，一定会再造祖国的辉煌。

第五部分：配乐诗朗诵，结束主题班会（6分钟）

现在，就让我们用一首诗来表达我们的心声，祝福我们亲爱的祖国。下面请欣赏配乐诗朗诵——《我骄傲，我是中国人》。

同学们，我们是新一代的接班人，是祖国未来建设的生力军，不管我们在以后的学习、劳动、锻炼和生活中，遇到多大的困难，我们都要去克服它，战胜它！让我们携起手，一起走进祖国的新时代！

我宣布，"我爱我的祖国——庆祖国61华诞"主题班会到此结束。

思考与练习

1. 举例说明班级活动的结构要素。

2. 用事实说明班级活动能够促进学生"全面发展基础上的个性发展"。

3. 为什么说班级活动对学生具有魅力？举例说明。

4. 从下列题目中选择一个最适合自己的题目，撰写一篇论文。

（1）班级活动必须坚持主体性原则。

（2）在班级活动中培养学生的爱国主义精神。

（3）谈班级活动有利于学生知情意行的协调发展。

第二章　班级活动的分类

中小学生精力充沛，兴趣广泛，活泼好动。因此，丰富多彩的班级活动，不仅是他们多彩人生的源泉，也是他们获取知识、提高能力的有效途径。由于班级活动具有多样性的特点，因此，有必要对其进行分类，以便班主任开阔视野，有目的、有针对性地选择和组织开展班级活动。活动的类型可以从多维度进行划分，如活动的领域和对象、活动的目的、活动的方式、活动的组织形式等。有的学者认为，对活动类型最重要的划分，是根据活动对象形态的不同，这种划分是对活动类型的一种实体性划分，其他划分均可以看作是对它的说明和补充。这对于我们研究班集体活动的分类（类型）是非常有益的。

第一节　根据班级活动内容分类

任何一项班级活动，都离不开内容和组织形式，而且形式必须服从内容。根据这个道理，笔者认为，班级活动的分类主要依据活动的内容。因此，按照活动内容班级活动可分为以下几类：

一、班级德育活动

班级德育活动，是根据德育工作的任务、内容和要求开展的活动。

《中（小）学德育大纲（纲要）》《中（小）学生日常行为规范》对德育的内容已经有了明确的规定，特别是江泽民同志在《关于教育问题的谈话》中再次强调："教育是一个系统工程，要不断提高教育质量和教育水平，不仅要加强对学生的文化知识教育，而且要切实加强学生的思想政治教育、品德教育、纪律教育、法制教育。要加强和改进思想政治教育，就应当对青少年学生进行爱国主义教育、集体主义、社会主义教育，帮助他们树立正确的人生观、世界观、价值观。这些内容小到基础的公德教育，大到政治方向教育，哪一项也忽视不得。"江泽民同志还说："要说素质，思想政治素质是最重要的素质。不断加强学生和群众的爱国主义、集体主义、社会主义思想教育，是素质教育的灵魂。"以上德育工作内容的落实，都离不开班级德育活动的开展。班级德育活动包括以下几项：

（一）思想政治教育活动

思想政治教育包括爱国主义教育、集体主义教育、社会主义教育和理想教育。目前，许多研究者还把劳动教育和心理健康教育归入德育工作。开展这些教育的目的，是帮助学生树立正确的人生观、世界观和价值观，提高他们的政治思想觉悟和健康的心理品质。

1. 爱国主义教育活动

自古以来，中华民族就把爱国主义视为最崇高的品德。在中国五千年的文明史上，有过令人自豪的辉煌时期，也有过长达百年的屈辱和抗争。无数爱国志士和民族英雄惊天地、泣鬼神的英雄业绩，以及遗留下来的格言、信条，都是中华民族宝贵的历史遗产，也是爱国主义教育活动的生动教材。

青少年是祖国的未来和希望，培养他们的爱国主义精神，提高他们的爱国主义觉悟，是建设以共产主义思想为核心的社会主义精神文明的一项重要任务。它关系着四化建设的成败和祖国的兴衰。爱国主义教育活动是指帮助学生在知祖国、爱祖国的基础上，立报国之志、学报国之才、践报国之行的教育活动。这方面的活动丰富多彩，我们可根据学生的身心特点，开展适当的活动。

（1）组织"阅读《上下五千年》心得座谈会（演讲会）"、开展"讲《上下五千年》英雄故事比赛"，使学生了解我国的历史，以培养他们的民族自尊心、自信心和自豪感。

（2）组织学生参观游览活动，培养学生的爱国之情。青少年的认识活动具有由近及远、由具体到抽象、由感性到理性的特点。壮丽的山河、雄伟的建筑、家乡的建设新貌、热烈的劳动场面、欢快的节日盛况、奥运赛场的胜利、国庆60周年阅兵式激动人心的场面、世博会的壮美场面，都能使他们产生爱国之情。因此，教师可以组织学生参观祖国建设新貌，游览祖国名山大川，组织学生参加社会实践，激发他们的爱国情感；同时，引导他们把热爱家乡、热爱学校的一草一木，深化、升华为强烈的爱国之情。

（3）教唱《国歌》《我爱祖国》《保卫黄河》《满江红》《歌唱祖国》等歌曲，讲解这些歌曲的历史背景，参加学校组织的以班级为单位的红歌大赛，使学生了解我们民族过去的苦难，以及抗击外族入侵的英雄事迹，以培养学生民族自尊心和自强不息的奋斗精神。

（4）开展"中国真棒——祖国之最"收集活动。写明材料出处，注上收集人姓名，由班委会整理分类，汇集成册，印发给个人，并分主题召开主题班会、演讲会，为学生树立榜样，激发学生的爱国热情。

（5）举办爱国主义报告会、演讲会活动。要在马列主义毛泽东思想和邓小平理论的指导下，通过具有辩证哲理的晓理，激发学生的爱国之情。晓理要在理论联系实际上下功夫，做到中肯而又切合实际，深刻而又不失含蓄。另外，可以组织高中生学习马列主义毛泽东思想和邓小平建设有中国特色的社会主义理论，结合学习中华民族的历史、党史，提高他们的思想政治觉悟，树立马列主义信念，指导他们用马列主义的立场、观点和方法分析问题。这样，可以使学生逐步克服情感的肤浅性和波动性。

（6）开展故事会活动。把革命先烈和先进人物的事迹编成小故事，进行生动形象的讲述。在讲故事中明理激情，激发学生的爱国主义情感。

（7）开展以"爱祖国、爱家乡，奋发有为建小康"为主题的系列活动。

2. 集体主义教育活动

注重集体主义精神是我国传统道德的一个重要特点。当今的中小学生，作为社会主义的建设者和接班人，必须具有集体主义精神，处处关心公共事业。只有这样，才能自觉地为社会主义事业做出贡献。所以，我国的中小学通过开展集体主义教育活动，帮助学生正确处理个人与集体的关系，培养他们的集体主义精神。集体主义教育活动的形式多种多样，需要班主任认真开发。

（1）开展为什么要树立集体主义精神，如何克服个人主义、小团体主义的专题报告会、讨论会、辩论会，帮助学生正确处理个人与集体、竞争与合作的关系，鉴别小团体主义与集体主义的区别，真正树立起社会主义的集体主义观念。

（2）开展"今天我以集体为荣，明天集体以我为荣"主题教育活动，鼓励学生关心集体、热爱集体、为集体发展和进步贡献力量，增强集体荣誉感。同时，与"关心集体好榜样"活动相结合，深入开展集体主义教育。

（3）开展"一人有事大家帮，我为集体献力量"活动。鼓励学生为他人、为集体做好事。并定期召开表彰会，激发学生的集体主义精神。

（4）积极组织学生参与学校组织的各种大型活动，如校园艺术节、科技节、外语节、运动会和各种单项对抗赛，号召学生既要有团结合作的风尚，又要有为班集体争光的拼搏精神。

3. 社会主义教育活动

社会主义教育活动是指帮助学生认识社会主义好，只有社会主义才能救中国、才能发展中国的教育活动。我国处于社会主义初级阶段，面临改革开放的大好形势，可供开发的资源十分丰富。班主任应当把这项教育活动作为一项重要的德育工作，组织开展丰富多彩的活动。

（1）举办"社会主义好"的形势报告会。邀请党校、社科院和本校的老师，讲述社会主义事业的巨大成就和存在的问题。帮助学生学会用辩证唯物主义和历史唯物主义的思想方法，看清社会主义的发展，分清主流和支流。

（2）开展"家乡巨变"采访汇报活动，用生动的事例证明只有社会主义才能发展中国。

（3）参观"社会主义建设成就展"，激发学生热爱祖国的热情。

（4）开展社会调查活动。组织学生深入工厂、农村、部队、建设工地进行实地调查，并写成调查报告。只有到实践中去，到人民群众中去，到火热的生活中去，才能看到社会主义建设的伟大成就，坚信只有社会主义才能救中国、才能发展中国的道理。

4. 理想教育活动

中小学生已初步具有一定的生活理想和职业理想。但是，由于市场经济的发展和网络时代的到来，诸多西方道德价值观乘机侵入，给青少年的道德选择带来困惑，并产生了一些不良影响，使他们滋生了"一切向钱看"和贪图享乐、胸无大志的念头，甚至出现了自由主义、享乐主义的思想苗头，给中小学理想教育提出了新的课题。因此，班集体活动承担起了理想教育的任务，以帮助学生从小树立远大理想。

理想教育活动要针对青少年理想发展的特点展开。这些特点是：以职业理想为主，理想常变且不稳定，重视脑力工作轻视体力工作，重视现实利益。要想把中小学生的生活理想和职业理想发展成高层次的理想，只有通过爱国主义和社会主义教育活动，才能形成他们立志为祖国献身的志向。常用的理想教育活动还有：

（1）"目标"教育活动。社会主义倡导的人生理想，是自觉做到人民的利益、祖国的利益高于一切，为共产主义事业而奋斗。这是一个远大的目标，理想教育应把这一远大目标，转化为"振兴中华"的中级目标；再结合学生的理想和学习，提出具体目标。如"学习目的教育活动"就是由小到大，由近到远的教育。

（2）开展"请有理想的人讲理想"的活动。这是中小学常用且受学生欢迎的、行之有效的理想教育活动，让中小学生学有榜样，逐步做到"立足现实、放眼未来"。中小学生正处在为实现远大理想做准备的时期，理想的形成与他们的生活学习密切相连，这一活动，帮助他们把学习和祖国的四化大业联系起来，把理想落实在学习上。

（3）开展"学英雄思想，走英雄道路"活动。英雄模范人物具有远大的理想和高尚的情操，他们为了国家的事业和人民的利益，默默地奉献着自己的一切。组织学生向英雄学习，引导他们从崇拜英雄模范到逐步接受英雄模范的理想抱负，就是生动的理想教育活动。

（二）品德教育活动

品德是道德品质的简称，是社会道德在个人身上的体现，是个体依据一定的社会道德行为规范行动时表现出来的比较稳定的心理特征和倾向。一个人的品德素质，包括思想政治素质和道德素质。班级品德教育活动包括爱祖国、爱人民、爱科学、爱劳动、爱社会主义，以及尊重他人、文明礼貌、助人为乐、见义勇为、尊老爱幼、诚实守信和遵守公共秩序、爱护公共财物、讲究卫生、保护自然环境等内容的教育活动。班级品德教育活动，特别要重视基础文明的养成，做到如《礼记》中所说的"不失足于人，不失色于人，不失言于人"，即在行动、态度、语言诸方面做到讲文明、懂礼貌。2001 年底，中共中央印发《公民道德建设实施纲要》，把公民道德规范集中概括为"爱国守法、明理诚信、团结友爱、勤俭自强、敬业奉献"二十个字。这是对中华民族传统美德的继承与发展，它规范着人与人、人与社会、人与自然的关系，对人的信念、意志、审美取向有较大的影响。在活动中，我们要引导学生树立正确的人生观、世界观和价值观。在青少年中，结合中华民族传统美德教育，深入开展系列品德教育活动是非常必要的，特别是要围绕贯彻落实《公民道德建设实施纲要》开展系列活动。公民道德是社会道德体系中最基本的要求，是个人良好道德形成与发展的基础。一个人如果连最基本的公民道德都做不到，是很难履行较高层次的社会主义道德规范的。因此，班级必须围绕这一主题开展系列活动。

1. 弘扬传统美德系列活动

围绕中华民族传统美德、"公民道德规范"的具体内容，开展弘扬传统美德，遵守"公民道德规范"知识讲座和竞赛。其目的是让学生不仅知道中华传统美德和"公民道德规范"的内容，还要深入理解为什么要遵守"公民道德规范"。

2. 公民道德状况专题调查、分析活动

引导学生走向社会，即用自己的耳朵去听，用自己的眼睛去看、去发现遵守公民道德的先进典型和违背"公民道德规范"的不良现象。然后，组织学生写出调查报告（小学生可写心得体会），在此基础上，组织学生集体讨论，剖析正反典型，激发学生去思考、分析、辨是非、明善恶、分美丑、定取舍，促进他们树立和选择正确的公德观和行为方式。

3. 宣传"规范"、践行"规范"的积德实践活动

组织班级小分队宣传二十字"公民道德规范"的现实意义和长远意义。在活动中，师生要深刻理解二十字"公民道德规范"的意义，在弘扬中华民族传统美德，贯彻"三个代表"，发展先进文化，构筑与社会主义市场经济体制相适应的社会主义道德大厦和促进社会主义事业发展的重大作用的基础上进行广泛宣传。在宣传活动的基础上，还要积极践行二十字

"公民道德规范"和《中（小）学生日常行为规范》，即积德实践活动，也称道德实践活动。

4.自编自导自演的道德小品活动

根据好人好事和道德失范现象，自编自导自演道德小品。这样的活动，在讲人生、讲理想、讲道德、讲价值方面会给学生一种更为形象生动的感觉，不仅具有说服力，而且学生也愿意接受。

5.规范养成教育活动

结合"公民道德规范"和《中（小）学生日常行为规范》开展行为规范养成教育活动，其中包括各校开展的诚实守信教育和礼仪教育活动，活动内容与形式和上述活动形式大同小异，这里不再赘述。

（三）法制纪律教育活动

加强中小学法制教育是我国全民"普法"活动的有机组成部分，法制教育的起点是纪律教育。法制教育要让学生知道，为了维护社会的正常秩序和人民的基本利益，必须用纪律和法律来控制，公民必须"遵纪守法"。中小学法制纪律教育的目的是让学生明白什么是遵纪，什么是违纪，违纪将受到什么样的行政处分；明白什么是守法，什么是犯法，明白犯罪将受到什么样的法律制裁。学校除了上好"法律常识课"外，班集体还要针对学生的身心特点，开展学生喜闻乐见的纪律教育、法制教育活动，以促使学生形成正确的法制观念，真正做到知法、懂法、守法、护法。

1.遵纪守法讲座活动

请各执法部门的专家结合学生存在的问题来校讲座。如请交管部门的同志讲《交通法规》；请园林部门的专家讲《森林保护法》；请公安局同志讲《治安管理处罚条例》等。

2.组织参观活动

组织学生参观"为了明天——预防未成年人犯罪展和征文比赛"活动，或组织适合学生旁听的法律审判活动。

3.法制教育故事会活动

将法律知识寓于故事之中，绘声绘色地讲给学生听。如结合生活中存在的破坏生态环境的现象，讲一个《森林的控诉》的故事，以拟人的口吻向破坏者提出控诉，并通过"动物法庭"予以审理、给予判处，让学生在生动形象的活动中受到启发和教育。

4. "模拟法庭"活动

以学生身边违法犯罪的案例为素材，由学生自己动手编写审判程序，并由学生扮演审判长、审判员、书记员、公诉人、辩护人、原告、被告、法警等，所有审判程序均按照法律规定进行。目前，开展"模拟法庭"活动的学校和班级越来越多，如天津市红桥区铃铛阁中学，是天津市开展这项活动最突出的学校之一，这项活动在师生中产生了极大的反响。因为，这项活动通过角色互换、案例剖析、晓之以理、动之以情地撞击着学生的心灵，使他们感受到法律的威严，感受到违法行为给社会、给人民带来的危害，增强了他们维护法律尊严的意识和遵纪守法的自觉性。

5. 案例分析活动

选择一些典型案例，组织学生边学法律知识，边分析判断，这样可以引起学生学法、用法的兴趣。如在学习《治安管理处罚条例》时，即可让学生分析"偷窃"的案例。

（四）劳动教育活动

班级劳动也是班级最常见的活动，是其他形式不可代替的实践活动。其目的在于培养学生的劳动观点，增强学生热爱劳动、热爱劳动人民的思想情感。体味劳动的艰辛，养成勤俭节约、艰苦创业的优良品德是班级劳动教育活动不可忽视的任务。

班级组织的劳动，可以让学生把课堂或书本上的知识在实践中充分运用，并在实践中学到书本上学不到的知识。并且，劳动对开发学生的智力，培养学生的创新精神和实践能力具有重要的意义。劳动还能增强学生的体能，增强学生感受美、创造美、鉴赏美、表现美的能力。以班集体形式参加的劳动大致有以下几种：

1. 自我服务性劳动活动

自我服务性劳动，指自己的事情自己做。学生自己照料自己的生活，安排自己的学习，保持环境的整洁。如穿衣、刷牙、铺床、叠被、洗衣、刷鞋、整理学习工具和购物、扫尘等。自我服务性劳动，不仅能培养学生从小热爱劳动、独立生活的习惯，还能培养他们从事生产劳动必须的劳动技能。

班级组织的学生自我服务性劳动，是以学生个体活动形式出现，因此，班主任要做好以下几件事：一是联系实际，讲清目的和意义，培养学生从小不依赖父母的光荣感和自豪感；二是与家庭保持联系、紧密配合，指导学生养成自我服务的好习惯，并根据学生的年龄提出不同的要求，体现出技术上的由易到难，气力的由小到大、步步提高；三是与家长建立学生自我服务劳动联系手册，定期在班中进行好人好事的总结表彰，或开展自我劳动小能手评比活动。

2. 社会公益性劳动活动

社会公益活动，是社会主义国家公民自愿参加，直接为社会公益事业服务的无报酬劳动，也称义务劳动，是对学生进行共产主义思想品德教育的有效途径。公益劳动包括服务性公益劳动和生产性公益劳动。如修桥补路、植树造林、大搞清洁卫生、维护社会秩序、帮助军烈属孤老户、参加防汛抗旱、帮助农民抢种抢收、到工厂商店劳动等。开展社会公益性劳动，班主任要做好以下几个方面的工作：一要做好动员，大力倡导为社会、为集体、为人民做有益的事，对学生进行共产主义思想品德的教育，使他们懂得，人更多的是奉献而不是索取；二是以班级的形式组织开展社会公益性劳动，在劳动中引导学生认识个人和集体的关系，培养他们的集体荣誉感、归属感和责任感，使他们成为不谋私利、不计报酬、公而忘私、团结协作、助人为乐的人；三要坚持力所能及的原则，做到有目的、有计划地进行，对劳动的内容、时间、人员合理安排，并做好精神准备和物质准备；四要做好劳动后的总结评价。

3. 生产性劳动活动

教育部对学生参加生产劳动的时间和内容有明确的规定，生产性劳动以班级的形式组织参与，主要是指学工学农劳动。这项劳动活动的组织形式、过程与社会公益性劳动基本相同。这里不再赘述。

（五）心理健康教育活动

20 世纪 80 年代末 90 年代初，伴随人类社会的发展和科学技术的进步，特别是医学技术的突破，人们的健康观发生了较大的变化，不再是传统的"无病即健康"的观念，它涵盖了人的躯体、心理和社会生活三个领域。当时，美国心理学家皮尔斯就提出了"心理健康"这一概念。而且，世界卫生组织成立宪章中也明确指出："健康不仅仅是指躯体上没有残缺或疾病，而是指人的肉体、精神和社会适应方面的正常状态"。其中，后两项属于心理健康范畴。也就是说，现代健康新观点十分重视心理健康，而且不仅指个体，还包括群体。对班级来说，如果班风不正，矛盾重重，很难说这个班的老师和学生的心理是健康的。

激烈的升学竞争、扭曲的家庭教育、社会环境的冲击和影响，以及教师教育方法的不当，使学生产生了或多或少的心理障碍。调查表明，城市学生的心理问题随着年龄的增长而增长，其中初中生为 13.7%，高中生为 18.39%，大学生为 25.39%（见《光明日报》，1993 年 1 月 15 日）。因此，心理健康教育已经提到中小学校德育工作的日程，开展心理健康教育活动势在必行。

1. 健康讲座活动

请心理教师或心理医生讲解什么是真正的健康，心理健康的标准，新世纪人才的标准，指导学生学会自我认识和自我调节。学会自强——有生活目标和远大理想；学会自知——正确评价自己；学会自爱——正视现实、悦纳自己；学会自觉——努力学习和愉快生活；学会自尊——善于与人友好相处；学会自持——保持情绪稳定乐观；学会自制——自觉遵守社会道德规范。

2. 团体心理咨询活动

由班主任或心理咨询人员，针对本班学生心理存在的共性问题，指导学生开展讨论和角色扮演，以寻找解决或缓解共同心理问题的活动。团体心理咨询，实际上是为存在某种心理障碍的学生提供一个参与社会交往的机会，对解决和缓解某些心理问题具有重要作用。如果与个别咨询、网络咨询相结合，效果会更好。

二、班级科技活动

班级科技活动，是以班级为单位组织的科学技术教育，引导学生学习科学技术，培养学生科学的人文精神、创新精神和实践能力的教育活动。它是课堂教学的延伸和发展，不仅可以开拓学生的知识视野，开发学生的智力潜能，还能使学生树立相信科学、尊重真理的世界观和价值观。对培养学生实事求是的科学作风、严谨细致的科学态度、坚忍不拔的意志品质以及培养学生的科学精神、创新精神和实践能力都具有重要的意义。学生通过课堂教学掌握的科学文化知识，不一定能够形成科学的世界观和价值观，只有把知识运用于科技活动的实践，才能真正体会到知识的力量，从而领悟其蕴含的思想和价值。

培养学生的科技素质，是教育创新的任务之一。班级科技活动是培养学生科技素质的重要途径，它有利于发展学生的观察能力、思维能力和动手能力。观察力作为人直接认识事物的基本能力，只有在科技活动的实践中才能得到发展；思维能力则是在观察事物感知材料的基础上得到发展，并通过动手操作而形成动手能力和实践能力。

班级科技活动是集体活动，也是进行集体主义教育的有效形式，需要大家的共同参与和密切配合才能办好。

(一) 科技讲座活动

班主任和任课教师结合课堂教学中涉及的某一专题，向学生进行专题知识的讲座，以丰富学生的科学知识，引导学生树立科学的世界观、人生观和价值观。科技讲座的内容包括科学史话、科学家的故事、专题科技和科技信息发布等。科技讲座要根据学生的年龄特点和知识水平来选择内容，如对小学生可讲水为什么向低处流、月亮为什么有圆有缺、下雨是怎么回事等；对中学生就要深入一些，如环境保护问题、人工降雨问题、沙尘暴的形成与根治问题，或结合理化生所学知识选择专题。科技知识讲座最好配合多媒体演示，发挥其形象直观的作用。

（二）科技考察活动

班级要有目的、有计划地带领学生参观科研院所、科技展览、自然博物馆、科技博物馆、少年科技中心、气象台、高校科研所等。教师在参观前做好行为规范的指导，参观中做好知识的讲解，参观后指导学生撰写科技小论文。与此同时，班级也可组织高中学生和初中高年级学生开展自然资源考察、生态资源考察等科技活动。

（三）科技实践活动

有条件的学校可以建立科技实践基地，或在校内建立科技俱乐部。班主任可利用学校基地和学校开展的科技月（科技周）活动，组织学生积极参与小制作、小发明、小种植等科学实验活动。

如天津市中山中学，早在20世纪80年代就取得了天津市蔬菜研究所、天津市污水处理站等科研单位的支持，建立科技实践基地，聘请蔬菜所于莹娟教授、南大物理系谭成章教授等10名专家学者为学生的科技辅导员，指导学生开展科学实验。中山中学的"科技俱乐部"是开展科技活动的重要基地。俱乐部包括科技研究部和电子无线电部及陶艺、车模、舰模、航模环保和手工制作若干小组，请来22名有专长的老师为科技辅导员，充分发挥了"大手拉小手"培养学生科技素质的作用。在这项活动中，每个班都有自己的代表队定期到两个基地参加科技实践活动。

三、班级文化艺术活动

班级文化艺术活动是通过开展健康的文化艺术活动，对学生进行文化艺术熏陶，提高学生的文化素养、审美能力，形成良好的心理品质的教育活动。班级文化艺术活动的内容非常丰富，很受青少年学生的欢迎。

文化艺术对学生的熏陶，是一种"无言之教"，通过文艺活动诉诸学生的感知，逐步使他们形成某种理性认识。这种活动，有助于净化学生的心灵，陶冶学生的情操，提高学生欣赏美、鉴赏美、创造美的能力，进而提升他们的文化修养、艺术修养、健康的心理素质和人格品位。经常开展的文化艺术活动主要有读书活动、观影（剧）活动、故事会活动、赛诗会活动等。

（一）读书活动

中小学是培养学生爱好读书的关键时期，但是，目前的中小学教育却以升学率为目标，为此，不惜将超负荷的功课强加给学生，剥夺了他们课外阅读的时间，不知扼杀了多少学生现在和将来对读书的爱好。要想改变这种局面，班主任就要为此付出努力，在班里开展好读书活动，逐渐让学生懂得"书是我们时代的生命"（别林斯基语）、"书是人类进步的阶梯"（马克思语），读书是生命中的基本需要。宋朝诗人黄山谷说："三日不读书，便觉语言无味，面目可憎。"笔者认为，一个不爱读书的人往往乏味得不让人喜欢。

读书不仅可以丰富一个人的科学文化知识，还可以培养一个人的人文精神。但是，书海茫茫，良莠杂陈，对于中小学生来说，则需要班主任在读书活动中，向他们推荐好书，以提高他们的辨别能力。

班主任应带领学生创造喜闻乐见的读书形式。如天津市文昌宫回民小学创造的"小博士弄书潮"活动，深受学生的欢迎。有的老师开展了"买1本好书，读50本好书"的活动，让学生把自己的1本好书献给班集体"图书角"，借给全班同学阅读，并经常组织读书心得交流会；有的老师还定期和学生一起阅读文学作品。李镇西老师采取了三种形式，与学生共同阅读文学作品。

一是边读边议，即在阅读的过程中，结合作品的人物、情节、思想等因素，即兴发表评论，帮助学生提高欣赏水平。

二是边读边做，即结合作品内容，组织学生参与实践活动，如带领学生采访报告文学《志愿军战俘纪事》的作者靳大鹰。

三是师生轮读。

（二）艺术活动

大部分学校每年都要开展大型艺术节活动，班主任要抓住这个机会，组织学生根据艺术节的主题开展各项艺术活动，如音乐会、歌舞晚会等。

（三）观影（剧）活动

每个班都要组织观看百部爱国主义教育影片。观看前，教师要先介绍影片的历史背景；观影后，组织学生写"观后感"，并采用多种形式进行交流。

（四）故事（赛诗）会活动

在传统节日或纪念日，教师可组织举办故事会和赛诗会活动，由学生收集相关资料和英雄模范人物的事迹，自编故事、自写诗歌进行讲述和朗诵。近几年，不少班主任还组织学生参加音乐会活动，也收到了良好的效果。

（五）联欢活动

班级联欢活动，是一种综合性的文化艺术活动，是由师生共同表演小品、相声、演唱、诗歌朗诵等节目的娱乐活动。活动包括节日联欢、毕业联欢和生日联欢等，以班级为单位参加的校园艺术节也属于联欢活动。

四、班级体育活动

班级体育活动，指"体育课以外的，以增强体质，提高体育技能，促进学生全面发展为主要目的的教育活动"。如利用空闲时间开展的扔沙包、跳皮筋、踢毽子、跳房子等活动，班际间开展的球类对抗赛、拔河比赛、田径、艺术体操、游泳以及各种棋类比赛。这些活动，尽管不一定人人上场参赛，但全班同学都会为参赛者加油助威，体现了班集体的凝聚力。除此之外，还有军事体育活动，如登山、野营拉练、军事夏（冬）令营等。

班级体育活动，不仅丰富了学生的课余生活，还增强了学生的体质，培养了学生的意志品质，对全面提高学生的素质具有重要的作用。而班际间的比赛，不仅可以增进班际间的友谊，还可以提高班集体的凝聚力。同时，引导学生正确对待胜利与失败，防止小团体主义思想的滋生。

开展班级体育活动，要注意形式多样、生动活泼，根据不同年级和年龄组织开展适宜的活动，同时进行安全教育，以免造成不必要的伤害。

第二节 根据班级活动的组织形式分类

　　形式为内容服务，好的教育内容，需要一种具体的形式才能在学生的思想上、行动上发挥作用。每一项活动内容，都可以用几种不同的活动形式为依托。不同的活动形式，具有不同的特点和要求，但必须以能够调动学生参与的积极性为前提，这是我们在设计班级活动时，必须予以充分考虑的。衡量班级活动是否成功有以下几个标准：

　　一看客观标准是否达到。例如，植树节的植树活动，不仅要看全班是否达到了植多少棵树苗的标准，还要看劳动中学生是否发挥了积极性，如果未能达到目标，原因是什么。

　　二看主观指标。如班级成员是否形成基本一致的目标，是否形成协调一致的动作系统，角色配置是否合理，每个学生的能动性是否得到充分发挥。

　　三看活动的形式是否符合学生的年龄特点，是否能够激发学生的兴趣，是否能够调动学生参与的积极性。

　　除此之外，不管哪种形式的活动，都要看是否能够创设良好的班级活动的环境氛围，以便形成良好的心理机制。

　　按照活动的组织形式划分班级活动，大体上有以下几种：

一、会议式活动

　　以会议的形式组织开展的班级活动，也称班会活动。其中包括：

（一）班务会

班务会是全班师生群策群力、民主管理班集体的例行会议。

班里的重要事务都可以通过班务会讨论决定，以使班级日常工作能够有序地运行，使班里出现的问题得到及时有效的解决。班务会一般每两周召开一次，也可根据情况不定期召开。

班务会不能搞一言堂，应广泛听取学生的意见。因此，班务会前需要召开班委会会议，或通过班委会成员广泛征求学生的意见，做好充分的准备。班务会可由班主任、学生干部或一般学生主持，根据情况和内容而定，但都要以培养学生民主管理班级的能力为前提。

班务会需要解决的问题，大致有以下几种：

1. 新学期开始，通过班务会发动大家民主选举班干部；

2. 班干部产生后，带领全班同学讨论决定班级学期奋斗目标和班级发展规划；

3. 根据需要，师生共同制订班级规章制度；

4. 讨论解决全班成员共同关心的问题；

5. 学期末，发动学生评选三好学生和优秀学生干部；

6. 做好期末总结和表彰工作。

（二）班级民主生活会

班级民主生活会，是针对全班一段时期内取得的成绩和出现的不良倾向，而开展的学习讨论和批评与自我批评的班级活动。

1. 班级民主生活会的两个层次

班级民主生活会有两个层次：一是班委会民主生活会；二是班级全体成员参加的民主生活会。

班委会民主生活会是解决班级管理层出现的倾向性问题，如怕影响学习、怕得罪人，或班委之间出现分歧而影响了工作，以及因工作方法问题而造成的矛盾等。召开班委会民主生活会，主要目的是增强班干部的自立意识、合作意识和服务意识，提高他们的责任心、集体主义意识和工作能力，以便发挥好班委会的核心作用。会后要及时向全班通报情况。

班级全体成员参加的民主生活会，是为了解决好两个问题：一是班级的共性问题，二是影响班级发展和人际关系的学生、学生干部和班主任的个人问题。对于共性问题，要由全班师生共同摆现象、析原因、论危害，并提出解决问题的办法；属于个人问题，又对班级产生不良影响或造成人际矛盾的，靠批评与自我批评，尤其是自我批评来解决。如果班主任意识到自己应负的责任，或学生提出了意见，班主任就应当敢于剖析自己，带头做自我批评。因为班主任在工作中难免出现失误，只要不文过饰非，其行为就会对学生产生人格示范作用，不仅威信不会降低，还会产生强大的人格感召力。

2. 班级民主生活会的特点

班级民主生活会的最大特点是民主性和自律性。它强调自我教育，鼓励自我批评，它对培养集体主义精神、形成良好的集体舆论和班风，具有很大的推动作用。而且，还能促使学生在参与中学会民主，逐步提高辨是非、明善恶、懂美丑的自我教育能力。

班级民主生活会，最重要的是体现"人文关怀"和弘扬科学精神。批评与自我批评，前提要尊重学生的人格，要对事不对人，要为学生素质的可持续发展负责；批评与自我批评，必须坚持实事求是的科学态度，做到坚持真理、修正错误，对事实既不夸大也不缩小。

在班级民主生活会中，批评与自我批评不是最终目的，而是为了明确方向，提出改进工作和解决问题的方法、措施，是为了促进学生良好思想品德和班集体的形成与发展。

3. 班级民主生活会应注意的问题

（1）要深入了解学生的思想状况、日常表现，对不良倾向的性质准确把握，不能把心理问题当成品德问题，不能把偶然的不良行为当成一贯的行为不端。对后进生不要翻老账。

（2）要找准学生和班集体发展水平与社会期望水平之间的差距。

（3）要引导学生提高自律意识，做到正确评价自己和同学，做到批评与自我批评的公正性和客观性。

（4）要明确民主生活会的原则是实事求是，是"知无不言、言无不尽、言者无罪、闻者足戒"，是"惩前毖后、治病救人"。每个参与者都应当以对自己、对他人、对班集体负责的态度，学会既关心自己更关心他人。

（5）对已经作了自我批评的学生，尤其是后进生，不要重复性批评，要进行鼓励，以巩固其自我教育的成果。班主任需转变观念，即班主任要树立以学生为本的观念，要变"挑错教育"为"赏识教育"，变"惩罚教育"为"激励教育"，变重他律为既重他律更重自律。

（三）评功摆好会

顾名思义，评功摆好会是指在班会中只说别人的优点、长处和对班集体的贡献。

这是近年来，一些优秀班主任在开展"激励教育"和"赏识教育"的过程中，创造的一种颇有生命力的、深受学生欢迎的、激励作用十分明显的班会活动。有的班主任还把评功摆好会称为"夸夸我身边的小伙伴"，评功摆好会已经成为学生进步和班集体发展的加油站。一个平时比较优秀的学生说："看到同学们都在进步，自己稍有懈怠就会落后。"一个平时有这样或那样缺点的学生说："我每做一点好事，有一点进步，班主任和同学们都记得清清楚楚。我再不奋起直追，真的对不起大家对我的期望。"

评功摆好会最大的特点是激励性。因此，班主任要充分利用它的激励功能，引导学生虚心向别人学习，养成相互学习的良好风气。

（四）班主任（班干部）述职会

有一位优秀的青年班主任，每学期都要请学生为自己写评语（无记名），对学生的意见和建议，坚持认真归纳，然后召开班会进行述职，全面总结自己的工作，对存在的问题进行自我批评，提出改进工作的方法，表达对学生的感谢。这就形成了每学期一次的深受学生欢迎的班主任述职会。这种班会形式是对班会活动的一大创新，已被越来越多的班主任采用，并取得了很好的效果。

班主任（班干部）述职会，体现了班主任（班干部）先进的教育理念和民主作风。他们不再是凌驾于学生之上的管理者，而是学生的朋友。开好这样的班会，不仅能融洽师生关系，还能调动学生参与班级管理的积极性、主动性和创造性，营造民主和谐的活动氛围。

（五）主题班（队）会

主题班会是在班主任指导下，由班委会组织开展的主题教育活动。主题班会的特点是主题突出。它的内容十分广泛，根据德育方面的具体要求、学校的中心工作和班集体中的某一问题，或结合时事政治，提出一个主题而组织开展。主题班会对提高学生的认识水平和思想觉悟，对充分发扬民主、形成集体舆论，对巩固和发展班集体具有重要作用。

（六）主题报告会

主题报告会是报告人围绕某一主题发表观点，摆事实、讲道理，论证自己观点的活动，是一种以灌输为主的教育形式。

有调查显示，这种活动形式是中小学生最不感兴趣的形式。但是，这不是形式本身的问题。实践证明，如果报告主题的时代性强、知识性强，内容贴近学生实际，报告人的语言幽默、实例生动，学生不仅欢迎，而且还能在轻松中受到教育。如请革命老前辈讲革命的艰苦历程和新生活的来之不易，请公安司法人员作预防犯罪的专题报告，让优秀学生介绍自己的学习方法和经验等。组织好报告会，要了解和把握学生的思想脉搏，针对学生关心的问题和渴望解决的困惑，选择好专题，以激发学生学习的兴趣和主动参与的积极性。

报告会由三个要素构成，一是报告人和听众（群体主体），二是报告内容，三是报告者的演讲艺术。报告人必须考虑听众的年龄特点、心理特点、兴趣爱好和接受能力等实际情况；必须考虑报告内容思想的深刻性、信息的丰富性、形象的愉悦性，做到以思想、精神、理论为"经"，为骨干，以形象化的事例、故事为"纬"，为血肉，使说理的逻辑力量与形象的潜移默化统一起来，这样才能感染学生。同时，要注意运用语言和非语言的表达艺术。

（七）主题演讲会

主题演讲会基本同于主题报告会，只是它的气氛更加自由，内容更加宽泛。一位演说家说："假若一篇演说真是十分重要，讲演者便应与其主题或内涵作息与共，在脑海中反复加以思索。"这也道出了演讲的宗旨。班级主题演讲会，一般由众多演讲者分别从不同的侧面阐述主题，因此，演讲内容应当短小精悍，这也是主题演讲会区别主题报告会的地方。

（八）主题辩论会

主题辩论会，是针对某一个问题（辩题），由不同观点、不同认识的同学或老师各自阐述自己的观点，并力求说服对方的活动形式。

辩论会的辩题，一般是学生易混淆、理解不深的问题，或是学生感兴趣，平时议论较多的热点问题。辩论会需要论辩者反应快、思维敏捷、语言表达能力强，而且能够听取对方的意见，吸收对方论证观点的合理成分。辩论会活动，能够将知识性、趣味性和竞争性融合在一起，大大激发学生的求知欲，使学生在欢乐轻松的气氛中受到教育。同时，也能培养学生是非分明、立场坚定的世界观和逻辑严密、论证充分的思维方式，提高学生的科学精神和口头表达能力。

（九）咨询会

中小学生的生理和心理变化较大，心理问题和心理困惑较多，特别是由于沉迷于网络而造成的心理问题越来越突出。这些问题，如果得不到重视和有效解决，就会产生各种心理障碍，影响他们的未来。同时，中小学生好奇心重，探究欲强，对许多问题渴望了解和解决。针对这种情况，教师可以定期组织针对学生最关注、最期望解决的问题，邀请资深教师、学校领导或专家回答学生提出的问题，为学生释疑解难，排除心理障碍。

（十）联欢会

班级联欢会多见于喜庆的日子，如元旦、春节、"六一"儿童节、"五四"青年节、教师节、建党日、建军节、国庆节等。联欢会是班级师生投入性很强的活动，大家共同布置教室，共同排练和表演节目，使之既具有娱乐性，又不失教育性。这种活动具有强烈的吸引力，既能陶冶学生的情操，又能培养学生的动手能力和创新精神。

二、实践式活动

社会实践式班级活动，指集体组织全班学生深入社会、研究社会，亲自动手动脑的实践活动形式。

这类形式的活动，具有实践性、主体性和广泛性的特点，符合"生活德育""实践德育"的基本理念，能促进学生个性社会化的进程。以小组或个人参加的社会实践式活动，包括以下三种形式：

（一）角色体验式实践活动；

（二）社区服务式实践活动；

（三）参观、访问与调查研究式实践活动。

这种形式的活动内容，在"品德教育"和"班集体组织的劳动教育"中均有介绍，并在第三章有专题阐述。需要强调的是，无论是教师的要求，还是学生自我发展的要求，学生都需要走向社会，走向更为广阔的空间，以获得知识，增强社会责任感。教师不仅要注重学生参加社会调查、参与社会实践活动，更要重视学生的内在体验。实践活动结束后，教师要组织学生交流自己的发现和体验，展示自己的成果，表现自己的特长和才能，以增强他们的成就感、自信心和内在体验，最终形成社会责任感，为他们的未来奠定基础。

三、模拟式活动

模拟式班级活动，是模拟社会生活中的某种情境，组织学生扮演某种社会角色，实践某种社会责任的活动形式。如在法制教育中的"模拟法庭"，在社会公德教育和纪律教育中的小品剧表演等。老师们常说，教育的效果不仅取决于教师要求什么，更取决于学生从活动中体验到了什么。所以，如果想让学生接受老师的要求，培养他们良好的行为习惯，就必须为学生提供一定的参与空间，在参与中感悟、体验。即可以组织一些模拟式活动，让他们在不同的环境中扮演不同的角色。如学生出现矛盾后，可针对这一现象编成小品，模拟当时的情景，让学生换位演出，这种方式能很好地化解学生之间的矛盾，使大家受到教育。再如，为了教育学生理解父母，可以模拟家庭生活，让学生扮演不同的角色，体验父母的艰辛和付出，从而更加珍惜来之不易的学习机会。模拟式活动，能够让学生身临其境、换位思考、亲自体验，从而受到感染和启迪，提高教育效果。模拟式活动有以下两类：

（一）模拟法庭活动；

（二）模拟生活活动。

四、游戏式活动

德国著名教育家福鲁培尔认为："游戏是儿童将来一切活动的萌芽，它是人类认识的重要工具，也是发展儿童的社会性、发展他们创造能力思维能力的重要手段。"

游戏是班级活动中不可缺少的、深受学生欢迎的一种活动形式。它与学生个性发展具有天然的关系，并以学生的认识形式、交往形式、劳动形式、艺术形式和体育形式出现，由此产生以下四种类型的游戏：

（一）学习游戏

游戏教育是班主任与家长根据学生的特点，用游戏、娱乐活动的方式对他们进行的教育。

利用游戏对学生进行教育的好处：一是可以密切师生关系，建立民主和谐的班级人际关系；二是寓教于乐，让学生在玩乐中学习，在玩乐中接受教育；三是游戏符合学生的年龄特点和好玩的天性，易于激发他们的兴趣，使他们在游戏中接受潜移默化的教育，增强教育的实效性。

1. 智力游戏。班主任根据教育任务设计的以智力活动为基本内容的游戏。如识字术、数数、绘画、抢答问题、成语接龙、脑筋急转弯等。通过这类游戏，对丰富学生的知识、锻炼学生的发散思维、开发他们的智力具有不可低估的作用。

2. 音乐游戏。班主任与音乐教师合作，根据音乐教育的任务，设计以音乐活动为主要内容的游戏。如音乐知识抢答赛、根据曲谱试唱比赛等，这些活动在于引起学生对音乐的兴趣，发展学生的音乐感受力、表达力和创造力。

3. 体育游戏。班主任和体育教师合作，根据体育任务设计的，以发展孩子基本动作为主要内容的游戏，以培养孩子对体育活动的兴趣，训练孩子的协调能力，增强孩子的体质。

4. 表演游戏。是学生扮演文艺作品中角色的一种游戏。如童话剧、歌舞剧、木偶剧、皮影戏等。表演游戏不仅让中小学生对此乐此不疲，表现出极大的兴趣和丰富的想象力、创造力，还能培养他们的表演技能，发展他们的艺术才能。

（二）劳动游戏

"劳动最光荣"，不仅是一句口号，更是个人必须具备的基本生存能力和道德品质。培养学生的劳动观点和责任意识是班主任工作的一个重点。当今的中小学生以独生子女为主体，生活在"四二一"式的家庭中，过着衣来伸手、饭来张口的生活，劳动意识淡薄，加上严重的课业负担，使他们形成一种对劳动得过且过的思想。如果能把游戏引入劳动教育，将会起到事半功倍的效果。

1. 生活劳动游戏。是学生扮演生活中角色的一种游戏。如"今天我当家""如果我是父亲"等。引导学生学习做饭、理财等活动，不仅能让学生懂得掌握一些生活常识，掌握一些生活技能，还可以激发他们的感恩情感。

2. 爱心劳动游戏。是班主任和家长为培养学生对生命的呵护而设计的游戏。如领养一只流浪猫，养一盆金鱼，种植一株花草等。通过活动，学生在付出时间、精力和爱心的同时，更能体会到生命的可贵和生活的艰辛。

3. 义务劳动游戏。是班主任为培养学生的劳动责任感而设计的游戏。学生在课余时间扮演不同岗位的工作者，如今天你当清洁工，明天你是小花匠。通过劳动游戏，让学生在完成工作的同时，激起对劳动的热爱，对劳动者的尊敬。

（三）交往游戏

现在的学生，独生子女占绝大多数，他们得到的不仅是父母的呵护，还有来自爷爷奶奶、外公外婆的疼爱，在家里唯我独尊，在学校里要么觉得无所适从，要么以自我为中心，无法与他人和睦相处。另外，有的家长出于安全考虑，把孩子关在家中，在这样与世隔绝的环境中，孩子极度缺乏人际交往的能力。

中小学时期是少年儿童心理发展的一个重要时期，是他们学习人际交往、适应学习生活、融入集体的基础阶段。良好的人际交往环境和人际关系，不仅能使他们心情舒畅、身心愉悦，还能培养他们乐观豁达的品格和适应环境、应对各种问题的能力。因此，在中小学阶段培养学生人际交往的能力十分必要。

交往游戏具有特殊的魅力，是培养学生人际交往能力的重要途径。交往游戏可分为以下两类：

1. 合作游戏

教师利用游戏情境，激发学生的合作意识，让他们在游戏中感受到合作的乐趣。在合作游戏中，学生通过交流、争论、意见综合等活动，建构起新的、深层的理解。同时，还能更好地对自己的思维过程进行监控。

游戏一：齐心协力

游戏目的：让学生通过这个游戏体会合作的重要性

游戏原料：木板、布条、钉子（用钉子把布条固定在木板上，布条宽度适宜放入一名学生的一只脚，木板长度适宜 4 名学生同时踩踏）

游戏规则：每个参赛组 4 名学生，要求同时把左右脚分别放在两条木板上，用布条固定住左右脚，设定一个目标，齐心协力前行。先到指定目标的参赛组为比赛获胜组。

游戏二：过江龙

游戏目的：让学生通过这个游戏体会合作给人带来的乐趣与收获

游戏准备：平整场地一块

游戏方法：

游戏开始前，把学生分成人数相等、男女比例相等的若干组（20～40人），每组学生手拉手站成横排，左右间隔以双手叉腰为宜，每组最左边（或最右边或最中间）的 2 名同学举起相邻的两手做成"龙门"。

裁判员发令后，各组排头的学生带领全队迅速跑向"龙门"，并依次从"龙门"穿过，跑回原处，（"龙门"在左，则右边的先跑，"龙门"在右，则左边先跑，"龙门"在中间，则两边同时起跑）最先跑回原处且队形整齐的队为获胜队。

游戏规则：

1. 开始时，横队必须整齐，间隔一致，各组首尾对齐。跑回原处后队伍也要整齐。

2. 各队队员必须依次穿过"龙门"，不得拥挤。

3. 游戏时队员必须手拉手，不得散开。

主要游戏形式如下图：

(1) ☆∧☆☆☆☆☆☆☆☆☆☆☆☆☆☆☆☆☆☆☆☆☆
　　←←

(2) ☆☆☆☆☆☆☆☆☆☆☆☆☆☆☆☆☆☆☆☆☆∧☆
　　→→

(3) ☆☆☆☆☆☆☆☆☆∧☆∧☆☆☆☆☆☆☆☆☆☆
　　→→←←

2. 排忧解难类游戏

学生在一起学习、生活，难免会出现摩擦、矛盾、冲突，造成关系紧张，思想不愉快。如何处理同学之间的关系，是对学生教育的重点，仅靠说服教育，效果恐怕不够理想。运用游戏活动，通过学生的亲身体验，自觉来维护同学关系，以达到预期的效果。有的老师会引导学生做这样的游戏：

把全班同学分成 6 人一组，组内同学双手拉成一个圆环，每个人都要记住自己左手和右手拉住的同学。然后松开手，无规则地在圆环内走动。一段时间后，教师吹哨，所有同学保持原地不动，用双手努力去拉原来的左右同学。这时，6 个人 12 只臂膀交叉在一起了。游戏的要求是：在不松开手的前提下，恢复最开始的圆环形状。

通过这个游戏，可以让学生懂得，同学之间相处在一个集体中，有时会因为各种原因产生隔阂与摩擦，要想解决这些问题，需要大家的相互理解，相互帮助，必要时低下自己的头。

（四）军事游戏

军训是学生求学期间最难忘的一件事，能给学生留下闪光的记忆，是学生一生的宝贵财富。在短短的军训生活中，辛勤的汗水和欢乐的笑声融成一首首青春之歌。歌声里有少年的昂扬斗志，有同学间的甜蜜温馨，有师生和教官间的真挚友谊。举手投足之间，会触发学生的很多感悟，促膝谈心之时，学生也能解读许多生活的真谛。"向前看"，是你的理想和憧憬；"齐步走"，是你坚定的人生步伐；"一二一"，是你永不褪色的坚持和承诺！军事化的活动对学生的影响是巨大的，军事化的管理对学生行为习惯的养成也是最有效的。

今天，有很多青少年沉迷在网络游戏中，而大多数的网络游戏又以军事对抗为题材，这说明，军人的角色、军事活动的对抗性是最具吸引力的活动。但是，为了追求真实效果，网络游戏中夹杂的血腥场面、暴力镜头、肮脏交易，给青少年的健康成长带来了弊端。学生沉迷网络问题已经成为教育的难题，笔者认为，破解难题的最好方法是在保持学生对军事兴趣的前提下，多多开展军事化游戏。如真人 CS 拓展训练营活动就是很好的借鉴。

在"五一"和"六一"及周末活动中，某地的"开拓者真人 CS 拓展基地"赢得了广大青少年的喜爱和家长的赞许。"开拓者真人 CS 拓展基地"在暑假举办独具特色的夏令营活动。夏令营充分应用心理学、教育学和社会学的基本原理，为学生精心设计，以"提高心理素质、强化自我保护意识、增强学习能力、自主发展、快乐成长"为主题，让孩子们在尽情享受假期生活的同时，结交新的小伙伴，促进他们的身心和谐发展，为将来的成功奠定良好的基础。在军营中，在大自然的怀抱中，和充满朝气的老师一起，小伙伴们手拉手欢快地做着心理游戏；在有趣而又充满挑战的专业训练中，孩子们相互鼓励、协同作战，感受着由自己创造的成功的喜悦；量身订制的军事训练，让孩子们感受军人的神圣。军人角色体验、军事对抗模拟训练、团队协作模式体验等活动，让孩子充分享受快乐的同时，各种能力也得到了开发。

阅读资料：

翻越大雪山

在距离队员 20 米处，画一个雪山峰顶的标志。每小队可选 4 人参加游戏，其中 2 人扮小战士，2 人扮红军战士。

游戏开始，由 2 个红军战士背着 2 个小战士朝峰顶前进。由于"风雪"太大，4 个人不能分散前进，必须由背在背上的 2 个小战士手拉手，4 个人协调动作，一同前进（见图 1）。以最快到达顶峰的小队为胜。如中途没有拉手就算犯规，必须回到起点重新再来。

图1

延安会师

选择一个小山坡，作为长征最后到达延安的会师点。4 个小队同时参赛，分别为第一、二、三、四方面军，每队应有自己的队旗。

冲锋号响起，大家从四面八方向山顶前进（见图 2），最先把旗插到山顶的小队为胜。获第一名的小队必须等待其他小队上来，大家会师并互相握手祝贺。

图 2

（材料来源：《小学德育》）

在众多的军事游戏活动中，大多以历史事件为基础，学生在无形中受到了爱国主义教育和集体主义教育，使其感情得到升华，心灵得到洗礼！

五、参观游览式活动

参观游览，是实地、现场的观察、赏析活动，具有极大的吸引力。由于参观游览的多是爱国主义教育和科技教育基地，以及祖国的名山大川，因此，又具有极大的感召力。它能唤起学生强烈的情感体验，激发学生爱祖国、爱人民、爱科学的热情。

六、竞赛式活动

竞赛式活动与游戏式活动有相似之处，区别是：竞赛式活动是通过竞赛评出优劣的活动形式，重视结果，并对优胜者予以物质和精神上的奖励。前面所谈的各项教育内容均可以采取竞赛式的活动。由于青少年均有争强好胜的特点，因此，这类活动也非常受学生青睐。如知识竞赛、劳动竞赛、文艺体育选拔赛等。班主任在开展竞赛式活动前，要进行健康意识的培养，引导学生具有胜不骄、败不馁的精神，以锻炼学生坚强的意志品质。

七、研究式活动

研究式活动用于课堂教学活动和科研活动，如研究性学习、时事政策学习、邓小平理论学习等。是目前中学开展课题研究经常使用的形式。研究式活动需要每个学生的主动参与，因此，可以促进学生创造性思维品质的形成与发展。

八、仪式活动

这类活动是围绕某一主题，借助一定礼仪形式的班级活动，或以班级为单位的参与学校组织的仪式活动。

第三节　根据班级活动的特定时间分类

按照组织班级活动的特定时间，班级活动大致可分为常规性班级活动、季节性班级活动、即时性班级活动和纪念性班级活动。

一、常规性班级活动

常规性班级活动，是经过长期实践后基本固定下来的，到时必须组织的班级活动。如升旗活动、毕业典礼、开学典礼（这几项活动一般都是全校性的以班级为单位参加的活动）、自主十分钟活动、晨会等。

二、季节性班级活动

季节性班级活动，指在一年中的春夏秋冬"四时"和立春、春分、立夏、夏至、立秋、秋分、立冬、冬至等"八节"，还有"二十四气"等时段开展的班级活动。如春游活动、夏令营活动、冬令营活动、金秋颂歌活动、清明节扫墓活动等。这类活动颇受中小学生欢迎，他们可以在大自然中接受自然美的洗礼，在丰富的文化背景中受到教育，是对学生进行人文精神教育的好途径。

三、即时性班级活动

即时性班级活动，指根据一些国际、国内发生的重大突发事件，或学校班级中出现的偶发事件而组织的临时性、又非常必要的班级活动。这类活动的教育意义更加深刻，更加形象、及时。如"传染性非典型肺炎"（以下简称"非典"）的突发，给人们的生命财产带来极大的危害，和每一个人（包括青少年）都有直接的关系，班主任若能及时组织班级活动，开展预防"非典"的教育，或向白衣天使学习，效果必定事半功倍。2003年10月16日，我国首次载人航天飞行圆满成功，大大鼓舞了中国人民和广大中小学生，班主任应该抓住这个契机，趁热打铁，组织即时性主题班会。

四、纪念性班级活动

纪念性班级活动，是在某一纪念日当天或提前一两日，围绕该纪念日特殊的历史背景、文化内涵和主题，联系学生的思想实际而开展的活动。

利用纪念日组织班级活动，是传统的班级活动，深受青少年的欢迎。因此，中小学每年都要组织几次纪念性班级活动。如元旦、三月五日雷锋纪念日、六一儿童节、七一党的生日、八一建军节、十一国庆节等。

班级活动的分类还可以依据"主持者的身份"，把活动分为班主任主导型和学生自主型。班级活动的分类是多维的，大家可以提出一些其他的分类方法。

为了便于读者掌握班级活动的分类，特列表如下：

附表一 根据班级活动的内容分类

序号	分类		举例
一	德育活动	思想政治教育 爱国主义教育	参观爱国主义教育基地；观看爱国教育影片；举行升国旗仪式；教唱革命歌曲；中国真棒故事会等。
		集体主义教育	建立"互帮互学"小组；开展"为他人奉献爱心"活动；我为集体添光彩；我与班集体共成长等。
		社会主义教育	举行"形势报告会"；开展"家乡巨变"的社会调查。
		理想信念教育	开展"目标"教育活动；组织"英模报告会"；树立身边的榜样等。
		品德教育	学习"公民道德建设实施纲要"、编演小品剧；定期召开"对照'规范'找差距"的主题班（队）会等。
		法制纪律教育	定期请辅导员讲解"法律常识"；编演以法纪教育为主的小品剧；模拟法庭活动；参观法律展览等。
		劳动教育	开展"劳动能手"评比活动；开展"我是家庭的主人"活动；组织社会实践和社区服务活动；开展学工学农劳动等。
		心理健康教育	"心理健康"讲座；心理咨询；"心连心"热线；恳谈会等。
二	科技活动		开展科技专题讲座；参观科技展览；组织"小发明、小制作"活动等。
三	文化艺术活动		举办"读书会""故事会""舞蹈节""歌咏节""器乐演奏展示"等活动；举办班内展览等。
四	体育活动		组织体育项目的单项选拔赛"远足活动"；组织班际间的体育比赛等。

附表二　根据班级活动组织形式分类

序号	名称	举例
一	会议式活动	班务会、班级民主生活会、评功摆好会、班主任（班干部）述职会、主题班（队）会、主题报告会、主题演讲会、主题辩论会、咨询会、联欢会等。
二	实践式活动	社会调查、学军学农、社会公益劳动、志愿者劳动等。
三	模拟式活动	模拟法庭、角色扮演、课本剧、小品剧等。
四	游戏式活动	学习游戏、劳动游戏、军事游戏、交往游戏等。
五	参观游览式活动	参观爱国主义教育基地、参观科技展览、游览名胜古迹等。
六	竞赛式活动	各项内容均可采用竞赛、评比形式。
七	研究式活动	研究性学习、时事政策学习、法律法规学习等。
八	仪式活动	清明扫墓、升旗仪式、开学（结业、毕业）典礼等。

附表三　根据班级活动的特定时间分类

序号	分类	举例
一	常规性班级活动	晨会、班务会、升旗仪式、自主十分钟活动、开学（毕业）典礼。
二	季节性班级活动	春游、夏令营、冬令营、金秋颂歌。
三	即时性班级活动	"非典"发生后组织的卫生防疫活动、班集体中发生了偶发事件时必须组织的活动。
四	纪念性班级活动	"八一"军旗红、十月赞礼、"六一"儿童节活动、"五四"青年节活动。

思考与练习

1. 为了便于记忆，请您以自己特殊的形式总结班级活动的分类。

2. 您认为班级活动还可以依据什么去分类，试写成文章寄给《班主任》专业报刊。

3. 实践证明"班主任述职会"和"班级评功摆好会"这两种班会形式非常受学生欢迎，效果也非常好，但是运用得仍不普遍，您不妨试试，并将实践经验写成文章，寄给《班主任》专业报刊。

4. 纪念性班级活动的特点是什么？请设计一个"国耻纪念日"系列活动方案，并将其寄给《班主任》专业报刊。

第三章

运用频率较高的几种班级活动

班级活动是联系学生与班集体、学生与老师、学生与学生之间的桥梁，它能促进班集体的成熟，增强集体的凝聚力，使学生感受到集体的力量。班级活动能为每个学生创造表现自己、发挥特长的条件，使每个学生都能看到自己的价值。班级活动是学校教育的重要手段之一，它是学校的基础性工作，也是学校推进素质教育的着力点。因此，经常开展丰富多彩的班级活动对学生有重要的意义。主题班会活动、社会实践活动、游戏活动和纪念日活动是广大班主任运用频率较高的几种班级活动形式，也是学生喜闻乐见的活动形式。

第一节　主题班会活动

一、解读主题班会活动内涵

长期以来，中小学班主任利用主题班会对学生进行德育教育取得了一定成效，特别是在帮助学生掌握道德知识方面，主题班会发挥了积极作用。但是，有相当多的主题班会仍然存在着缺陷，即教育方式与学生道德学习方式不相吻合。人类道德的学习，可分为道德知识的学习、道德规范的学习和道德价值、信念的学习等三种形式。在这三种道德学习形式中，第一种属于认知性学习，后两种则属于情感体验性学习。认知性学习十分重要，但情感体验性学习同样不可或缺，甚至更为重要。中小学班主任利用班会对学生进行道德教育，重点是进行道德规范教育和信念教育。但是，许多主题班会缺乏的正是与学生后两种道德学习相匹配的"体验性"教育方式。

针对这种情况，我们凸显以体验为核心的知情意行整合的教育方式，让主题班会真正成为以满足学生发展需要为目的，通过学生自主参与活动策划、实施、反思的全过程，获得自我教育的活动。

德育主题活动是依据社会发展需要和学生成长需要，遵循学生身心发展规律和思想品德形成规律，有主题、有目的、有计划地组织开展道德学习活动的一种课程形式。德育主题活动课不以传授系统的道德知识为主要任务，而是强调通过各种活动，让学生在活动中体验、感悟，丰富、调整原有的认知结构，探求最佳行为方式。

二、提升主题班会活动价值

(一) 主题班会活动的价值

主题班会活动同其他形式的班级活动一样，都有刊于全面推动素质教育的落实，即有利于学生良好思想品德的形成与发展，有利于培养学生的创新精神和实践能力。同时，班集体的形成与发展，也离不开主题班会的推动作用。这些内容在班级活动的功能中有详细的说明，这里不再赘述。

(二) 提升主题班会活动价值的方略

主题教育活动，区别于班级日常性教育活动，是在一定阶段内，以解决学生发展问题及提升发展需要为目标，有主题、有计划、有专题的班级活动。如主题班会、主题演讲会、主题辩论会……它具有集中表现和分散策划、准备及后续性延伸的长程特征。它的最终目的，是让学生在主动参与策划、实施、反思的过程中学会自我教育、自主发展。班级主题教育活动在学生发展中的独到作用以及它所具有的长程性特征，启发我们进一步思考：如何提升班级主题活动对学生的教育价值。

1. 结合"最近发展需要"，提炼活动主题

苏联心理学家维果茨基提出的"最近发展区"，对我们理解班级主题活动的主题和目标有很大启发。要提升主题活动对学生的教育价值，就必须找到班级学生的"最近发展需要"，从中提炼出合适的活动主题，确定符合学生需要的活动目标。过高或过低的活动目标，都不能调动学生参与的积极性，只有高于学生发展的现有水平，且是学生经过努力能够完成的活动目标，才能让学生在挑战中获得发展。

2. 研究学生生活，发现成长需要

这是选择活动主题的主要途径。通过观察、分析学生的行为表现，综

合近期学生在思想、生活、学习等方面反映出的共性问题，由此发现值得探讨的主题。这既包括预防性的问题，如迷恋网络游戏、早恋、厌学、住校生行为不够规范等，也包括值得鼓励的发展方向，如加强与同学、家长和老师的沟通，合理利用网络来帮助学生学会人际交往和课程学习等。

3. 利用学校整体性活动部署，创造发展需要

我们不赞成机械地根据上级安排来确定班级活动主题，但不反对创造性地执行上级安排。因此，如果学校有整体性的德育活动部署，教师可以创造性地开发和选择班级活动主题。

有一位班主任，带领学生完成了学校整体安排的三次班级活动：暑期"走进社区、走近文明、走进文化、走进科学"的实践活动；9月初在劳技中心开展的"一日实践"活动；国庆节前的义工活动。与只关注完成活动任务的常规做法不同，这位班主任从学生的活动细节（如学生勤快能干、品尝劳动成果时的快乐）入手，凭着专业敏感，形成了一个初步想法：利用这一教育机会，让学生在实践活动中体会成功的快乐，为今后的人生选择做准备。她发动学生共同策划，并利用课题组的集体智慧，在近两个月的筹备过程中，先是确立"实践活动——劳技中心"这一主题，然后提炼出"努力·成功·快乐"的活动主题，并由此开展了一系列成功的教育活动。

4. 内化社会文化生活，生成发展需要

从学生成长需要的角度出发，指导学生观察分析国家和社会生活中与其发展密切相关的事情，从中发现值得关注的活动主题。这样的主题，包括学生感到疑惑、迷茫，需要进一步坚定信念、明确态度的问题，如《公民道德建设实施纲要》颁布后的诚信、环保问题，还包括学生感到新鲜、希望了解或尝试的社会生活，如志愿者服务、广告人的生活状况、青少年对流行音乐的感受等。

5. 提升主题班会价值，做到统筹兼顾

主题班会把学生作为具体的社会生活主体来看待、培养，关注学生在班级里的生存状态。它不但关注学生的学习，也关注学生之所以成为人应具有的人情、人性、人气的教育。学生可以不成才，但要成人。所以，有

关学生综合素质发展的问题，是我们认识主题班会的主要关注点。主题班会活动有四个基本环节，各组成部分之间前后衔接，是一种链锁式结构：①计划——主题班会活动过程的起始环节。它包含活动名称、目的要求、形式、步骤、时间、地点、活动器材、各项具体活动的负责人等。②实施——教育活动过程的中心环节。是达到活动目的、完成活动要求的基本手段，是整个活动过程的关键。主题班会活动要按照活动计划去展开，但允许在实施过程中对原计划作必要的修改。③检查——教育活动进行过程的中继环节。计划实施一段时间后，就要将计划和实施情况与计划相比较，看实施情况是否符合计划的预设要求，了解实际效果。为了提高主题班会的实效性，教师在组织开展主题班会活动时，应在统筹兼顾上多下点工夫。

（1）治疗与保健兼顾。主题的确定是开好班会的前提。主题班会可以是一个学年一个主题，也可以是一节课一个主题。目前，多数班主任一般一节课一个主题，而且这个主题多是以"治疗"的形式出现。即班主任围绕一些带有普遍性的问题（如早恋、厌学、盲目崇拜等），有针对性地形成一节班会的主题。通过对这一主题的实施，帮助学生明确是非，提高认识。这种针对学生当前的实际问题来选择班会主题的方式，对学生的发展起到一定的积极作用。但是这种治疗式的主题，呈现突击、应急的特点，缺乏整体性、系统性以及对学生成长特征的认识。

青少年具有很大的发展潜能，教育的价值就在于把这种发展可能转变为发展的现实，并生成新的发展可能性。从这个意义上讲，教师在看到学生问题的同时，更要看到学生现有的发展状态，把学生的发展可能作为研究的起点，对于有缺点的学生，通过保健式的主题，把问题消灭在萌芽状态，防患于未然。

林仁霜先生认为，在班会主题的确定上，除了由学生临时出现的问题形成主题外，还要考虑这一阶段学生的成长需要。对小学阶段的学生而言，随着学习要求的不断提高，在三四年级的时候，学生的自信心会出现一个波折期，这一阶段需要开设一些增强自信心的主题班会；除了这一明显特征外，小学阶段的儿童活泼好动，具有明显的交往积极性，但缺乏经验。所以，交往能力、意志发展等都可以成为这一阶段班会的主题。对初中阶段的学生而言，"我"的意识进一步强化，乐于以"大人"的角色行事，但又缺乏理性。这一阶段的学生，处于快速发展的时期，同时也是问题多发时期，性的觉醒就是这一阶段的特点，也是教育的重点。所以，如何正确认识自我，如何提高沟通技巧等都可以成为这一阶段的主题。对高中阶段的学生而言，他们的成人意识进一步增强，逻辑思维能力快速提升，同学之间的关系，尤其是异性之间的关系开始变得敏感，同时，也是人生观、世界观、价值观形成的关键时期。异性交往、认识自我、规划自我、应对家长期望等都是班会主题的首选。（林仁霜，主题班会应做到四个"兼顾"，《班主任之友》，2010年第5期）

总之，在班会主题的确定上，除了考虑学生作为"具体人"出现，关注即时问题的解决，也要把不同发展阶段的学生置于他们的人生长河中来考虑，做到短时的教育工作与长远的发展规划相结合，治疗与保健兼顾。

（2）内容与形式兼顾。事物是内容和形式的统一体，内容是构成事物的各种要素，形式是内容诸要素的结构、组织类型，是内容的表现方式。内容和形式相互联系、相互作用。同一内容可以有多种表现形式，同一形式可以容纳或表现不同的内容。一节主题班会课，其形式可以是多样的，如既有讨论、朗诵，也有游戏、幻灯片等；也可以是单一的，如讲故事。但不是所有的主题班会都必须用丰富多样的形式来表现，具体采用什么形式，取决于内容的客观需要，取决于内容这一主题的价值追求。在追求形式多样的同时，更应该注重这些形式背后的理念。所以，主题班会宁可要真实的缺陷，也不要虚假的完美。总之，主题班会要坚持内容与形式兼顾的原则。

以一节题为《孝心流淌，幸福满怀》的主题班会课为例：首先主持人以诗歌朗诵的形式引出主题，然后观看幻灯片《父亲是座山》，接着是大家的全家福介绍，全班同学都要上台发言，两位主持人旁听同学们的介绍，当介绍完一个，背景音乐响起，主持人就开始配音旁白。同样是一节题为《实话实说》的主题班会课，没有学生主持人的出现，没有过多的形式，只有师生之间真诚的心与心的交流，效果却出奇的好。

（3）预设与生成兼顾。主题班会是有目的、有计划、有组织的活动，所以，主题班会需要预设；学生是有生命的、有主观能动性的个体，突发情况的出现不可避免，所以，主题班会需要生成。在班会实施过程中，大多数班主任都有预设与生成意识，但在生成问题的处理上，面对突发事件，班主任是该重视它，对它进行进一步的演绎，还是视而不见，绕道而行？

还以《孝心流淌，幸福满怀》主题班会课为例。其中一个环节请同学们带上全家福，说说父母对自己的爱。其目的是让学生体会到父母的良苦用心，懂得从现在做起，从小事做起，从自身做起，感恩回报父母的爱。当第三位同学上台时，他一放上自己的全家福就泪流满面，泣不成声。这时，班主任让主持人停下配音，有意识地引导全班同学去注意这位哭泣的同学。班主任俯下身子，轻轻地说："不哭，请介绍一下你的爸爸妈妈。"班主任耐心地启发引导，希望他开口说话，但无论班主任怎么引导，他都保持沉默。这时，有位同学说："他爸妈离婚了。"班主任听后，继续弯下腰问这位同学："是这样吗？你现在是跟爸爸，还是妈妈？"该同学还是不做声。最后，班主任就目前社会离婚率高对孩子造成的伤害进行长篇阔论。

这节班会课，该班主任对这件突发事情的处理方法是否妥当呢？每个人都有自己的秘密，有的需要与人分享，有的不愿敞开。从这位同学的反应看，在父母的爱这个话题上，他不愿提及，此时，班主任就应该"冷"处理，让他先回座位，课后再了解情况，给予帮助。因为，这个时候班主任对他的淡化胜于对他的过度关注。

因此，班主任在主题班会上过分地强调预设，容易导致教育过程的僵化。反之，过分地强调生成，则容易导致目标的泛化和主题的飘忽不定。在具体实施过程中，要做到预设和生成的相对统一，两者兼顾。不管是预设还是生成，都要服务于正确的价值导向和学生的健康发展。

（4）不同角色兼顾。班主任工作的直接对象是学生，班主任要促进学生的成长，体现自己教育实践活动的价值，在学校教育的全程中，就不得不考虑一个问题：什么是学生？蒙台梭利认为，儿童自身隐藏着一种生气勃勃的秘密，它能揭开遮住人的心灵的面纱。儿童自身具有某种东西，一旦被发现，它就能帮助成人解决他们自己的个人和社会问题。蒙台梭利的理论对教育实践提出的要求是教育要关注学生主动性的发挥。基于此，主题班会应关注学生主动性的发挥。那么，班主任在主题班会中的角色是不是也要由指挥者转变为旁观者呢？

以《成功始于足下》主题班会课为例，其基本流程是：首先猜谜语，主持人说谜面，其他同学猜谜底（习惯）；接着做"学习习惯"测试（出示量表进行对照）；然后表演小品《好好学习》（小品以 3 名后进生表达心声的形式来说明，不是他们不想学，而是由于学习方法不得当，才导致学习成绩上不去，最终形成恶性循环）；最后就学习习惯养成问题，学生进行经验交流与分享。在最后环节，有个学生把自己的问题和困惑抛给听课教师，要求给予解答。受到第一个学生的"引导"，接下来的第二个、第三个、第四个学生……都把问题和困惑抛向听课教师，直到下课，才不得不草草结束话题。

面对这一局面，班主任自始至终都以旁观者的身份自居，没有引导学生回到同伴之间的交流上。虽然师生之间适当的经验互动会给学生一些启发，但同伴之间的经验交流则会给学生更大的帮助，毕竟他们有相似的经验，更有助于共鸣的产生。在以上的例子中，当第三个、第四个学生把自己的问题和困惑抛给听课教师时，班主任如果能以学生的角色潜入其中，把话题转向同伴之间的交流，可能学生的收获会更大。

因此，一节好的主题班会课，班主任的角色应该是多样的，他既是观众、运动员，也是裁判员，是三者的有机统一。当"帷幕"拉开之时，班主任应该在台下观众席中，做一名参与者、活动者、被感动者，一切行动听指挥。让学生自己去演绎、去感悟，去自愿接受正确的观念，自觉落实到行动中。当学生在活动过程中出现问题时，班主任应积极地以学生的角色潜入并参与其中，发表自己的看法，给学生以正确的价值引领，使师生在合作探究过程中迸出智慧的火花，促进师生情感的交流，感受双方的求知热情。当主题班会降下"帷幕"时，班主任要以裁判员的身份，客观地去评判班会课的得失，指明前进方向。

（三）引领学生主动优化活动结构，提高学生的活动水平

为了改变班级活动流于形式、缺乏内在合理逻辑的弊病，专家学者进行了长期的摸索。在实践研究的基础上提出：优化班级主题活动的过程结

构，让学生学会利用、创造活动结构，可以有效提高学生的活动水平，使主题活动的教育价值得到实质性的开发和提升。为此，可特别关注如下方面：

1. 引导学生设计活动结构

只有在活动主题鲜明、结构清晰、方案具体可操作的前提下，学生才能有效地进入活动情境，领悟活动宗旨。在活动初期，班主任可利用自己在教学活动设计方面的经验，引导学生设计主题活动的内在结构，这是以活动为载体教会学生设计活动结构的最佳时期；学生积累了经验后，在从事后续的策划与实施时，就可以自主把握这种内在的结构。

例如，在下面的实践活动中，先后出现了两种班会活动方案。第一种方案的主题是"实践活动——劳技中心"，主要呈现一次班级活动的场景，交流其中的感受。这一方案处于常见的境界，即班级活动有内容，有节奏。第二种方案则处于更高境界（即"民主型班级"，是不仅敬业而且具有更高专业素养的班主任才能指导学生达到的境界），班级活动不但内容丰富，节奏鲜明，而且有更高的立意、更深的内涵。这位班主任在前一主题基础上，提炼出"努力·成功·快乐"的主题，用以反映"我努力、我成功、我快乐"的成长体验，并据此形成整个班会活动三个逐步递进的层次结构：呈现、拓展、提升。

活动主题：努力·成功·快乐

一、呈现：美好的回忆（实践活动的三个场景）

1. 主持人通过演示文稿，展示暑期实践活动——劳技中心学烹饪及学校一日义工活动的片花，主持人以声情并茂的旁白勾起学生美好的回忆（旁白的内容选自同学们在周记中所写的体会）。

2. （选取学生的部分体会制作成PPT）全班一起讨论：哪些体会最深刻，哪些是最有利于我们成长的，为什么？

二、拓展：真诚的理解（转换场景，寻找成功的快乐）

1. 请学生通过寻找日常生活及学习生活中的成功事例，体会成功背后所付出的努力。（请4～5位同学做好准备，主持人也鼓励同学们即兴发言）

2. 通过采访事业成功的父辈，进一步体会成功背后的艰辛及守业的艰难，从而为今后的人生选择提供帮助。

三、提升：更多的思考（将感悟体验上升至理性认识）

1. 齐唱歌曲《真心英雄》，体会：只要认真努力，就会不断创造成功，享受快乐。

2. 班主任交流自己的体会。

2. 引导学生用好活动结构

主题活动处处蕴含着教育契机。活动结构本身就是提升学生内在思维的重要资源。在学生有了开展主题活动的经验后，要放手让他们尝试有逻辑地发掘班级发展的问题与需要，并交流提炼出解决方案。例如，根据上述三个层次的要求，学生要主动搜集和整理以往的活动资料、日常生活和学习中的成功事例，采访父辈的奋斗经历等。这样一个过程，不仅仅体现在几十分钟的现场活动中，更体现在为此而做准备的一段时间（2周～2月）中，让学生在更广阔的时空中主动发现、整理自己的生活，提升自己的发展境界。

对于有一定难度的活动，人们只有通过一定次数的重复，才能形成熟练的操作技能与技巧。在掌握了技能、技巧后，人们就会把思维的重点移向事物的内在联系和活动结构本身。实际上，当学生学会运用合适的结构呈现问题、打开交流空间、提炼教育资源的时候，他们已经在自我教育了。因为，在这个过程中，他们要分析班级同学的主要发展问题是什么，为什么会存在这样的问题，如何解决这些问题。经过这样一个思维筛选过程，低层次的发展问题会被学生主动解决，逐步呈现出学生们更高水平的"最近发展需要"。

三、主题班会活动如何操作

（一）活动前的准备

1. 确定主题和目标

主题的确定来源于社会需要和学生成长的需要，主要考虑三个方面：

一是根据社会对人才素质的要求确定的教育内容，如爱国主义教育、理想信念教育等；二是根据学生身心发展和成长中遇到的共性问题，如学习问题、交往问题等；三是根据当前本班学生最需要解决的普遍问题，如班级同学缺少自信、运动会失利等。主题确定后就要确定教育目标，教育目标对教育活动起着导向作用和聚焦作用。目标的制订要具体可行，如"战胜挫折"的教育，目标可定为缓解学生的沮丧情绪，帮助学生从挫折中吸取教训，从而提高学习的自信心。

2. 设计题目

题目是主题的集中反映。因此，题目的确定更应该注意不要"假、大、空"，"假"，让学生感觉很虚，不实际；"大"，就是题目涉猎的内容太多，学生在课堂上无法把握，同时也不能突出主题；"空"，就是没有实际内容在里面，而且也不符合学生的实际，教育效果很难达到。所以，有些题目可以明确表明教育的目的和教育的价值导向，如"民族精神代代传""为中华崛起而读书""孝心献父母"等；有些题目将教育的目的和教育的价值导向隐藏起来，以游戏或活动的名称做活动课的题目，如"盲人背瘸子""逃生"等。这种题目使学生不受教师价值导向的暗示，在活动中更容易表现真实的自我，畅谈自己真实的感受。有些题目则从学生的角度出发，如"我欣赏的男生女生""你勇敢吗"等，这类题目让学生处于当事者的位置进行思考。

3. 设计活动内容、形式及过程

好的活动设计能够激活存储在学生大脑中的相关经验，使学生的心理活动得以显现，有利于发挥学生的自主性、能动性和创造性，有利于学生学会沟通、学会合作、学会处理人际关系。其中，教育内容是教育主题的展开。活动形式的确定主要考虑以下三个方面：一是形式为内容服务，要体现教育性；二是符合学生的年龄特征；三是能够吸引学生的注意力并调动其参与的积极性。具体活动形式有主导游戏、情景短剧、观摩电视短片或动漫片、角色扮演、叙述一件事情或讲故事、讨论、生活实践等。

4. 环境设计及所需教具、课件的准备

环境设计要为教育主题服务。首先是黑板的版面设计，版面设计是一种艺术，不同的教育主题有不同的版面设计。好的版面设计能够烘托气氛，帮助学生理解主题。环境设计还包括空间设计。传统的课堂教学以讲授为主，教室里是一排排桌椅面向讲台。作为活动课，学生要有活动的空间，根据需要有时可坐成"U"型，有时可围成圆圈，有时可分小组围坐。此外，还要准备活动课所必需的相关材料和多媒体课件。

5. 将课前准备写成教案

教案包括活动课的题目、活动目标、活动方法、活动准备、活动过程、活动课的反思及效果评估等。

（二）加强实施过程中的引导

1. 创设学习情境和引发体验领悟阶段

这一阶段是主体与客体相互作用的过程，即主体认识客体，客体进入主体内心世界。首先，创设的学习情境应符合以下四个条件：（1）联系学生实际经验；（2）激发学生学习动机和兴趣；（3）具有体现教育主题的教育价值；（4）能够引发学生体验、思考和探究。其次，在创设学习情境的同时要引导学生进行体验领悟。体验是由人的外部活动引发的内心活动，包括心理体验和实践体验。心理体验的引导一般是在情景短剧、角色扮演等活动之后，主持人用"如果你是其中的XXX，你会怎样做（或怎样想）"的句式将学生带入虚拟情境中进行体验。实践体验是直接参与实践活动的体验，如学生参与了"盲人背瘸子"活动后谈谈自己的切身体验。领悟是在体验基础上形成的对活动意义的理解，一般用"参加了刚才的活动，你有怎样的感受"等句式引发学生悟出体验活动的意义。学生只有在创设的情境中产生内心体验，在体验中有所领悟，才能获得成长的经验。

2. 分享和价值引导阶段

这一阶段是主体与主体相互作用的过程。虽然创设的是同一教育情境，但由于学生的个性不同，生活经验不同，感悟也不同，从而形成丰富的教育资源。课堂上教师要留有充足的时间让学生畅谈感悟，可先分小组进行，然后在全班发言，使学生在充分的交流与互动中，分享多样化的观点和资源，产生思想碰撞，进行分析、判断、选择，从而达到澄清观念、提高认识、改变行为、促进人格健康发展的目的。

分享的前提是学生愿意敞开心扉，而安全自由的氛围是学生敞开心扉的条件。因此，教师在这个阶段不是要做价值判断者，而是要做安全自由氛围的营造者。当学生还有顾虑时，可用"谁愿意谈谈自己的感悟，让大家共同分享""其他同学还有没有不一样的想法"等语句鼓励学生开放自我，大胆表达自己内心真实的想法；当学生的发言不能很清楚地表达自己的感悟时，教师就要把学生的言谈、思想加以综合整理，用自己的语言将其表达出来，用诸如"你的意思是……""我理解得对吗"等句式。

在宽松自由的环境中，学生的价值取向会出现多样化的趋势，教师有责任帮助学生树立正确的价值观，但万万不可简单地给学生贴上"对"或"错"的标签。如果是通过设置情境或角色扮演引发讨论，教师可以用"如果是我……""我认为……"等句式表明自己的态度。有时学生对问题的争论不分上下，很想听听老师的意见，这时老师应该适时地亮出自己的观点，可以用"我赞成 XXX 的观点，因为……"的句式肯定学生正确的观点，并说明理由。事实证明：价值引导虽然也是"外在给予式"的灌输，但学生不但不反感，反而很愿意接受。因为，在讨论中出现的多样化观点使很多学生处在困惑和无所适从的状态，教师明确的表态及深刻的说理对学生就像"干旱千苗逢雨露"，使学生在及时的滋养中成长。此外，教师还可以通过质疑、因果分析、价值辨析等方法，引导学生对问题进行深入全面的思考，形成正确的价值取向。

3. 指导行为实践阶段

通过以上活动使学生在自身经验基础上形成新的认知，但这不是活动的结束，而是将生成的认知转化为行动，内化成品质，将课内活动向课外延伸。这一阶段虽然和第一阶段同样是学生主体与活动对象发生联系，但与第一阶段不同的是：第一阶段侧重于活动对象对学生主体的影响，本阶段是具有新道德认知的主体对活动对象的影响，即指导学生将课上获得的认知转化为课外的行为实践以及在实践中不断地反馈和调整。教师可以布置一定的家庭作业（如制订具体的行动计划或帮助学生制订自我评价表），引导学生将课堂上获得的认知及掌握的技能、方法运用到日常学习和生活中。如果是为了培养学生的良好道德行为习惯，还需要借助适当的行为训练和外部强化等措施。

从以上活动过程可以看出，第一阶段的活动使主体在与活动对象的相互作用中产生了体验和领悟。第二阶段的活动使主体在与主体的相互作用中拓展了视野，构建了新的认知。第三阶段的活动使主体将新的认知转化为新的行为。学生就是在主客体的相互作用、主体之间的相互作用中不断提升着道德素质。

用"德育主题活动课"取代传统的主题班会，其理论构想经过实践检验及修正，形成了基本流程和基本模式。

基本流程：活动——感悟——分享——转化。"活动"是指能够引发学生亲身体验或亲心体验的活动；"感悟"是指在体验基础上形成的领悟；"分享"是指分享彼此的感受、经验和信息；"转化"是指将课堂上学到的东西转化运用到实际生活中去。

基本模式：以创设情境为导入，诱发感悟；以分享交流为手段，提高认知；以指导行为目的，促进人格健全发展。

德育主题活动课的教育模式与学生道德学习方式基本吻合，通过活动体验统领学生知情意行的协调发展。教师在学生自我体验和领悟、自主判断和选择以及道德实践的过程中给予恰当的引导，德育内容正是通过这一有效方式深深地植根于学生的灵魂之中。

（三）后续延伸的重要性

要提升班级主题活动对学生的教育价值，还有一个值得开发的领域：在主题活动之后，组织学生反思活动的过程、效果和体验。

1. 对活动过程及效果进行多元化评价

这里的多元化评价是指包括主体、内容、目标在内的综合性多元化评价。评价主体可以是班主任、科任老师，也可以是家长、学生。评价内容包括活动主题的适切性、活动过程的精细化程度、活动目标的达成度等。评价目标可以是学生的组织能力、创造能力以及应变、体悟能力等。实践证明，他人多角度的评价以及自我的反思评价是促进学生自主意识、自我教育能力发展的重要手段。在课题研究过程中我们发现，多元化评价还是形成班级教育合力的催化剂。例如，上面所提到的那个班级，在主题活动结束后，班主任邀请各科任老师和家长对活动进行了评价。语文老师对活动方案、主持稿的措辞以及学生在活动中的情感体验提出了建议，数学老师赞扬了学生的逻辑思维能力，实践活动课的指导老师表达了要与班主任合作开展活动的愿望，很多家长希望能够参与到活动中来。主题活动一下子成为凝聚各种教育力量的核心，这无疑给学生提供了更好的发展途径。

2. 组织学生总结活动过程中的成长体验

在实践研究中发现：活动中的偶尔一句话会让某个学生的心灵得到震撼；活动中的表演让某个学生重新认识了自己；活动后某个学生认为加上或减掉某个环节会更好等。如果学生能够把这些一闪念的体验记录下来，将是一次很好的自我再教育过程。例如，一名学生在活动之后写道："主题班会那天，虽然来的老师并不多，但是我们依然非常开心，同学们的泪水和笑声就是对我们付出的回报。为了这个，我们所做的一切是值得的！"当学生能够体悟主题活动所带来的精神回馈以及对外在事物有了内在的评价标准时，他便开始成为能够自主发展、自我教育的人。

总之，在主题活动策划、实施、反思的过程中，处处存在着教育契机。要提升它对学生的教育价值，就要让更多的学生参与其中，发现自己、创造自己。

第二节 社会实践活动

一、实践是教育的归宿

实践是教育的重要环节，是育人目标实现的必然过程。一个人理想信念的确立、思想品德的形成、行为习惯的养成，必须在实践中完成。当今社会，随着社会生活方式的变迁和科学技术的进步，社会成员面临着新的机遇和挑战，这些对人的思想品德和社会性发展提出了新的要求。著名教育家克鲁普斯卡娅认为，学校的教育教学目的既然是要培养学生的社会技能，就不能与世隔绝，就要扩大儿童社会感受的范围，使教育跟真正的社会生活接近起来。

（一）实践是我国教育的传统

新中国成立以来，学校教育强调对学生的教育要与社会生产劳动和社会生活相结合，学生应该"学军""学工"和"学农"。1958 年 3 月 8 日，教育部《关于 1958～1959 学年度中学教学计划》强调，为了贯彻教育方针、加强劳动教育，以逐步实行勤工俭学、半工半读的教育制度，规定学生"参加体力劳动时间每学年为 14 天到 28 天，主要是参加生产劳动"。

1958 年 9 月，中共中央、国务院《关于教育工作的指示》指出："党的教育工作方针是教育为无产阶级政治服务，教育与生产劳动相结合。"其中，"教育与生产劳动相结合"的培养目标克服了传统教育中重书本知识传授，轻视实践、忽视劳动技能的传授的缺点，旨在敦促学校教育要侧重学生社会实践能力的培养，使学生在脑力和体力两个方面得到均衡发展。然而，这种重视学生社会实践的教育模式受极"左"思想的影响，出现了"社会实践"性学习取代课堂知识理论学习的教育发展误区，正规的课堂教学受到了破坏。改革开放以来，知识理论课程的学习及成绩重新成为影响学生升学与就业的决定因素，社会实践一度在中等教育中沉寂。1987 年 10 月，国家教委《关于在普通中学开展社会实践活动若干问题的通知》中指出："在普通中学开展社会实践活动，是全面贯彻教育方针，培养有理想、有道德、有文化、有纪律的一代新人的重要措施。"重新对社会实践的形式作出了规范，并对实践的时间作了规定，即开展社会实践活动的时间初中每学年一周、高中每学年两周，并特别指出，没有条件全面开展社会实践活动教育的学校，"可先在高中毕业班中进行，同时要积极创造条件，逐步向低年级扩展"。

随着教育改革的深化，素质教育的推行，2001 年，教育部《基础教育课程改革纲要（试行）》对基础教育的社会实践特别强调："从小学至高中设置综合实践活动并作为必修课程，其内容主要包括：信息技术教育、研究性学习、社区服务与社会实践以及劳动与技术教育"。强调通过实践来增强学生的探究意识和创新意识，培养学生的社会责任感。这样，不仅使社会实践延伸至初级教育，还增加了社区服务内容。各地结合自身的情况，纷纷制订"综合实践活动课程"的落实措施。2009 年伊始，北京市委教育工委等单位确立学生志愿服务长效机制，并规定"北京学生参加志愿服务将作高校招生录取参考"。从此，各级各类学校的学生社会实践活动有序地开展起来，并建立起社会支持系统。

北京市崇文区景泰小学校长陈培荣说，我们开展生命教育的社会实践基地范围非常广阔，选择时主要考虑该基地的实践内容具有适应小学生学习科学生活的科技含量，并涉及人类生活的各个领域。综合社会实践的基本类型主要有三大类：一是科学考察活动，包括参观、访问等。如参观污水处理厂、访问科技工作者、参观飞机场的科学建设等。二是科学调研活动，包括小课题研究等。如调研西部湿地的生态平衡、西部湿地的环境保护促进鸟类的繁衍、亲近动物、创建和谐生态环境、暖冬给我们带来了什么等。三是科学小实验，包括与学科学习相关的实验，与生活相关的实验。如趣味科技游乐场进社区、生活中的趣味科学等。

不难看出，社会实践活动是以社会为阵地，实行改造自然、改造社会的有意识的活动。社会实践活动是实施德育的途径之一。它能使学生直接与人民大众相接触，在参与社会主义建设和为社会服务的实践中，感受劳动的光荣，学习劳动人民的崇高品德，提高思想认识水平和社会生活的能力，培养全心全意为人民服务的思想品德。

（二）实践能力应从学校开始培养

世界是真实的、生动的、客观的，也是基础的、本源的，它是道德教育的出发点，也是道德教育的落脚点。脱离了生活世界的道德教育必定是没有生命力的。

江泽民同志在《关于教育问题的谈话》中明确指出："不能整天把青少年禁锢在书本上和屋子里，要让他们参加一些社会实践，打开他们的视野，增长他们的社会经验。"社会实践是对学生"养成教育"的重要组成部分，是注重对学生进行训练、帮助学生认识自我的有效途径。引导学生参加社会实践活动，能有益补偿家庭教育、学校教育、社会教育在引导学生学以致用、言行一致方面的不足，通过让学生用眼睛去看、用耳朵去听、用头脑去分析，动手动脑，增强感性认知，把外在的教育要求内化为自我发展、自我发现、自我提高的动力。

在一项"你最喜欢的课外活动是什么"的调查问卷中：64％的学生选择"亲近自然的远足、考察"，30％的学生选择"走进社会的实践活动"，这说明学生有亲近社会、亲近生活的愿望。但是，目前有些学校的做法却背道而驰，把学生关在校园里，使学生感受不到自然的奥妙，看不见改革开放的成果，缺乏生活知识和道德情感的切身体验。所以，教育者要善于为学生创设道德实践活动的情境、场所和平台，让他们亲身体验、亲身实践。事实证明，学生在社会实践中能更好地"寻找一个岗位，扮演一种角色，培养一个习惯，形成一种品质"，完成"在实践中体验，在体验中感悟，在感悟中完善"。这样一来，道德教育找到了支撑点，也产生了实效。

在全面推进素质教育的今天，素质教育的灵魂就是开展创新教育，培养学生的实践能力。而中小学开展的社会实践活动就是从认识社会的角度、从社会的纵向发展变迁与横向联系两个方面，对学生进行近代史教育、国情国策和乡情教育。因此，社会实践活动是涉及知识面最广、内容最丰富的教材。那么怎样培养学生的社会实践能力呢？

1. 引导学生进行社会调查

传统的课堂教学，学生的学习空间较为封闭、狭窄，只限于书本、教室，这种封闭的空间使学生的童年过早地蒙上成人的"烙印"。让学生到大自然中去，到社会实践中去，是为了更好地进行"课堂教学"。社会调查活动为学生认识社会、训练能力、提高素质提供了一种有效的途径。

"学生小记者"是当前很多学校开设的学生实践体验角色之一。针对"上保险"这一问题，"学生小记者"到保险公司做了如下调查：（1）全区有多少学生参加保险？（2）参加的是什么类型的保险？（3）为什么要参加保险？（4）在投保人中有多少人获得过保险赔偿？（5）因为什么事故而获得的？（6）得到了多少赔偿费？

"学生小记者"经过调查了解到我区学生参加社会医疗保险的人数，获得保险赔偿的比例。除此之外更了解了许多有关保险方面的知识，还听保险公司的叔叔讲了好几例感人的故事。通过这次调查，同学们真正懂得参加保险的必要性，真正地走出了课堂，走进了社会，社会实践能力在不知不觉中得到了提高。

2. 指导学生设计活动方案

要顺利完成一项社会实践活动，提前做好设计活动方案就显得尤为重要。方案设计是经过周密的"策划"，最终形成一个科学的具有可行性的整体计划。它是个人或组织为达到一定目的，在充分调查的基础上，遵循一定的方法或规则，对未来即将发生的事情，进行系统、周密、科学的预测并制订科学的可行性的方案，并在发展中不断调整以适应环境的变化。班主任指导学生进行社会实践，首先要指导学生针对实践内容设计活动方案。在设计活动方案的过程中，学生受到的教育主要有以下几个方面：

第一，设计活动方案的本质是提炼学生思维的过程，以培养学生制订计划的能力。

第二，活动方案具有目的性，培养学生的目标能力。

第三，活动方案具有前瞻性、预测性，培养学生的预见能力。

第四，活动方案具有一定的不确定性、风险性，培养学生解决突发问题的能力。

第五，活动方案具有一定的科学性，培养学生严谨的思维模式。

第六，活动方案具有科学的创意，培养学生的想象力与创造力。

第七，活动方案具有可操作性，培养学生实事求是的精神。

阅读资料：

"水的调查"综合实践活动方案设计

一、主题的提出

地球上的生命最初在水中出现，水是所有生物体的重要组成部分。水约占人体组成的 70%，水有利于体内化学反应的进行，在生物体内起到运输物质的作用，水对于人类十分重要，是人类最宝贵的资源之一。我国是一个水资源非常缺乏的国家，人均占有量远远低于世界平均水平，珍惜每一滴水就显得尤为重要。同时，也要培养孩子从小养成一个良好的爱水习惯。

二、活动目标

1. 培养学生对生命之源、对大自然、对生活的热爱之情。

2. 培养学生的观察能力、调查分析能力和用自己的语言、文字、图画、音乐等进行表达的能力。

3. 培养学生收集信息，并对信息进行简单加工处理和应用的能力。

4. 使学生获得一些亲身探究的体验，培养学生提出问题、分析问题、解决问题的能力。

5. 通过小组活动，使学生学会分享共同的劳动成果，培养相互合作的观念。

三、活动过程

第一阶段：

活动目标：通过组织学生收集归纳家乡水资源利用中存在的问题，设计活动方案，培养学生提出解决问题和与他人合作的能力。

活动内容：

1. 调查家乡水资源情况。

2. 调查农村对水的利用情况。

3. 调查社会生活中浪费水资源的现象。

……

活动方式：问卷、讨论、谈话、小组合作调查

活动步骤：

1. 谈谈暑期综合实践活动的收获、体会。

2. 确立研究主题。

3. 按自愿结合的原则分组。

4. 各小组设计活动方案。

5. 全班相互交流、相互补充，不断完善活动方案。

第二阶段：

活动目标：培养学生的观察能力，调查分析能力，收集、处理信息的能力。

活动内容：指导学生调查、访问，收集水的深度及水资源的利用、浪费情况。

活动方式：分组调查、访问、收集并记录。

活动步骤：

1. 调查、访问前的准备。

2. 分组或个人调查、访问、收集、记录。

3. 利用现代化的信息技术收集资料。

4. 整理收集到的资料，小组内将收集到的资料进行归纳整理，相同的归并，不同的列出目录，并分类装订，既为全班交流做准备，又是归纳学习的过程。

第三阶段：

活动目标：培养学生对水、对大自然、对生活的热爱之情，以及能用自己的语言、文字、图画、音乐进行表达的能力。

活动内容：汇报调查情况并展示个人最感兴趣的关于水的资料

活动方式：

1. 小组交流；2. 代表汇报；3. 集体讨论；4. 集中展示。

活动步骤：

1. 把自己调查、收集的内容在小组内交流、汇报。

2. 展示自己最关心的水资源的知识。

3. 讨论生活中有哪些不良的用水现象。

4. 提出改进的方法。

第四阶段：

活动目标：激发学生珍惜水的情感，提出对浪费水资源现象的改进措施

活动内容："水——我生命的源泉"

活动方式：讨论、设计、展示

活动步骤：

1. 根据你对水的了解，认为我们应该如何开发水资源，如何更科学地利用水资源。

2. 展示同学们在活动中调查的资料，对改进利用水资源的方案进行评估。

3. 对资料、学生表现、改进方案的评价。

四、活动总结

五、活动注意事项

1. 科学、礼貌的进行调查访问。

2. 准确、及时地汇总、分析资料。

3. 学生写下自己活动的心理体验。

4. 活动中注意安全。

（三）创新型人才的培养离不开实践

"为什么我们的学校总是培养不出杰出人才？"这就是著名的"钱学森之问"。创新是一个民族的灵魂，是一个国家兴旺发达的不竭动力。创新的关键是人才，人才的成长靠教育。传统的教学方法以"灌输式"为主，忽视了学生的个性发展、心理特点，影响了学生的身心健康，压制了学生的创新能力。教育来源于生活，教育最终要作用于生活。社会实践是教育作用于生活的最好途径，是创新的源泉、动力和基础，创新反过来又可以

推动社会实践的发展。社会是创新的大舞台，社会为创新人才提供了广阔自由的天地。如果说学校是培养创新人才的大后方，那么社会就是培养创新人才的前沿阵地。

一个有创新能力的人，如果不能在实践中锻炼成长，他的创造力就会萎缩或消退。反之，如果他经常参与实践，其创新能力就会得到提高。我国社会主义改革和建设的伟大实践造就了无数勇于开拓创新的改革家和企业家，社会实践需要创新人才的积极参与和奉献，客观上也为创新人才的成长提供了肥沃的土壤，成为培养创新人才的重要阵地。

中小学作为人才培养的基础阶段，更应深刻认识到创造性人才培养的重要性。班主任在工作中要有计划地组织开展社会实践活动，让学生在实践中发现问题、创造性地提出问题和解决问题，建立起社会实践与创新人才培养的良性互动机制。

二、社会实践活动对学生的教育意义

教育必须与生产劳动相结合是马克思主义教育观的核心所在。马克思恩格斯认为，教育与生产劳动相结合是历史发展的必然规律，教育与生产劳动相结合不仅是提高社会生产力的一种方法，而且是造就全面发展的人的唯一方法，是改造现代社会的最强有力的手段之一。因此，社会实践活动对学校育人的影响是深远的、全面的，它赋予现代社会人才培养以时代气息，极大丰富了教育内容，为学生的全面发展提供了极大可能性。随着教育改革的深入发展，社会实践活动在学生教育方面的作用日益重要，成为不可或缺的组成部分。

（一）有利于加强国情教育和党的路线方针政策教育

中华民族具有悠久的文明史，是世界文明的发源地之一。在中国的大地上，到处都留下了我们民族世代相承的文明遗迹。学生通过社会调查、参观访问，可以了解中华民族光辉的文明发展史、艰苦卓绝的革命斗争史，了解中华民族伟大的创造力、勤劳勇敢的民族精神和灿烂的传统文化。从中受到优秀的传统文化教育和民族精神文化教育，增强对祖国历史文化的热爱和民族的自豪感。

伴随时代的发展，学生通过各种渠道了解世界各地不同国家的发展水平和生活水平，在比较中产生了微妙的心理变化。有人立志拼搏，渴望早日成才；有人思想动摇，嫌贫爱富；有人事事不如意，厌倦一切。通过社会实践活动，让学生走出教室，深入工厂、农村，广泛接触生产一线的劳动者，了解普通人的生活状况，了解我国人多、资源少、基础差的基本国情，让他们懂得要想改变落后面貌，只能依靠大家的艰苦努力，才能使我们民族立于世界强国之林。另一方面，也要让学生亲身感受到我国社会主义建设所取得的巨大成就，树立建设有中国特色社会主义国家的自信心，丰富对社会主义祖国的真情实感。

（二）有助于学生增长知识，开阔视野

组织学生参加社会实践活动，在社会实践中验证书本知识，有效克服学生从书本到书本、从理论到理论的毛病。培养他们理论联系实际的学风，提高他们观察问题、分析问题、解决问题的能力。在实践教学中，可以把一个班的学生分成若干小组，要求各小组独立写出本组的调查报告、观后感，然后相互交流、相互借鉴；这样做既让学生积累了许多自然、社会、人文方面的知识，扩充了自身的知识储备；又通过亲身体验，丰富了感性认识和人生阅历。

天津市宝坻区第四中学学生社团组织部分学生去蓟县盘山开展夏令营活动。行前要求学生自行了解盘山景区的一些情况，如位置、主要景点、文化背景及行程路线，并做出行程安排和提出应注意的问题。同学们热情高涨，通过上网、跑书店了解相关信息。有几个同学索性扮演了导游角色，帮社团安排路线、介绍名胜古迹。在这次实践中，奇特景观让学生在感叹大自然神奇的同时，也了解了盘山景区的历史文化；在享受游玩乐趣的同时，也感受着攀登所带来的刺激与挑战，体验到登顶后"一览众山小"的豪情。更重要的是，大家饶有兴致地探究了发展山区旅游业面临的一些问题：例如，景区如何走可持续发展之路、怎样打造景区的历史文化

品牌、怎样解决景区的环保问题、盘山景区旅游人群调查研究等题目。

（三）有助于学生适应社会、提高人际沟通的能力

如今，在大部分家庭中都是几个大人围着一个孩子转，一切顺从孩子，孩子成了家中名副其实的"小皇帝"，为了孩子，父母可以牺牲一切。这种以孩子为中心的教育模式催生并强化了孩子的自我中心意识，表现为唯我独尊、任性、不听他人劝阻、难与同伴友善相处等。因此，开展具有协同精神的社会实践活动，可以逐步改正孩子不良的行为习惯和错误的思想观念，使之学会如何与他人相处，如何与他人沟通协作，如何适应社会环境，让他们在集体活动中感受生活的意义和自身的价值。

2008 年寒假，宝坻四中社会实践小组到城关镇宝平街吴苏路社区进行卫生与健康宣传活动。活动前学生搜集了大量的有关卫生与健康的知识，还提前到社区了解情况。吴苏路社区是城关的老城区，居住的大多是老年人，而且儿女多在其他新建小区居住。吴苏路社区生活环境较差，居民的健康意识淡薄，老年人思想古板，不易接受新事物，这些都给此次活动增加了难度。

活动前，大家讨论了各种方案，如是在人口集中的场所公开宣讲还是挨家挨户送健康？是发宣传单还是宣讲？如果公开宣讲，如何能让这些老年人驻足聆听？如果宣传到家，如何能让老年人放心让学生入户？这一系列的问题让学生沉浸在思考与讨论中。最后，大家一致认为，语言表达与沟通能力是这次活动成功与否的关键。接下来几天，同学们除了继续整理有关健康与卫生的知识，还重新对人员进行了分工培训。语言表达能力强的做宣讲员和交通员，稍差一点的做助讲员和资料发放员。分工后同学们开始了训练，有的学生组成小组互相宣讲，互相找问题，共同改正；有的学生自己对着镜子演说，练习语言和表情；有的学生强化记忆知识，丰富知识内容；有的学生学习沟通的艺术与技艺；有的学生调查老年人最关注的与健康有关的焦点问题，如有关糖尿病、高血压等病人的饮食问题等。

通过这次活动，让这些每天生活在封闭校园里的学生得到一个体验社会的机会，他们不仅学到了健康知识，而且，通过自己的认真努力做了一件有益于他人的事，体验到了服务社会的快乐。走进社区，广泛接触社区

各层人民，尝试与他们沟通、交流，提供一些力所能及的服务，这对学生的健康成长有重大意义。

（四）有助于学生学会分享、尊重与合作，培养他们的团队精神

实践活动的基本形式是小组合作。通过小组活动，学生有机会进行人际间的交往与沟通。同时，团队间的合作能够帮助学生积累集体生活经验，学会观察事物、思考事物、欣赏他人。这些都有助于学生的成长和发展。

在"'盲人'牵绳围正方形"的小组活动中，同学们群策群力，积极想办法、出点子，协同努力。首先，有人提议通过报数来确定总人数和每边人数，又按每边人数循环报数，以确认自己在某边上的位置；接着，又有人建议将短绳子接成一条长绳子，有人马上又提出了把绳子折成均匀的4段，然后每段分配等数的人。这时，有人提出将每次循环报数的"1"固定在4个角，让这4个人握紧绳子不放，其他人先放开绳子，然后由4人把绳子绷紧，并用手感觉所成角度大小，根据感觉调整为接近直角。在经过一番触摸比较后，先由大家一起握住绳子，然后放在地上，用脚踩住。这时，同学们摘下眼罩，看到经过共同努力围成的正方形很方正，享受到合作带来的快乐。

实践活动充分体现了团结协作与共同努力的重要性，在完成任务的过程中，成员之间通过有效的沟通，加深了相互了解，逐步建立起信任、平等的关系，为形成一个目标明确、坚强有力的团队奠定了基础。

在登山活动中，大家互相关心、互相照顾，在遇到困难险阻时向队友伸出援手；在吃住行的每件小事上学会谦让，学会了分工与合作。

学生就餐排队问题是学校管理的难题，某中学投入了大量人力物力对不排队的学生进行教育和管理，但都收效甚微。因为总有一些学生不守规矩，只图自己方便，以自我为中心。

在劳动实践基地学习时，各班开展了包饺子活动。同学们自己动手，从洗菜、切菜、剁肉、和面、擀皮、包、煮一条龙。同学们根据自己的特长分工合作，干劲十足。到了品尝劳动成果的时候，令人奇怪的是，平时大声嚷嚷，争着抢着排第一，为的只是早一两分钟、甚至几秒钟先领到饭

的学生，现在也乖乖地、静静地排着队，领取自己的劳动成果——煮好的饺子，丝毫没有哄抢位置，甚至男生还提出"女士优先"，十足的绅士风度，令人心底叫好。

（五）有助于提高学生自主学习、独立探索和创新的能力

实践活动能改变学生单纯地以接受教师传授知识为主的学习方式，培养学生发现问题、提出问题和解决问题的能力。在当今社会，被动地接受知识只能落后于他人，在激烈的竞争潮流中被淘汰。而社会实践能考察学生在信息处理、逻辑思维、整体规划等多方面的综合能力，使学生在活动的过程中积极地去发现和思考。结果也许并不重要，重要的是这段独特的经历过程。

探究的兴趣是与生俱来的，儿童在幼儿阶段就表现出强烈的好奇心。但是，却有相当一部分孩子从小就不喜欢学习，为什么呢？孩子学习兴趣的缺失显然与机械刻板的填鸭式教学有关，与教育者陈腐的育人观念有关，与"唯学至上"的教育评价体制和非良性的社会竞争环境有关。孩子成了按老师要求去做的"小大人"，"好孩子"的标准仍滞留在"听话、顺从"的怪圈内，孩子失去了个性与自由，学校失去了吸引力，学习成为了负担。这种情况在中学教育中更为严重，学生要应对各科习题，沉重的作业负担使学生的学习兴趣丧失殆尽。而亲身体验式的社会实践活动能给学生一种焕然一新的感觉，重新激发他们探究的兴趣与活力，让他们充分发挥学习的自主性，展开想象的翅膀，发挥自己的创造才能。

宝坻四中的学生社会实践小组在《农村地区用水状况调查》实践活动中，充分走访了多个自然村，对村民用水问题做了大量调查。特别是对养殖户用水的分析非常到位，在调查中他们发现养殖户都存在浪费水资源的问题。在同学们仔细思考和研究下，竟然设计出简便易制、经济节水的自动鸡笼加水系统，此项设计还在青少年科技制作中获了奖。

梁启超在《少年中国说》中提到："故今日之责任，不在他人，而全在我少年。少年智则国智，少年富则国富，少年强则国强……"当今中国的发展需要创新，而社会实践活动正是创新的基础、创新的源泉。

（六）有助于学生形成乐观向上的生活态度

来自学习竞争的巨大压力，经常使学生疲惫不堪，情绪烦躁，有的甚至导致神经衰弱。近年来，中小学生的心理健康问题呈上升态势，时有恶性自杀事件发生，这为社会敲响了警钟。通过社会实践活动，同学们有了一次别样的学习方式，既能调节身心，焕发生机，又能享受集体活动的乐趣，感悟生命的意义。

有的老师组织学生去完成调查贫困地区中小学生现况的实践报告。同学们在搜集贫困地区中小学境况时，看到简陋的教室，破旧的桌椅和孩子们黑黑的小手，心里不由地一阵酸楚。这样的情景，给生活在优越环境中的他们极大震撼，尤其让住校的学生感到自愧不如！在此之前，有的学生还经常抱怨学校的住校条件差。可是，当他们顶着烈日，看到一间间由稻草搭成的小茅屋时，不禁感慨万千。同学们问他们是否喝过汽水，他们摇摇头说没有，这样天真的回答让同学们感到无比的惊讶！让这些住着高楼大厦，用着多媒体教学，有着优越生活和学习环境的学生体会到了自己的生活是多么幸福！孩子们天真的笑容充满了对生活的希望，他们乐观的生活态度深深地感染了每一个人。

三、社会实践活动的主要内容与形式

陶行知先生说过："行是知之始，知是行之成。"它摆正了知行关系，强调了行的重要意义。他认为，获得知识的根本途径是亲身实践。启发学生通过实践和自身的体验去思考，去重新发现别人的结论。他还认为，教会学生在"生活"中怎样做一个"真人"是"生活教育"的核心所在。

（一）角色体验式实践活动

美国华盛顿儿童博物馆的墙壁上有这样一段话："我听见了就忘记了，我看见了就记住了，我做过了就理解了。"这段话强调学生不能只是听，只是接受，而是应该通过亲身体会，学习做人做事的道理，然后转化为自身的行为习惯。这个过程就是体验教育。学生的角色体验活动形式可分为以下两种：

1. 家庭角色体验

家庭是一个人步入社会的起点，也是一个人在社会上奋斗的港湾。所以，家庭角色的体验很必要，也很关键。以感恩父母、回报家庭为导向，根据学生的年龄特点，利用假期从事相应的家务劳动，具体内容包括做一次饭，打扫一次卫生，外加一项其他家务劳动等。此类活动的目的在于，发挥家庭作为社会基本细胞在学生社会化过程中的基础性作用，引导学生承担家庭责任，增强感恩意识。

宝坻四中曾安排学生进行"做一天家庭主妇"的实践活动。大家通过对家里衣食住行的打理，特别是一家人三餐的准备，从买菜、做菜、洗碗到做卫生，亲身体验一天的家务劳动，从而理解父母的艰辛。通过活动使他们更贴近父母了，更听话了，更懂事了。实践总结课上有同学这样说："这次实践最大的收获是，学会体谅与理解父母的辛苦，为自己曾经的任性而惭愧，为自己曾经对妈妈的顶撞而伤心。"

孔子说："事父母几谏，见志不从，又敬不违，劳而不怨。"如果父母不能接受自己的看法，不要违抗，依然要恭恭敬敬。可是现在这样做的又有几个人呢？而又有多少人是"子欲养而亲不待"呢？在拥有时懂得珍惜的恐怕也不会太多吧。我们需要做的只是陪着父母看看电视，在厨房里打打下手，听听父母的唠叨。这些都是我们力所能及的事，是可以让我们在"亲不待"时也不会后悔的事。

2. 社会角色体验

社会角色体验对青少年学生来说既熟悉又陌生，通过开展丰富多彩的社会实践活动，使学生逐步了解社会、开阔视野、增长才干，并在社会实践活动中认清自己的位置，发现自己的不足，对自身价值进行客观评价。青少年学生可以利用暑假时间，依托某一社会单位，在某一具体岗位上从事不少于 10 天的工作。具体形式包括岗位体验、社会兼职、勤工助学、社会观察等。此类活动的目的在于促进学生了解和适应社会，提高学生的环境适应能力和沟通合作能力，增加学生的岗位责任感，培养学生的社会规范意识。

《东楚晚报》曾报道：400名花湖小学生假期进驻天虹社区大队，成立学生社区大队部。在那里，郭璇不再是一名小学生，而是一名拥有400余名队员的大队长。她有自己的办公室，负责安排工作。几年来，一茬又一茬的队员被居民亲切地称为"社区小干部"。大队由5个小队组成，分别是"和平鸽小队""绿化小队""环保小队""雷稀小队""学雷锋小队"。这些小队的名称都由学生自己命名，学生独立开展活动，学校只起指导作用。

"小干部"成为社区好帮手。在天虹小区，提起这些"社区小干部"，居民们纷纷叫好。居民张大妈说，5年来，这些"社区小干部"坚持清扫社区街道，打扫楼道。她记得2005年7月，这些"小干部"来社区慰问演出，那天天气特别热，"小干部"们脸上化的妆都被汗水冲花了，衣服汗湿了贴在背上，腰上还背着大鼓，但没有一个孩子叫苦叫累，一直坚持到演出结束。

学生在实践中增长知识。身兼"社区小干部"要做许多事情，会不会影响孩子们的学习？大队长郭璇说，不但不影响反而能激发他们的学习热情，增长他们的见识。比如去年，有个队员提出开展有关居民生活环境、身体健康等方面的实践调查。然后他和队员们到天虹小区的每个家庭采访，每个队员都写了报告。最后形成一个综合调研报告，因势利导在全校提出"爱护环境，从我做起"的活动，并把调查内容排练成情景剧，在社区和学校演出，受到大家的好评。这样的活动，既锻炼了同学们的思维能力，又培养了爱动脑筋的好习惯。郭璇强调，自从她当上大队长后，写作能力、抽象思维能力大大提高，学习进步特别大，妈妈也称赞她更懂事了。队员刘贝告诉记者，加入社区大队之前，他不知道爸爸妈妈每天那么辛苦，经过自己的劳动实践，他现在变得爱学习了，成绩也有了提高。

（二）社区服务式实践活动

社区服务式社会实践要求学生在教师的指导下，走出教室，参与社区的社会实践活动，以获得直接经验，发展实践能力。以服务地方、服务社会为导向，根据就近方便的原则，结合社会热点和群众关心的问题，通过"一助一结对""项目加接力"的组织方式，扎实推进和深入开展帮残助困、社工关爱、政策宣讲、文化传播、科普宣传、医疗卫生服务、法律援助、教育培训、文明建设等各种社区志愿服务活动。

如何开展好社区服务式的社会实践活动呢？具体应从以下几个方面着手。

1. 更新观念

教师观念的转变是培养学生服务意识与社会实践能力的关键。长期以来，教师习惯了封闭式教学，而社区服务式实践活动则要把学生从教室拉向社会，从以教科书为主转向通过自主探索与活动体验求得提高发展，这对教师传统的教学方法和角色提出了挑战，要求教师必须更新教育观念，认识到自己所承担的义务和责任，努力开展社区服务式社会实践活动。

2. 改变教育方式

当今的教育习惯了把学生关在教室里，困在书本中，使学生不能感受到学习的意义和价值。因此，改革教学方式刻不容缓，要求教师使用科学的、有效的、创新的教学方式，将学生引向社区、引向社会、引向未来。

首先，要形成开放式的教育模式。这是针对传统课堂教学而言的一种教学组织形式。开放学生思想，开放学习地点，彻底让学生走出课堂，走到社会实践中去。可为学生提供参观、实践的场所，也可让学生自己选择。学生不分性别，不按能力，而是按各自的兴趣和需要进行分组。教师采用不同的学习方式、进度和内容，给学生设置问题和情境，引导、建议和帮助学生进行社区服务式社会实践。

其次，要坚持学生自主学习为主体。让学生充分发挥主观能动性，有更多的机会去活动、体验乃至创造，使其享受探究的乐趣、活动的愉悦、服务的充实，获得并增强使命感、责任感和生存体验。学生在自主学习时，教师要引导学生明确自己的目标意识，主动规划和安排自己的学习生活，鼓励学生间的相互协作、相互尊重，指导学生展开独立思考，进行多向思维。

最后，在社区服务式社会实践中尝试运用问题学习法、案例学习法、模拟学习法、课题学习法，也会取得很好的活动效果。

3. 制订活动计划

(1) 确定活动主题。社会实践活动的主题必须符合学生的兴趣爱好，来源于学生的真实生活，并具有科学性和可行性。

(2) 确定组织形式。社会实践的组织形式主要有两种类型：小组合作实践和个人独立实践。

小组合作实践是学生社会实践活动经常采用的组织形式。每个实践小组一般由 6～10 名学生组成，每位教师可指导 2～3 个小组。学生分组要充分尊重大家的意愿，每个小组设组长 1 名，组内成员应有明确分工，人人参与并共同为实践活动负责。原则上，在同一时间内，1 位学生只参加一项主题活动。

个人独立实践可以采用"开放式作业"形式，一般先由教师向全班学生布置实践任务，提出一个综合性的实践专题；也可以不确定实践范围，由学生自定具体的实践项目，并各自相对独立的展开实践活动。

学校可以运用网络等信息技术手段，拓展实践的时空范围。为学生进行跨班级、跨学校、跨地区的合作实践开辟空间；为教师进行跨班级、跨学校的合作指导提供条件，提升社会实践的水平。

(3) 制订实践方案。实践项目确定后，实践小组或个人要着手制订具体、可行、有效的实施方案。

教师在本阶段主要是帮助学生解除思想上的困惑，克服畏难情绪，激发学生实践的愿望，协助学生组建实践小组、确定实践内容并审定活动的计划或方案。

4. 重视活动环节

(1) 活动前让学生做好准备。全面考察活动所需的各种条件，确定参观、访问、服务的对象，与参观、访问的对象提前取得联系，共同商议活动如何进行。

(2) 活动前让学生拟定具体方案。方案的内容要详细，为活动的顺利进行做好准备。

(3) 实施活动要以学生为主体。教师做好引导工作，还要注意与家庭、社区保持联系，让家长成为活动的一分子。

（4）教师要鼓励和培养学生做好总结。学生完成调查记录和论文，教师要适时地给予指导和肯定。

阅读文献：

共助夕阳红

秫陵街道学生助老服务社会实践项目

1. 受助人群：社区内 60 岁以上的、行动不便、需要社会关爱的老年人。（如社区孤寡老人、空巢老人等）

2. 活动目的及意义：尊敬老人是中华民族的优良传统，秉承"老吾老以及人之老"的民族传统及"爱心献社会，真情暖人间"的社会宗旨。通过实施助老计划，给老年人提供力所能及的帮助，在精神生活上注入一些生机与活力，促使社会尊老敬老的良好风气更加浓烈。

3. 实践小组形式：助老实践采取"两助一"或"多助一"形式。

4. 实施步骤：（1）摸清社区受助老年人的情况（年龄、居住条件、家庭子女情况、收入、类型等），根据各社区受助人群的数量及需求，确立可以开展此项计划的社区；（2）在社区内通过公告、学生上门宣传等形式，大力宣传活动的意义和目的；（3）在学校内公开招募社会实践的志愿者；（4）根据受助人群的特点、学生服务老年人的优势等举办志愿者培训班；（5）学生根据受助对象的特点和基本情况，拿出具体的"助老"方案（提示：①每月1～2次，周末早上去社区教老年人打太极，发挥课堂学习的成果；②组织老年人聚会，组织学生向社区老年人进行才艺表演，或和老年人同台献艺；③组织专门的"唠嗑"志愿服务队，对社区的孤寡老人开展送温暖活动，帮老年人打扫卫生，清理房间，并与老年人进行交流，消除他们的孤独感；④组织卫生志愿服务队，开展社区健康知识讲座，可联系社区卫生服务机构，适时举行免费量血压的活动；⑤开展法制讲座，根据《老年人权益保护法》，学生可以做成简单的宣传册，并针对老年人的受教育程度进行一定的讲解）。

5. 活动注意事项及活动目标：

注意事项：（1）摸清受助对象的基本情况（如人数、特点、家庭及个人素质等）；（2）学生要有热爱社区工作、热爱老年人及良好修养的基本素质。

活动目标：无论是采取"两助一"，还是"多助一"的形式，学生都要通过实施"助老"过程，针对社区老年人生存现状及生活特点展开调研，重点了解空巢老人的生存状态及心理需求，提出适宜老年人健康的具体措施及改进办法，要有成功案例分析，一段时间后，要产生"助老"的实际成果。

（三）参观、访问与调查研究式实践活动

此活动旨在通过组织学生有目的地对社会现象和历史场景的考察、分析及研究，以达到认识社会生活本质及事物发展规律的目的。此类活动改变了以往静态历史教学的面貌，使其变成充满活力的、内容丰富的动态活动；它打破了课堂和社会的界限，使课堂教学与课外活动、书本知识与社会实践有机地结合起来。它可以让学生真实地体会社会事件发生、发展的情景，汲取感同身受的经验；它可以给学生带来强烈的探究欲和满足感；它可以培养学生"史由证来，论从史出"的思维方式和求真意识，增强学生获取并处理历史信息的能力，提高学生运用历史唯物主义观点观察、分析、解决问题的能力。整个活动过程，还可以有效地培养学生的合作意识和团队精神。

此类实践活动的内容多以革命遗址、英雄模范、杰出人物、现代化建设成果、工厂、乡镇企业等为参观访问对象，以当地居民日常生活为调查研究对象，以"商业网点""文化娱乐""教育设施""交通路线"等为调研内容和研究方向。

阅读资料：

有关学生对城市历史考查的调查

1. 参观古迹

（1）上海某中学在讲近代租界问题时，组织学生考察外滩一批近代欧洲风格的建筑群；

（2）天津某中学在进行《第二次鸦片战争》教学时，组织学生参观大沽口炮台遗址；

（3）枣阳市鹿头中学在进行《原始的农耕生活》教学时，组织学生参

观位于学校附近的新石器时代遗址——雕龙碑文化遗址。

2. 访问亲历者

农村中学的历史教师让学生访问自己的父母,请父母讲述在农村经济体制改革大潮中的作为,并记述自己印象最深的一件事。

3. 社会调查

(1) 本地古老的艺术和制作技艺的现状调查;

(2) 农村中学开展"制约农村经济快速发展的瓶颈问题"的调查;

(3) 城市中学开展历史课程资源的调查;

(4) 组织学生开展"历史教育与构建和谐校园的关系"的调查。

四、开展社会实践活动应注意的问题

(一) 正确认识和处理几种关系

1. 必须正确认识和处理"显效果"和"隐效果"的关系

社会实践的显效果,是指学生通过参加社会实践活动在行为表现上所发生的种种有形变化。社会实践的隐效果,是指学生通过参加社会实践活动在思想认识、道德情感、意志信念等心理上的无形变化。事实上,学生通过参加社会实践活动在信念、兴趣、能力等方面的提高和发展,归根到底是学生身上所体现的这种有形变化和无形变化的矛盾运动,无形变化是有形变化的必要前提,有形变化是无形变化的必然结果,两者体现了社会实践的辩证效果。因此在实施社会实践的过程中,要坚持两分法,反对只把显效果作为唯一效果的一点论观点。

2. 必须正确认识和处理"主体"和"主导"的关系

要使社会实践活动吸引更多的学生,客观地体现其实效,必须正确处理好教师、家庭、社会的主导作用和学生的主体地位之间的关系。社会实践所产生的社会效应如何,在发挥学生主体地位的前提下,关键在于教师主导作用的发挥。如活动内容、形式的选择,活动中组织工作和思想工作的开展，活动后总结交流、巩固提高均是教师主导作用的体现。还要注重组织社会实践各要素的可行性分析，不断丰富和发展学生社会实践的内容和形式。组织学生参加社会实践活动，既要考虑当时当地的客观条件，争取社会对学生社会实践的大力支持，又要考虑学生的实际情况。如活动时间要适当，不能影响他们的学习；活动内容要结合学生的实际，以提高活动意义；活动方式要注重多样性，以引起学生的兴趣。

综上所述，学校、家庭与社会是主导，学生是主体，是社会实践的具体参与者，二者相互联系，不可分割，更不能颠倒关系。

有这样一则报道：

"宝贝来，我们问下这位阿姨，要不要买我们的报纸?"日前，在南京市长江路小学分校组织的一次暑期"义卖报纸"社会实践活动中，记者看到，烈日炎炎下，家长一边给孩子撑伞，一边帮孩子拍照，一边还要招呼市民买报纸，忙得不可开交，而真正的"小报童"们则站在一边，有的孩子甚至连看都不看那些热心买报市民一眼。等买报人掏出钱后，孩子才开心地把钱装进口袋，还不时数数赚了多少钱。

"小朋友，这么热的天，你怎么出来卖报纸啊?"一位过路的爷爷笑着问一个孩子，那个孩子笑着回头看看妈妈，等着妈妈帮他回答。"他们在爱心义卖呢，赚的钱都要捐给贫困山区的"。这位妈妈看着孩子鼓励地说，"你自己告诉爷爷啊"。孩子则害羞地低下了头。

可以想象，这样的社会实践活动对学生的成长能有什么样的帮助呢?

3. 必须正确认识和处理"手段"和"目的"的关系

社会实践是实现学生全面发展的途径和手段，目的在于丰富学生的感性认识，全面提高学生的素质。手段时时为目的服务，目的处处体现着手段的作用。切忌为实践而实践的形式主义。

网上有一则报道，某社区在新学期开学前，不断有家长拿着空白的社会实践表来替孩子盖章，两天盖了20多份! "其实，多数孩子根本没参加实践活动。没想到布置给学生的实践作业，最终愁了学生，累了家长。"社区领导对此很无奈，安排的一些清除"野广告"、慰问贫困家庭、擦拭健身器材等活动，前来参加活动的学生也不多。参加社会实践活动是对学生综合素质评定的一项重要指标，它反映了一个人的爱心、素养和责任。

中小学生社会实践活动应引起上级教育部门、社会及社区相关部门的共同重视，各部门应对社会实践的活动内容、活动形式、活动组织、基地建设、时间安排、经费保障等方面做出统筹规划。郑州大学社会研究所所长张明锁认为，实践出真知，学生只有将所学的理论知识付诸实践，才可以更深地理解理论、提升能力，为今后发展奠定基础。学校不能将社会实践表一发，就对学生不管不问，缺乏对学生实践前的相关培训和教育，实践活动就存在一定的盲目性和形式化。而学生也不知道该如何实践、到哪实践、实践什么，最后，家长不得已找社区盖个章，开学一交完事。

如何避免学生社会实践流于形式？专家建议，教育部门、社区、家长三者结合起来，形成一种制度。学校要根据学生的年龄特点制订具体的目标，且"宜小不宜大，宜实不宜杂"，这样，学生的社会实践活动才会"有所作为"。

（二）正确把握社会实践活动的发展阶段

1. 激发动机阶段

注重激发学生的实践兴趣，帮助学生形成实践动机，并创设符合实践内容要求的情境和提供课堂知识与实践能力之间联系的线索，从而为学生自主完成实践活动提供多种可供选择的资源。实践动机与实践效果相互作用，即强烈的动机能促进实践的过程，而成功体验有助于保持甚至生成新的实践动机。心理学研究表明，兴趣的水平对效果能产生很大影响。教师在选择实践内容时，要符合学生身心特点、认知水平和兴趣爱好，要有利于激发学生的兴趣。因为兴趣是学习的初始动机，直接影响着学生的行为和效果，学生一旦有了兴趣他（她）们就会自觉、主动、积极地进行实践，对所实践的内容就愿做、乐做，并形成良好的行为习惯。所以，在开展社会实践过程中，重视激发学生的活动兴趣，是培养学生自主实践的有效保证。

2. 活动方案设计阶段

活动方案设计阶段是指在社会实践活动行动之前预先拟定的具体内容和步骤，是实践活动的全盘计划和方略，是实践前期准备阶段的重要内容。活动方案设计使学生对实践过程有一个清晰的认识和准确的把握。在实践的前期工作中，就要对所要实践的内容，所采用的行为措施，所要达到的目标做到心中有数。这是任何一项活动课题必做的准备之一。活动方案设计主要解决三个问题：

（1）实践的主要内容是什么；

（2）怎样开展实践活动；

（3）预期的实践效果与收获是什么。

3. **亲身感受，内化体验阶段**

一个人游泳的理论掌握得再精通，也必须亲自下水实践才能学会。要想让学生提升社会实践能力，就必须给学生创设这样或那样的实践机会。因此，培养学生的社会实践能力，必须让学生走出课堂，走入社会，参与实践活动，获得直接经验，以增强学生的公民意识和责任感。通过亲身感受，学生的体验内化可表现为：

（1）唤醒学生的自我意识。体验是学生经历自我感受，产生自我情感，形成自我行为的过程，它的作用在于突出学生的自我中心，体现学生的主体地位，从而唤醒学生的自我意识。当学生有了自觉、自尊、自重的意识，就会持久地促进自我教育与自我完善的发展。

（2）建立学生良好的情感模式。通过实践活动让学生感受、体会、感悟，再将感受、体会、感悟内化为行为准则，进而转化为行为习惯。实践活动的每一个环节与步骤都需要学生亲身经历和体验，特别是需要学生在情绪、情感、态度等方面的体验。成功的实践活动则让学生产生积极的情感体验，如喜爱真善美，赞赏文明行为，勇于面对困难和挫折等；失败的实践活动能使学生产生消极的情感体验，如对待生活悲观失望，对待人际关系冷漠无情，对待困难和挫折畏惧退缩等。最重要的一点是学生在体验过程中可以获得更高级的情感——"情操"——一种以崇高的思想为核心，以高尚的操守为基础的情感，有助于学生道德感、真理感和美感的形成。

学生参加的实践活动越多、越复杂，所产生的情感体验就越丰富、越深刻，就越有利于发展学生的情感世界，有利于增强学生承受情感变化的能力，有利于提高学生情感的灵活性、层次性和效能性，从而使学生形成良好的"情绪—情感—情操"模式。

（3）规范学生的行为习惯。学生行为的形成与他的行为习惯有直接关系，而行为习惯的养成离不开体验。要想让学生形成一种经常性的习惯行为或规范行为，就必须依赖其自身的真实体验和亲身感悟，不断地强化和固化，形成自觉的行为意识和倾向，形成内在需求与外在行为的必然和固定的联系，从而养成良好的行为习惯。

（4）健全学生的人格魅力。人格是一个人的性格、气质、能力等特征的总和，是思想觉悟、道德品质等多方面的综合表现。学生健全的人格不是与生俱来的，是通过一言一行的实践与一点一滴的体验积累而形成的。

通过亲身感受，可以帮助学生掌握处理人际关系的方式方法，让学生养成乐善好施、善解人意、严于律己、以礼待人、举止温雅等习惯。通过体验内化，可以磨炼学生的意志品质，培养学生为人处世的能力。通过实践体验，可以培养学生正确的思想观念，良好的自我心态，乐观的生活态度。总之，实践体验活动是塑造学生人格魅力的一种行之有效的教育方式。

（5）发掘学生的潜能与特长。实践可以激发学生获取知识的渴望，激发学生的好奇心和兴趣。学生在体验活动中，不断地发现自我，满足自身的需求，感受成功的体验，使学生的特长得以发挥，潜能得以挖掘。

4. 成果展示，反思评价阶段

集体交流，反思评价是实践活动的重要组成部分。每一次社会实践活动，都应该让学生进行总结，教师及时给予恰当评价。评价要从学生态度，活动过程体验，学生能力的培养，学生在活动中策划、参与、组织、表现、感悟等多方面进行。教师必须认识到，反思评价阶段与前面的活动是密切相连的，它是活动的一部分，是学生思维升华、体现生成性的重要环节，也是学生重新认识自己的重要环节。

评价环节组织的形式是多样的，可以让学生自我评价，也可以小组内评价，教师也可直接参与评价。评价方式可以采用交谈式、填表式、小结式、档案式、评语式、推举式等。同时还可以采取各种活动，如表演、成果展示、调查报告等展示活动成果。在活动中，教师要注意多鼓励学生积极进取，给学生充分发挥个性和才能的机会，努力营造活跃气氛，让学生乐在其中。

总之，我们要给学生创设一个宽松的环境，让学生展翅飞翔，飞向蓝天和太阳交谈，和白云嬉戏，和大海抗争，和森林一起共呼吸；给学生自由，让他们从社会实践活动这片沃土，走向社会，走向人生，走向美好的明天。

资料阅读：

走进社会，锻炼成才

长沙市北桥新村社区中小学生暑假活动方案

为了给学生创造一个生动、活泼、宽松的暑假学习环境，使学生度过一个健康、充实、有意义的暑假生活，充分发挥社区资源的育人功能，引导广大中小学生走进社区、走入社会，参与健康向上的实践活动，提高他们的文明意识和社会实践能力，我社区决定在社区范围内开展中小学生暑期专项活动。现将具体事宜安排如下：

一、活动主题

走进社会，锻炼成才

二、活动时间

2009 年 7 月 20 日至 8 月 27 日

三、活动对象

社区中小学生

四、活动内容

1. 7 月底组织社区中小学生到岁宝百货前坪开展"红色伴我成长"播放革命影片活动。

2. 观看电视节目，了解建国 60 周年来国家经济和社会发展取得的伟大成就。

3. 社区利用辖区资源，向社区内中小学生免费开放深天健芙蓉盛世游泳池和健身场地等公共文体设施。在暑期为少年儿童开放文体活动场所，让孩子们有充足的活动场所开展文体活动，提高少年儿童的健身意识。定期向辖区内青少年免费开放社区阅览室，提供有意义的图书、杂志、报刊、录像等，让中小学生利用暑期学到更多的知识，尽情畅游知识的海洋，增进他们之间的友谊。

4. 开展志愿者服务活动。社区广泛发动辖区内中小学生组成志愿服务队，开展以"清洗公共设施、清理街路绿地、清理居民小区、清理大街小巷、清除非法张贴物"为主要内容的"五清"活动，强化少年儿童的环保意识，激发他们参与"创建人民满意城市、建设绿色家园"的热情。

5. 开展"今天与昨天比幸福"网络在线活动。结合社区绿色网吧面向中小学生免费开放活动，利用网络，以历史照片、影像、日记等为交流载体，对比父辈与祖辈的衣食住行、我与父母的童年、我的学校与父母的学校等。引导学生珍惜目前来之不易的幸福生活，树立现在努力学习，将来建设家园的远大志向。

6. 开展"暑假读好书"活动。利用社区图书阅览室宣传和引导学生阅读优秀书籍、陶冶情操、启迪心智、净化灵魂、提高人文素质。"暑假读好书"活动作为社区加强未成年人思想道德建设的具体举措和有效载体，将受到广大家长和学生的欢迎。

7. 8 月 23 日组织中小学生观看社区举办的"星城开福，祖国万岁"红歌会，社区将邀请有才艺的中小学生、各界朋友及家庭登台表演。

五、活动要求

1. 加强领导，提高认识。

社区成立暑期社会实践活动领导小组，制订具体可行的活动计划，切实把活动落到实处，积极做好发动组织工作，扩大活动面，提高活动效果。

2. 突出重点，体现特色。

社区是活动的主要组织策划单位，按照活动安排，全面掌握情况，整合辖区内资源，突出重点，体现特色，将实践活动与党政关心、居民关心和学生关心的事情紧密结合起来，做到内容新颖别致，效果切实明显。

总之，为了加强和改进青少年思想教育，使中小学生过一个快乐而有意义的暑假生活，本社区将会不断开展内容新颖的、有意义的活动。

第三节　游戏活动

一、中小学生不能没有游戏

常听家长和教师以"贪玩"为理由，批评青少年不爱学习，把学与玩对立起来。这些同志往往只重视青少年的课本学习，片面追求高分和升学率，用繁重的作业和题海压得学生喘不过气来，大大妨碍了他们的智力开发和能力培养。

袁枚之子阿通聪明活泼，喜欢玩耍。9 岁那年的重阳节，袁枚出了一个上联："家有登高处"，阿通立即对以"人无放学时"。好一个"人无放学时"，不仅合乎声律，而且道出了儿童厌恶枯燥乏味的私塾生活的感情，表达了儿童对玩的渴求。袁枚听了不禁放声大笑，并亲自向先生请假，带其子去登山。袁枚这种立即满足儿子正当要求的精神，值得我们学习。

玩是儿童的天性，作为教师和家长，必须深知这一点，不能以自己的感情代替儿童的感情，否则就会做出违背规律的蠢事。教师应当善于了解儿童的性格特点、兴趣爱好，设法满足他们"乐嬉游而惮拘检"的"童子之心"，通过开展健康有趣的课外活动，使其"趋向鼓舞，中心喜悦"。

荣高棠在为《学与玩》杂志写的代发刊词中指出，我们的任务是指导青少年正确有效地学，健康有益地玩。只有这样才能开发他们的智力，培养他们的能力。陈鹤琴先生曾深有感触地说："游戏是人生不可缺少的活动，不管年龄性别，人们总是喜欢游戏的。假如在读书的时代，我们也能化读书的活动为游戏，那么读书不是会变得更有趣，更快乐，更有进步了吗？"时至今日，广大班主任已经基本上达成共识，学生文化的核心是一种游戏精神。它追求一种自由创造的精神，平等的精神，非功利的合作精神；追求一种快乐的学习和生活的过程。它是青少年快乐的源泉和本质。

著名特级教师张化万先生主张让孩子们"在玩中学习，把玩进行到底"，他认为，在尊重儿童心智发展水平和规律的前提下，让语文教育的成人文化和儿童文化互动，更好地发展儿童的语言。让学生在"玩"中经历体验，在玩中获得美的熏陶，得到人格的真实塑造。

童年应当是欢乐的。欢乐的童年离不开孩子们的游戏、玩耍以及和大自然的亲密接触。张化万先生曾说过，让孩子们尽心尽情地吃着他们爱吃的冰淇淋、脆麻花，喝着酷儿、农夫山泉水；在学校的操场玩着老鹰捉小鸡，在草地上做着丢手帕的游戏；看着《蓝猫 3000 问》《哪吒》动画片，整天乐呵呵的。

张老师认为，玩不仅是儿童的特权和天性，更是儿童享受生活的一种有意义的状态。玩的积极意义大于它的休闲意义。他还举出了一个生动例子：

有个小男孩，很乖。开学写愉快的寒假生活，其他孩子都在埋头写作文，可他却愣在那儿一脸的痛苦。我问："你寒假到外面玩了吗？"他回答："没有。""寒假爸爸妈妈带你到亲戚朋友家吃过饭吗？"他回答："没有。""有没有亲戚朋友到你家来做客呢？"他还是回答："没有。""你寒假在干什么呢？"他尴尬地说："看书，做作业。"你要让他写寒假的生活，他只能写自己寒假里读过的书。而读后感不是凭借阅读和叙述，它全靠孩子平时积累的思想认识，需要提炼概括文章的能力，需要自然恰当地联系生活和实际的能力，需要议论、抒情和记叙。这些对于小学生来讲，又是最难的。他没有享受到过大年的生活乐趣，没有品尝到寒假生活的丰富多彩，留下的只是单调刻板的作业记忆。试想，没有刻录在儿童头脑中的深深的生活印记，没有亲身经历的感悟体验，寒假生活像一杯冰冷无味的白水，能写出满意的习作吗？没有孩子的玩，这寒假还叫愉快的生活？这书还能读好？

儿童时期是人一生中最该玩的阶段。很多电脑、赛车、模特、航模等的获奖者都是"玩"出来的。

记得有一位私塾先生有事外出，留下"风吹豆角豆角与豆角斗角"的上联让学生应对。学生思索多时，一筹莫展。后来他们来到后山泉水里洗澡，在欢乐的玩耍中，他们忽见泉水冲石头互相撞击，恍然大悟，凑出下联："水中石头石头与石头实头"。这下联对得十分工巧，使老师大喜过望。

洗澡现场的观察，能让学生有所发现，思路大开。可见，当学生遇到疑难问题，不得其解时，需要的不是越俎代庖，而是亲身感受。这种亲身感受是在玩和社会实践中才能实现。联系日常教学，教师应在学生质疑的关键处开启他们的思路，使他们在探索中成为"发现者"。叶圣陶先生说得好："导者，多方设法，使学生能逐渐自求得之。"直截了当地回答学生的问题，取代他们的独立思考，会使其养成不动脑筋的坏习惯，造成思路闭塞，死记硬背。相反，教师用生动形象的语言加以启迪，用直观教学法加以诱导，或带领学生去实地体验，就能够激起学生独立思考的兴趣，使其疑窦顿开。这样学得的知识，才是牢固的真知，这样的教法，才能使学生"得学之乐而耐学之苦"。

亚里士多德说："休闲才是一切事物环绕的中心"，"是哲学、艺术和科学诞生的基本条件之一"。儿童闲暇生活的中心内容必定是"玩"。儿童的玩和专家的闲暇在一点上是相通的，就是让孩子们"在思想放松的前提下"，进入无意学习的状态，"就会碰撞出智慧的火花，撬动深藏的那根神经"，获得一般状态下的课堂所无法享受的学习生活，获得更高的生命价值。

张化万老师在介绍他带的一个班时说，我新接三年级班后，为了丰富孩子们的生活，让每一个人的个性得到张扬的机会和空间。我第一次大规模地推出班级兴趣小组。当我宣布成立各种各样的兴趣小组时，孩子们像过节一样，一片欢腾。我们的兴趣小组，有诗歌朗诵组、故事组、相声组、手工组、书法组、旅游组……其中旅游组受到了学生们的追捧，他们纷纷举手要求参加。

旅游组每组控制在6人左右。旅游组有几项规定：第一，每个人都有去玩的权利。第二，每个人都有向全班汇报的义务，可以轮流安排。一个地方玩过了，介绍一番，说得大家都想去玩，才算成功。第三，旅游小组每次活动，可以邀请家长一起参加。第四，活动要有计划。每周四之前，向老师上报简单计划。经我签字同意后可按计划执行。我没有让学生用写作文的形式来汇报，而是让学生用介绍宣传的隐形写作方式，提高他们的观察表达能力。

一次次活动，让孩子们快乐地享受生活的给予，增长了他们的见识，锻炼了他们的独立组织和协调能力，让他们享受着成长的欢乐。今天想来，真的不可思议。我居然敢大胆放手，让三年级的孩子们独立自主地满世界地玩；居然家长、孩子和学校还都接受，让我进行着。我只能感谢孩子，他们是那样的独立和能干；感谢家长，他们是那样的大度和支持；感谢学校的领导和同事，他们是那样的理解和宽容。没有这些，大概就不会有当时孩子们旅游享受儿时快乐的生活情景。

陶行知先生提倡的儿童六大解放——解放大脑、解放双手、解放眼睛、解放嘴巴、解放时间、解放空间，实现这种解放，健康快乐地玩恐怕就是一种不错的选择。可见，游戏是儿童认识世界十分有效的学习方法和途径，是中小学生身心健康成长的促进剂。

二、游戏的功能

台湾学前教育学者简楚瑛认为，评量一种游戏是否有价值，首先可看看该游戏的内容，有多少机会让儿童活动或思考。在整个游戏过程中，是否能让所有儿童积极参与。另一个标准是这个游戏是否能够让儿童自己评定战功，这个标准，使得儿童游戏的评量不必受成人权威的介入。正确而全面地认识游戏活动的意义和功能，安排内容丰富、积极向上的"玩"，是班级活动中的重要内容，班主任需要从游戏的创意、形式和规则等方面进行周密的思考，以便有效地发挥游戏活动的重要功能。

（一）开发潜能

游戏和学习是一体化的。游戏可以让孩子们多角度地接触生活，认识世界，从而使他们获得对生活的感受，对世界的理解；游戏可以帮助他们获得各种知识、技能、情感体验，并将此运用到生活中去；可以帮助他们形成诸多"换位思考"的人生态度，建立一个科学的世界观和人生观；可以帮助他们明确自己的角色，学会与人合作；游戏可以活化他们的思维，形成创造性的个性品质。因此，教师要科学、合理地安排时间，把游戏安排到班级活动的范围之内。教育离不开灌输说教，但在自我实践中感悟到的认识，远比单纯的说教有效。好奇、好玩是儿童的天性，教师和父母要把孩子们的天性引入好学上进的轨道，促使孩子形成有益于社会的理想、志向和责任感，获得自主发展的内驱力。

游戏可以激活儿童学习的潜能，使他们获得学习的愉悦。有位哲人说过，小孩子不玩是长不大的，只有让他去玩，才能健康地成长。在游戏过程中，老师创设的活动情境，激活了学生脑海里积累的词汇。孩子们描绘得每一个动作、每一个神态都展现了他们的快乐和智慧。

游戏可以促进儿童感知能力的发展。比如老鹰捉小鸡，"老鹰"要想捉到"小鸡"，就需要调动自身的观察力、注意力、思考力、想象力，而且要动作敏捷，反应灵活。而"小鸡"也必须动作敏捷，防止被"老鹰"捉到，这一过程又增加了游戏的趣味性。可以说，游戏发展了儿童的思维、想象、创造等多种能力。

在精心设计的游戏活动中，价值在渗透，知识在运用，能力在提高。玩，不仅满足了孩子们的好奇心，还提供了孩子们学习和了解自己的途径，学会了全方位释放潜能。

（二）点燃激情

游戏是学生认识客观世界、获得身心发展的基本手段。游戏可以使他们回归生活，放开手脚、放开思绪，真情实感得到宣泄。

每天下午5点，小区幼儿园放学后，总有一些年轻的父母和他们的孩子在小区的树丛中，或在绿茵茵的草坪上玩跳绳比赛、老鹰捉小鸡、投沙包等游戏。他们跑啊、跳啊，欢声笑语响遍小区，他们玩得那样尽情、投入。摔倒了，爬起来，任凭汗水挂满脸颊，仍然是乐此不疲，激情满满。孩子们在这些游戏中释放着童真，年轻的父母童心不泯，这热烈、欢乐的场面感染着我。游戏就是孩子的生活，愿我们的老师们永远怀着一颗童心，像这些年轻父母一样融入自己学生的游戏中去吧。把游戏活动纳入班级活动中去，有目的、有计划地组织开展各种游戏活动，丰富学生们的生活。

学生不仅可以在玩中获得快乐，学会遵守规则、与人交往，学会独立思考和解决问题。还可以在游戏中强健体魄，获得劳动的乐趣，学会劳动的技能，让心智得到充分发展。我们应当坚信，淘气的男孩是好的，淘气的女孩是巧的，"玩童"才是健康的儿童。

苏霍姆林斯基说过，人的心灵深处，总有一种把自己当作发现者、研究者、探索者的固有需要。这种需要在小学生精神世界中尤为明显。姹紫嫣红的大千世界，吸引着每一个孩子在他们的心里编织出一个个五光十色的世界。在这些小小的"世界"里闪烁着许多智慧的火花，教育工作者就应该捕捉这些火花，并点燃它们。

（三）融洽人际关系

游戏能够促进儿童社会性的发展。不管是老鹰捉小鸡，还是扔沙包，都是集体活动，连捉迷藏游戏一般需要至少 3 名以上儿童共同合作才能进行。儿童在游戏中结成现实有效的伙伴关系，有利于培养他们的合作精神。有研究表明，伙伴之间积极的社会强化一般出现在自由游戏中，而不是出现在成人组织或设计的活动中。儿童通过游戏中的相互合作，学会与别人友好相处，使他们的心理品质得到发展，这对独生子女家庭的孩子尤为重要。

在游戏中，参与者都要遵守游戏规则，不管是活动的哪一方都自觉尽到自己的职责，开动脑筋使自己的一方取得胜利。这样就能充分培养参与者的责任感和组织协调能力，提高他们的交往能力。另外，在"玩"中教师是学生的伙伴，玩能让教师忘记一本正经高高在上的教育，开始真正平等的师生对话，实现心灵的碰撞。一言以蔽之，游戏可以使班集体人际关系更加和谐，使学生在游戏中互相尊重、友好相处，加快他们社会化的步伐。

（四）健康体魄，磨炼意志

游戏活动虽然需要较大运动量，但是由于学生以此为乐，所以不仅能促进儿童的身体健康，还能促进儿童良好意志品质和心理素质的形成。如果儿童可以做他爱做的事而不受约束，一般的，他不会有多少怨气，也不会故意惹大人生气。游戏中的儿童，既发泄了情绪，又丰富了情感，家长教育也更轻松有效。

在游戏中，儿童也难免遭遇失败，产生挫折感，自信心会受到打击。比如捉迷藏，捉者怎么也找不到藏匿者或者频频被当猫人找到。但儿童都有好胜心，为了继续游戏，他们只能不断克服困难，无形中培养了他们承受挫折、面对失败的勇气，同时也发展了儿童正确评价自我及他人的能力。

（五）有利于创新精神的形成

德国心理学家卡西尔认为，人的本质只存在于人不断创造文化的辛勤劳作中，因此，真正的人性无非就是人的无限的创造性活动，人只有在创造文化的活动中才成为真正意义上的人。赫伊津哈却认为，游戏是文化的基础，文化是游戏的产物。人类早期的许多发明有很多是被作为玩具来构思的，发明往往在游戏中产生。班主任把游戏纳入教学，既增加了乐趣，体现了对学生人格、自由的尊重，又发挥了游戏价值导向的作用。在游戏中，学生摆脱了外在的目的和压力，完全沉迷于游戏，并产生一种愉悦的、积极的情感体验。这种自由、体验、主体精神在游戏中体现出来，恰恰是学生创新精神形成的肥沃土壤。

阅读文献：

活动设计范例：

例一：

天更蓝，水更清，地更绿

王家场小学二年（2）班　孙玥

一、时代背景分析

如果不注重水资源保护，地球上得到的最后一滴水将是人们的眼泪。

这是世界水资源现状对人们的严重警告。目前，环境恶化程度已经远远超过了我们的想象。温室效应、全球气候变暖、土地沙漠化、垃圾泛滥和固体废物污染，能源和资源濒临枯竭。尤其近几年来，罕见的自然灾害频繁发生，环境问题引起全球的关注。我国云南地区罕见的旱情更说明我国的环境问题同样不容小视，而环保意识应该从小培养，环保更是需要世世代代、老老少少的共同努力。

二、设计理念

1. 情感德育理念：通过环境保护的宣传教育，让学生意识到保护环境是势在必行的事情，把保护环境作为自己的义务。

2. 生活德育理念：紧紧围绕学生的现实生活寻找素材，选择德育方法。

3. 自我教育理念：通过一系列的实践活动提高环保意识，把环保作为一项一生的义务来履行。

三、教育目标

1. 现实目标：让学生感到环境问题不可忽视，行动起来，从自身做起，从身边的小事做起，保护环境。

2. 情感目标：从小培养学生的责任心和公共意识，不能总以"自我"为中心，应该以"发展"的眼光看问题。

四、前期准备

1. 以小组为单位搜集目前环境问题的资料（文字、图片、视频）。

2. 各小组出一期以"环保"为主题的手抄报，班会进行展示。

3. 做环保小卫士，开动脑筋想一想如何保护你身边的环境和资源。

五、活动方式

1. 资料袋展示，展示自己搜集的资料。

2. 讲一讲身边的环境。

3. 开动脑筋想金点子。

4. 利用身边的废物发明创作。

六、活动过程

第一部分：资料展示，了解我们生存的地球

第一步：幻灯片展示祖国的壮美山河：万里长城，广阔无垠的草原，醉人的杭州西湖，迷人的苏州园林，九曲黄河……

目的：让学生感受祖国山河的壮美，激发热爱祖国的情感，与后面遭到破坏的环境形成对比。

出示对比图片：被游人污染的杭州西湖，满是垃圾袋、水量递减的黄河，被船污染的河流（激起学生心中的惋惜，想把美好的山水还原的想法）。

第二步：学生展示自己搜集的图片：温室效应，全球气候变暖，土地沙漠化，垃圾泛滥和固体废物污染。（边展示边讲解图片的来源）

目的：让学生亲自感受环境的恶化带来的严重影响

第二部分：我知道的环保故事

《小敏的期待》………………………………………… 王晶

《干渴的山村》………………………………………… 刘瑞

《月亮对地球说》……………………………………… 赵欣然

目的：用故事这种最贴近孩子的方式使学生了解当前的环境

第三部分：表演

小品——《我家的节水日》

诗朗诵——《绿色是什么》

第四部分：我的金点子

小发明展示：节水水龙头（小发明家进行展示）

第五部分：废品再利用（分小组将自己的环保小想法搜集上来，进行展示）

第一组：可以用CD盒，将两个CD盒粘在一起，然后用卡纸剪出像两个CD盒那么大的纸，再在那张纸的中间剪出你喜欢的图案，放上相片，粘到CD盒上，最后在背面挂上一根铁链子。

第二组：用废旧的牛仔裤制作环保袋（最好是废旧的热裤）。

将裤腿缝制起来，用牛仔背带裤的带子缝在上面，还可以加一些彩绘（这样的环保袋既富有个性，独一无二，又有现成的口袋在上面）。

第三组：准备保鲜膜、剪刀、铁丝衣架、针、线、裁纸刀。首先用剪刀从保鲜膜盒儿的一端六七厘米处剪下一段，只剪盒盖儿。然后，把粘在盒盖儿上的锯齿刀，轻轻的揭下来，把锯齿刀压平，再把刚才的纸片对折，把锯齿刀片放在对折好的纸片里，露出刀片，我们的东西就做好了。拿一个纸条试试，很容易就割开了，你还可以用这个小刀切豆腐和打开零食袋，非常方便。

第六部分：由各小组的组长宣读倡议书，并制订成班规

同学们：人类只有一个地球，它是生命的摇篮，是人类共有的家园。环境污染与生态破坏，已经对人类的发展和人们的正常生活构成了现实威胁。爱护环境，崇尚文明，无疑是人类自身的道义和责任。为了牢固树立同学们的环境保护新思想、新道德、新风尚，保护我们美好的家园，我们发出如下倡议：

1. 提高环保意识，自觉、认真学习课内外环保知识；

2. 奉献环保爱心，加入环保行列，保护水源环境；

3. 爱护环境卫生，不乱丢乱吐，不乱涂乱画；

4. 节约用水，一水多用，别让生命之泉空流；

5. 节约用纸，珍惜森林资源；

6. 节约用电，不过早开灯，人走灯熄；

7. 珍惜资源，物尽其用，一物多用；

8. 推动垃圾分类回收，让垃圾变成资源；

9. 要使用环保产品，减少环境污染；

10. 旧物巧利用，让有限的资源延长寿命；

11. 爱护绿化，不摧残花草树木；

12. 人人尽力，避免噪音，共创宁静环境；

13. 认"环境标志""绿色食品标志"，保障自身健康；

14. 买无公害食品，维护生态环境；

15. 自备餐具、购物袋，减少白色污染；

16. 拒吃野生动物，不买野生动物制品，善待生命；

17. 关心大气指数，倡步行，骑单车，支持公共交通；

18. 做环保志愿者，积极参与环保宣传及其活动；

19. 维护绿化，认养花树，争做绿色环保小卫士；

20. 积极行动，保护环境，让绿色永驻大地。

心动不如行动，让我们携手努力，从现在做起，从身边一点一滴的小

事做起，行动起来，保护环境，珍惜生命，让绿色永驻地球！

总结：同学们，环境问题已经不得不引起我们的关注了。环保是一种美德，应该成为我们日常生活中的一种习惯，不仅我们要有环保意识，也应该教育我们身边的每一个人。老师希望看到你们的一言一行，希望环保从我们班的每一位同学做起，从我们身边的一点一滴做起，让我们二（2）班成为一个"环保班级"，人人成为"环保小卫士"。

例二：

生存大挑战
——学会合作
苏林

一、活动理念

初中生正处于青春早期，他们的自我意识逐渐发展，独立意识日益增强，不再像儿童期那样依赖父母，同伴的看法和意见在他们的生活中显得越来越重要。他们重视自己在群体中的地位，有与同伴合作的愿望。但是，身为独生子女他们又缺少与人合作和分享的经验。至于如何在一个集体中发挥自己的作用，承担不同角色的义务，对于他们来说更是一个难题。因此，本次活动旨在通过创设生动的情境，引导学生体会合作的重要性，感悟成功的喜悦。

二、活动目标

1. 让学生懂得只有合作才能克服困难，认识合作的重要性，培养其合作精神。

2. 让学生明确有序、互助、信任在合作中的重要意义，初步学会合作。

3. 让学生充分体验合作带来的愉悦感，从心理与情感上认同合作。

三、活动准备

1. 分组准备：全班学生分为4组，每小组选出组长。在每轮游戏中，由组长安排4人作为选手参赛，其余同学可以适当协助。参赛选手可以替换，具体事宜由组长负责。

2. 场地准备：将课桌按组重新排列，分为4个区，空出中间地带。

3. 器材：窄口烧瓶4个，带细线乒乓球16只，蒙眼布4块，奖状6

张，计时表4块，多媒体设备、课件。

四、活动过程

（一）导入——折筷子

1. 同学们，你们看我手中有一根筷子，你能把它折断吗？两根呢？（请学生上来尝试）

2. 谁能一下子把10根筷子折断？（让学生尝试）

3. 大家都看到了什么？（生回答：一根筷子很容易被折断，而10根则很难）从这里我们可以明白什么？（让学生回答，此环节要引导学生联系自己的生活实际）

4. 教师小结：正如大家所言，人多力量大。今天，我们各小组就来真正体验一下合作的威力。我们每个小组就是一只"探险小分队"，前往一个孤岛进行探险，在探险的过程中大家将遇到各种麻烦，稍有不慎就会有"丧命"的危险，这也算是一次生存大挑战。看看哪个小组能更好地发挥集体的力量，以良好的合作赢得这场"生存大挑战"的胜利。

（二）游戏"生存大挑战"

游戏说明：挑战共分3轮，每一轮单独评奖。

挑战一：密室脱险

探险队员在小岛上探险，他们发现了一个密室，正在察看，这时"哗"的一声响，不知从哪里涌进水来，密室只有一个小出口，仅容一人通过。水势十分凶猛，必须尽快通过，否则……

游戏规则：窄口烧瓶内放置有4个带线乒乓球，要求4名选手以最快速度将各自的乒乓球全部取出来。老师发出"预备——开始"口令后，4个小组同时进行，最先全部取出乒乓球顺利脱险的小组获得比赛胜利。

游戏分享：

1. 接到任务以后，你们组做了哪些准备工作？

2. 在刚才的挑战中，有一组队员不幸全部"葬身水底"，让我们对他们表示同情。为了"悲剧"不再重演，我们需要思考一下，是什么原因导致了他们的失败？

3. 我们也有全组顺利逃生的勇士，总结一下经验（为什么他们能如此快速地让全组人都安全逃出？在这次胜利中，最重要的原因是什么），确保下一次能够同样幸运。

4. 老师注意到每一个小组都有一位最后逃生的组员，他们往往是最容易遇到危险的，能不能请这些同学谈谈当时的情况和自己的感受？

总结颁奖：在刚才的游戏中，有组织有秩序的小组基本上都顺利地实现了脱险。在这个环节中，X组表现最好，各个成员顾全大局，以团队利益为重，最迅速地实现脱险。在此我宣布X组为"密室脱险"挑战中表现最优秀的队伍，并授予X组"最无私协作团队"称号（发给相应奖状）。

挑战二：火海逃生

刚刚死里逃生的勇士们还在继续探险，进入一片小树林后，小树林突然燃烧起来，许多树相继倒下，有2名队员伤到了腿，而另2名队员则被熏伤了眼睛。火势越来越大，他们必须迅速离开……

游戏规则：每个组选出4名同学，2名同学用布蒙着眼睛，再分别背上另2名同学。2人一小队，蒙眼的同学在自己背上同学的指点下通过一个有障碍物的过道（教室中间的空地上，错落放上书本，两端画上线）。一组分成2个小队，分别站在过道的两端，进行接力，每一组分别计时，即时公布成绩。最快完成一个来回者胜出，最慢的组认定为"全体牺牲"。

游戏分享：

1. 各组是用怎样的方式、依据怎样的标准来挑选队员的？

2. 获胜组同学现在的心情怎样？能不能向大家介绍你们获胜的秘诀是什么？

3. 我们又有一组同学"全军覆没"。能不能谈谈是什么因素影响了你们的速度？如果再给你们一次机会，你们会怎么做？

总结颁奖：每个人都有自己的长处，也有自己的短处，我们在合作中应该取长补短，在团队中发挥自己最大的作用。在刚才的比赛中，某组成员密切配合，最大限度地发挥了自己的力量，使团队取得了胜利。我们将"最佳配合团队"的称号授予他们（发给奖状）。

挑战三：悬崖获救

勇士们闯过了一关又一关，曙光在前，就在此时，前面出现了一道悬崖。接应的人们在下面张开了巨网，可以确保万无一失。这时，需要的是跳崖者的信任与勇气……

游戏规则：小组中选出 2 人充当"跳崖者"，再挑选 8 人手挽手组成接应网兜。要求"跳崖者"站在课桌上，背向接应者，在口令发出后笔直向后倒下，接应者稳稳将其接住（游戏开始前教师讲解注意事项）。2 名同学依次进行，4 组同时开始，最快、最标准完成任务者胜。

游戏分享：

1. 各个小组的"跳崖者"是怎样产生的？

2. 选手们向后倒下的时候心里在想什么？被接住时呢？

3. 接的人是不是愿意来接呢？接的时候心情如何？

总结颁奖：任何一项成功的合作，同伴之间的相互信任是基础，没有信任也就没有合作。有位同学刚才告诉我，倒下时一点也不害怕，因为他相信接自己的同学。被接住的一刹那，他感觉到自己很幸福，很有依靠。的确，信任和被信任都是幸福的。在刚才的环节中，我觉得所有的团队都是优秀的，大家都是"最充满信任的团队"（发给奖状）。

（三）巩固、放松

现在这些"勇士们"来到了我们中间，再请他们谈谈自己的感想，谈谈他们在生死线上学习到的宝贵经验。

教师总结：只有合作，大家才能发挥出巨大的力量。困难的克服必须依靠成功的合作，而成功的合作则需要成员之间的相互信任，需要成员充分发挥个人的积极性、主动性和创造性，同时也需要成员懂得以整体利益为重。

探险队员们经历了重重艰险，终于完成了任务。他们无私、信任、协作，体现出良好的合作精神，他们都为自己有这么好的同伴而高兴。（《思想理论教育》，2006 年第 04 期下半月）

第四节 纪念日活动

　　根据纪念日组织的班级活动还不多，即便是组织活动，其活动的范围也多集中在雷锋纪念日、教师节、清明节、中秋节。许多重要的纪念日仍关注不够。为此，笔者把一些重要纪念日提供给广大班主任，希望给大家一个参考。

一、纪念日及其类型

　　纪念日是历史传承下来的，基本固定在某一时间的，具有特定主题内涵的社会活动日。纪念日有以下四种类型：

　　1. 革命纪念日

　　在中国人民长期的革命斗争中，形成了许多值得纪念的日子，成为中国人民心中的骄傲和中国革命史上的光辉一页。这些纪念日，激发着中国人民的爱国热情，鞭策着青少年奋发前进。革命日子包括"二七"大罢工、"二·二八"台湾人民起义、"三八"国际劳动妇女节、"五一"国际劳动节、"五四"中国青年节、"七一"中国共产党诞生纪念日、"八一"中国人民解放军建军节、中国人民抗日战争胜利纪念日（9月3日）、"十一"中华人民共和国国庆节等伟大事件的纪念日，也包括像周恩来、孙中山、毛泽东和许多革命家、科学家的诞辰纪念日。

2. 建设纪念日

建设纪念日指的是在我国和平建设时期，因为一些值得纪念的具体事件而被固定下来的纪念日。如学雷锋纪念日（3月5日）、植树节（3月12日）、儿童节（6月1日）、世界环境日（6月5日）、教师节（9月10日）等。

3. 民俗纪念日（有人称传统节日）

我国历史悠久、文化积淀丰厚，形成了许多以反映我国人民对美好生活向往和追求的民俗纪念日。这些纪念日传承了中华民族的优秀文化传统和丰富的文化内涵。如春节（农历正月初一）、端午节（农历五月初五）、中秋节（农历八月十五）、清明节（农历四月初五）、重阳节（农历九月初九）等。许多少数民族也都有自己的民俗纪念日。

4. 国耻纪念日

国耻纪念日是我国近代史上遭受帝国主义列强凌辱、给我国人民留下心灵伤痛的日子。如《马关条约》签订纪念日（4月17日）、"二十一条"签订纪念日（5月9日）、卢沟桥事变纪念日（7月7日）、《南京条约》签订纪念日（8月29日）、《辛丑条约》签订纪念日（9月7日）、"九·一八"事变纪念日、圆明园被焚纪念日（10月18日）、《北京条约》签订纪念日（10月24日）、台湾被割占纪念日（10月21日）、"南京大屠杀"纪念日（12月13日）等。

这些纪念日都有一个形成的过程，都包含了丰富的历史背景和文化内涵，是组织开展纪念性班级活动取之不尽、用之不竭的生动素材。班主任要给予高度的重视。

二、纪念性班级活动及其特点

利用传统节日（可称纪念日）进行传统教育是班队教育的重要内容。摸索传统教育的规律，保证教育内容的稳定和落实，并把教育情况同教师、班级、学生的考核结合起来，是思想品德教育的一个重要课题。湖北潜江市实验小学陈涛涛老师针对十一个纪念日设计的活动对我们很有借鉴意义，故录后供班主任们参考：

节日名称	活动内容和形式
元旦	(1) 让学生通过父母或实地调查了解各条战线的建设成就。 (2) 联系实际谈谈家乡的今天、明天、未来，开展"争时间、勤学习、树理想"的活动。
春节	(1) 开展禁赌和移风易俗活动。 (2) 参加慰问烈军属春节文娱活动。
3.8 国际劳动妇女节	(1) 开"夸夸我的妈妈"小队会。 (2) 开展"我是妈妈的好帮手"活动。
3.12 植树节	(1) 以中队为单位，开展"争当绿化、美化校园设计家"的活动。 (2) 在家或学校每人种植一棵树或一盆花。 (3) 开展"人人参加'保护一棵树，护好一片林'"的活动。
4.5 清明节	(1) 以年级为单位祭扫革命烈士墓。 (2) 开展"讲'英烈故事'、学'英烈人物'"活动。
5.1 国际劳动节	(1) 用自己设计制作的慰问品，慰问劳动模范。 (2) 开展一次"劳动最光荣"的主题班队会，夸夸身边各行各业的劳动人民。
5.4 青年节	(1) 开展和当代优秀青年（战斗英雄、体坛健儿、改革模范）通信活动。 (2) 开一次"勇敢者的道路"的班队会。
端午节	(1) 以中队为单位组织春游，集体野餐，纪念爱国诗人屈原。 (2) 系统了解荆楚之地历史发展过程，树立长大报效祖国的信念。
6.1 儿童节	(1) 以中队为单位，召开"我和三毛比童年""社会主义好"等主题队会。 (2) 开展"争做小主人"的活动。
7.1 中国共产党生日	(1) 大队部举行一次"党在我心中"的歌咏会或诗歌朗诵会。 (2) 举行"党啊，妈妈，请听我说心里话"的小型口头作文比赛或举办党和国家对青少年一代的关怀和厚爱的展览。

续表

节日名称	活动内容和形式
8.1 建军节	(1) 开展拥军优属活动，为烈军属做几件好事。 (2) 学生自己动手给边防战士写慰问信。
9.10 教师节	(1) 组织学生进行"我爱老师"的征文比赛。 (2) 自办"老师我爱你"的黑板报。
重阳节	(1) 大队部组织参观市福利院，并把温暖通过自己的双手送给孤寡老人（叠被子、倒茶、扫地）。 (2) 以小队为单位，比一比，看谁尊敬老师、孝敬父母、团结同学做得好。
中秋节	(1) 开展庆丰收活动。 (2) 组织诗歌朗诵会。
10.1 国庆节	(1) 图片"旅游"的队会（收集有关祖国各地的自然风光、旅游胜地、历史名城、工业重镇）。 (2) 以"祖国在前进"为主题办一期庆祝专刊。 (3) 举办有关"国旗、国徽、国歌"的小型知识竞赛。
10.13 建队纪念日	(1) 帮助一年级同学建队。 (2) 举办"我爱红领巾"知识竞赛。 (3) 召开"光荣的红领巾"故事会

纪念性班级活动是在某一纪念日当天或提前几天，围绕该纪念日特殊的历史背景、文化内涵和主题。紧密配合时代要求，联系学生思想品德实际，以班级为单位组织的活动。纪念性班级活动是对青少年进行以爱国主义教育为核心的思想品德教育的有效途径之一，有如下特点：

1. 活动素材的丰富性

每个纪念日的含义十分丰富，特别是近现代的纪念日，基本上形成于某一重大历史事件，这种源于历史的一个特定日期发生的历史事件，包含着这个时期相当长的革命历程。其中不仅有丰富的文化内涵和史料，还体现了与之同在的伟大人物的革命经历、时代精神和思想品德，成为组织纪念性班级活动的非常有价值的素材。在组织活动时，若能将其与祖国的发展壮大和时代精神紧密结合，教育效果会更加明显。

2. 活动主题的深刻性

纪念日向我们提供了组织纪念性班级活动的深刻主题。如革命纪念日、建设纪念日体现了伟大的革命精神和革命者的伟大情怀；革命志士、爱国英雄、杰出领袖和科学家、艺术家的纪念日则体现了他们的伟大功绩和崇高品德；即便是国耻纪念日也是我们时代的一面明镜，它可以激发我们发愤图强、自强不息。

3. 活动目的的传承性

继承革命传统，弘扬爱国主义精神是设立纪念日的目的，也是组织班级活动的重要任务之一。纪念日的特定时间和与之相联系的特定主题，无疑是我们民族革命传统的里程碑！利用纪念日开展班级活动，会使每位同学认识到个人的前途与国家的命运是紧密联系在一起的，应该继承革命传统，发扬爱国主义精神，为四化大业奋斗不息。

三、组织好纪念性班级活动

纪念日是民族精神的反映，是开展爱国主义教育、革命传统教育和思想道德教育的好教材。若能紧密联系学生的实际，找准开展纪念性班级活动的切入点，一定会取得良好的教育效果。具体地讲，应当注意以下几点：

1. 充分利用纪念日自身的主题

每个纪念日都有特定的主题，它是对我们组织好班级活动应达到目标的昭示。但是，由于纪念日本身的丰富性和深刻性，要求我们必须抓住其中最能与学生思想实际相结合、最有教育意义的某一点，确定班级活动的主题，并围绕主题提出问题。如提高民族精神这一主题，为了帮助全班同学了解新中国成立前后发生的重大事件，激发他们的责任感和爱国热情，一位班主任围绕这一主题，开展了一个《编写中华人民共和国成立纪念册》活动。发动学生每人至少收集一件有关新中国成立前后的重要事件的资料，先是布展在教室里，到"七一"那天的班会上由学生亲自介绍资料的意义，最后装订成册。这个活动，通过让学生动手、动口、动脑，把爱国主义教育这一主题熔铸在他们的精神世界中，是那么自然又富有哲理。

2. 深入了解纪念日的历史背景

了解纪念日的历史背景和事件的发展过程，对于深化纪念性班级活动的主题和意义具有重要作用。如组织一次纪念"五四"青年节或开展一次团日活动，首先要组织学生深入了解为什么在 1919 年 5 月 4 日会爆发反帝反封建的伟大革命运动，以及事件发展的过程：

1919 年 5 月 4 日，北京市几所高校的青年学子，冲破军警阻拦来到天安门集会，高呼"外抗强权，内惩国贼""还我青岛""取消 21 条""拒绝合约签字"等口号，一致要求严惩卖国贼。会后举行浩浩荡荡的游行和罢课，遭到了反动政府的野蛮镇压，进一步激起了全国各界反军阀的怒潮。上海、北京、天津等许多城市工人相继罢工和示威游行，商人罢市，声援学生运动。

了解了"五四运动"的历史背景和发展经过，在活动中就更能激发学生的爱国热情，培养学生的民族精神。

3. 适当联系与纪念日相关的人物

大多数纪念日与历史人物的活动分不开，在纪念性班级活动中，适当联系这些人物同样可以深化爱国主义教育。一位班主任在纪念"中国共产党诞生纪念日"时，为了丰富学生的党史知识，激发学生爱党、爱国的热情，组织了一次"我为前辈立传"的纪念性班级活动。发动全班同学重点收集前辈的生平事迹，特别是大家不太熟悉的前辈，然后写一篇先烈的传记。同学们积极性很高，他们深入图书馆、跑历史博物馆、走访先烈家属，到"七一"那天，一篇篇抄写工整的先烈传记张贴在教室的墙壁上，并在主题班会上以激动的心情介绍了各自收集的先烈事迹和感悟。可见，这位班主任抓住了这样一个既能调动学生积极性、又能进行自我教育的切入点，丰富了学生的党史知识，深化了学生的爱国情感。

4. 运用好纪念活动的仪式

学生可以通过纪念日仪式实现独特的社会性学习，使他们在仪式过程中获得价值认知，产生一种自我的持久影响力。中小学德育的根本目的，就是要培养他们符合时代要求的、成熟的价值观和行为习惯，从而帮助他们完成社会化过程，使其将来能够以健全的人格、饱满的精神、积极的态度参与到社会主义建设事业中去。因此，通过纪念日仪式的策划、组织、实施，开展学生的思想政治教育，具有特殊的意义。

纪念日仪式的设计需要抓好以下几个环节：

一要确立学生在纪念日仪式中的主体地位。在仪式中，不能把学生当作一种凑人数的"配件"，以免让学生无法获得心理的共鸣或情感的升华。纪念日仪式活动中，只有让学生真正成为主体，才能发挥其主动性、积极性和参与性，学生才会把仪式所需要传递的内容纳入自身的体会、认知和思想行为之中。

二要充分反映纪念日的真实文化内涵。纪念日仪式是文化的表达方式，不同的纪念日仪式，应有不同的展现形式。根据纪念日的文化内涵设计仪式的要素和环节，还原纪念日文化的真实面貌。但是，在很多学校，各类纪念日的仪式往往千篇一律。还原纪念日的文化真实，需要根据纪念日的内容、意义，设计好仪式的组织、参与和表达方式，既要通过仪式本身反映纪念日的本来面貌，也要让参与者认识、感受到纪念日的意义和价值。如重阳节的文化内涵是敬老，中秋节的文化内涵是团圆、和睦、亲情，学雷锋纪念日的文化内涵是服务、行动、实践，艾滋病日体现的是科学、责任和关怀。

三要建构合理的情景模式。纪念日仪式是对学生进行的一种情景化教育，其主要目的是透过纪念日仪式来体现、承载、传递特定的价值观念，从而对参与者产生明显的价值导向作用。班级活动应根据学生发展阶段的特殊性，结合学校德育总体要求和具体环节，有选择、有计划、有侧重地开展仪式教育活动。尤其是在仪式的准备、组织、构思、实施等环节的设计中，从内容到形式都要符合参与者的身心特点和主体要求。在仪式过程中，要有目的地引导，以使学生最终能进行模仿、学习、自我约束和自我要求，并在以后的成长道路上继续升华和强化。

四要层次分明，突出特色。纪念日仪式教育不能频繁使用。不同的纪念日仪式，举办的层次和方法都应有所不同。有的是全校性的，有的是年级性的，有的则可由班级自行组织。一所学校，以教育方式举办的纪念日仪式规模应当是恒定的，甚至应纳入校志日程表，从而成为学校文化的固定内涵。同一纪念日内容，不同的学校其举办方式也应当结合自身特色而各有所长。如果纪念日仪式的举行既无层次也无特色，则会丧失其教育功能，甚至会适得其反。

阅读资料：

例一：重要纪念日一览

革命纪念日

1. "二七"大罢工纪念日（2月7日）

2. 台湾省人民"二·二八"起义纪念日（2月8日）

3. 周恩来诞辰纪念日（3月5日）

4. 国际劳动妇女节（3月8日）

5. 巴黎公社纪念日（3月18日）

6. 国际劳动节（5月1日）

7. 中国青年节（5月4日）

8. "五卅"运动纪念日（5月30日）

9. 中国共产党诞生纪念日（7月1日）

10. 中国人民解放军建军节（8月1日）

11. 中国人民抗日战争胜利纪念日（9月3日）

12. 中华人民共和国国庆节（10月1日）

13. 辛亥革命纪念日（10月10日）

14. 中国工农红军长征胜利纪念日（10月19日）

15. 中国人民志愿军抗美援朝纪念日（10月25日）

16. 十月革命纪念日（11月7日）

17. 孙中山诞辰纪念日（11月12日）

18. "一二·九"运动纪念日（12月9日）

19. 毛泽东诞辰纪念日（12月26日）

国耻纪念日

20. 《马关条约》签订纪念日（4月17日）

21. "二十一条"签订纪念日（5月9日）

22. 卢沟桥事变纪念日（7月7日）

23. 《南京条约》签订纪念日（8月29日）

24. 《辛丑条约》签订纪念日（9月7日）

25. "九·一八"事变纪念日（9月18日）

26. 圆明园被焚纪念日（10月18日）

27. 《北京条约》签订纪念日（10月24日）

28. 台湾被割占纪念日（10月21日）

29. "南京大屠杀"纪念日（12月13日）

建设纪念日

30. 元旦（1月1日）

31. 雷锋纪念日（3月5日）

32. 植树节（3月12日）

33. 儿童节（6月1日）

34. 世界环境日（6月5日）

35. 教师节（9月10日）

传统纪念日

36. 春节（农历正月初一）

37. 清明节（4月5日）

38. 端午节（农历五月初五）

39. 中秋节（农历八月十五）

40. 重阳节（农历九月初九）

少数民族传统纪念日

41. 泼水节（傣族，傣历六月）

42. 望果节（藏族，谷物成熟之际）

43. 那达慕大会（蒙古族，7～8月）

44. 丰年祭（高山族，秋收后满月之日）

（录自杨向阳、陈钟梁编著的《纪念日活动指导》，杭州大学出版社，1992年9月第1版）

例二：活动设计范例

节假日：学生生命成长的节点

江苏省常州市局前街小学 许嫣娜

目前，节日活动的内涵和外延都得到了极大的拓展。各种具有重大纪念意义的日子在拓展学生生活的空间、发展学生的社会性方面起了重大作用，成为学生生命成长中的一个个节点，也就是转折点、变化点、发展点。

一、行动

（一）细心梳理，使节假日价值清晰化、结构化

从教育价值的角度充分解析当前的所有节假日和一些具有纪念意义的日子，深入挖掘每一个节日指向学生发展的真正价值，将这些节日资源进行教育意义上的划分。（见表1）

表1 节假日分类及目标

节日分类	目标（学生角度）	代表节日
民族节日	了解每一个节日的来历、风俗，并能试着说一说。参与社会中的各种民俗活动，感受民族文化的丰富多彩，源远流长，热爱自己的民族。	端午节、清明节、中秋节、重阳节、元宵节等。
生态节日	了解每一个节日的由来，并能自己策划、宣传、参观，以实际行动保护生态环境，从小树立生态意识。	植树节、环保日、爱牙日、护眼日、世界水日等。
纪念节日	了解每一个节日的纪念意义，并能用各种方式表达，从中感受祖国的日新月异，热爱自己的祖国；要有一颗美好的心灵，树立正确的价值观、人生观。	建军节、国庆节、党的生日、雷锋日等。
娱乐节日	了解每一个节日的故事，积极策划愉快又有意义的庆祝活动，并能主动参与。在活动中增长智慧，学会合作。	儿童节、元旦等。
情感节日	了解每一个节日的由来，感受社会给予自己的关爱，培育感激之心。能自主策划"爱心活动"，用积极的行动回报社会。	妇女节、母亲节、父亲节、教师节等。
假日活动	能自主策划丰富有益的假期活动，并有计划地安排活动，在多样化的活动中亲近社会，开阔视野，积累学问，增长见识。	寒假、暑假等。

（二）精心策划，使节假日活动序列化、层次化

从学生发展的角度精心设计所有的节假日活动，打通各个节日的文化联系，形成校本化的节日年历，使节日内涵深入人心。同时，根据学生的年龄特点，制订不同的活动目标，加强选择性，使小学六年的节假日活动整体作用于学生的生命成长。

在活动设计的过程中，要特别关注以下两点：

1. 每一个节日都具有重复性，学生在小学生活中将经历 6 次同样的节日，因此，策划时不仅要注重节日内涵的一贯性，还要注意对节日的多主题解读和设计。（见表 2）

表 2　国庆节六年级主题活动设计

年份	第一年	第二年	第三年	第四年	第五年	第六年
主题	国旗、国歌	读史（一）	读史（二）	爱国英雄（一）	爱国英雄（二）	我是小龙娃

2. 每一阶段的学生都有独特的发展需要，一方面教师要立足学生的发展需要，同一节日在不同年级有不同的目标；另一方面，可以有针对性地在某个年级开展某个节日活动。例如，四年级组长与大队部合作策划的"我 10 岁了——暨妇女节庆祝活动"，先后安排了"写信诉衷肠""爱心早餐""亲情按摩"等活动，催开了孩子们的感恩之花。

（三）创新变革，使节假日评价多元化、过程化

促进学生发展的是活动过程本身，而教师的评价对学生的发展具有重要的导向作用。因此，要尤为重视评价的过程性和多元性。

首先是搭建三级学生展示平台。第一级平台是个体展示。学生在老师的引导下，用自己喜欢的方式记录自己的活动过程。如照相、写日记、画画、记录袋、表演、演讲等。第二级平台是班级展示。班主任老师利用班队活动和综合实践活动课，组织学生进行交流，让学生互相学习，彼此欣赏。第三级平台是学校展示。各个年级、各个班级选出代表，通过国旗下讲话、红领巾电视台等载体进行全校展示，使优秀的活动资源得以推广。

其次是完成学生节假日活动手册的开发。学生菜单式节假日活动手册是全新的评价模式，它给学生提供了充分的选择和记录空间，把整个活动过程本身都纳入到评价中来。（见表 3）

表3 阳光手册——小龙娃暑期活动指导评价手册

栏目	内容
阳光封面	用丰富的图片凸显标题,调动学生对手册的积极情感。
阳光寄语	告知手册的作用,祝福学生度过一个快乐的暑假。
阳光说明	说明手册的使用方法,都助学生学会正确地使用手册。
阳光菜单	分成活动名称、活动内容、参与方式、评价方式四大版块,介绍暑假中开展的活动,让学生自主选择。
阳光计划	指导学生根据阳光菜单,制订暑期活动计划表。
阳光展台	引导学生分成不同板块展示自己的活动过程,与同伴分享。
阳光评价	分成自评、家长评、教师评三栏,用评语和学分两种方式评价。

最后是拓展多向评价参与途径。评价不应由教师一人评定,让学生、同伴、家长、教师、社会共同参与到评价中来,多用鼓励式和启发式的语言,让学生在生生互动、师生互动、家校互动、社会互动的过程中获得成长。

二、思考

一年多的实践下来,我从越来越多的学生发展案例中感受到节假日的教育意义。

(一)立足学生生命成长的独特性,看待每一个节假日的节点意义

每个人都从生命深处发出呼喊:"我需要成长,我渴望发展。"这种声音带有学生个体独特的价值追求。每一次节假日活动,学生都要参与,产生了更多具有个人意义的"第一次",对节假日积淀了温润的情感基础。

下课了,四(6)班的小陶同学大喊着"吃元宵喽"。因为今天学校的"龙娃闹元宵,猜谜长智慧"元宵节庆祝活动,安排了中午吃芝麻馅元宵的内容,同时,每个年级都有一名同学会吃到"红枣馅"的元宵,从而成为幸运的"幸福元宵大使",利用红领巾广播的时间为全校同学送出祝福。自11点45分起,各种欢呼声从不同的楼道里响起。小陶居然也吃到了那个幸福的元宵。在随后的祝福派送中,他的表达很不连贯,所有的人都以为是"激动的原因"。一天后,班主任王英老师告诉我:"小陶本来对学习有强烈的畏难情绪,从来不愿意主动发言,经常不做作业,但是这次电视讲话改变了他。同学们羡慕的目光以及他自己被幸运催生的幸福感让他变

得自信了，昨天的家庭作业都做了，今天上课居然发言了。"

从小陶同学的变化中，我们看出人的发展不仅有连续性——不断积淀起来的因素，而且有非连续性——偶然的经历、突发的事件彻底改变原来平静的生活，使一个人面对新的开始，全身心地投入其中；这一被"唤醒"的感觉，将彻底改变一个人。节假日活动使更多的学生在参与中、在与一个个"你"的对话交流而非对"他"者的旁观中，生命体验得以更加深刻和丰富，自我得以更好地形成和发展。

（二）立足学生生命成长的连续性，看待每一个节假日的节点意义

学生的生命是一个连续的发展过程，由一个接一个的"过去""现在"和"未来"串联而成。如果把每一个纵向意义上的节点串联起来，就形成了一条学生生命意义上的成长链。

学校的《阳光手册》已经连续推行了两年，我们把一年前同一年后学生的手册放在一起对比，发现学生的成长显而易见。一年前，学生的过程记录主要以图片和一篇总结性的文章为主，一年后，学生的过程记录更为丰富，有的是插图配解式，有的是日记串联式，有的是成果展现式；一年前，学生的活动计划主要以作息时间为内容，一年后，学生的活动计划涵盖的内容多了，有作息时间，有锻炼计划，也有具体某一活动计划；一年前，学生的活动大多以个体的方式参与，一年后，学生的活动方式开始触及小队、社区；一年前，学生、家长的评价大多以一两个字结束，一年后，学生、家长开始更深刻地认识到活动的价值，评价也更为独特、丰富。

由于节假日在客观上的重复性，让学生在连续的情境下不断反思重建，从不会策划到学会策划再到主动策划。回顾过去，学生总结思考；注目现在，学生体会精彩；展望未来，学生充满期待。

（三）立足学生生命成长的整体性，看待每一个节假日的节点意义

学生作为一个完整意义上的人，其发展是多方面的。节假日蕴含的育人价值尤为丰富。

在"龙娃端午别样情，粽香弥漫感恩心"的端午节系列活动中，学生有了主动策划节日活动的意识。一部分三年级的学生组织了解端午文化的活动，知道端午节的别称是"爱国节"，通过阅读大诗人屈原的故事感受

到端午节飘逸着浓浓的爱国之情。而此时，汶川地震刚刚过去一个月，孩子们马上就策划了"为子弟兵送端午祝福"的活动。他们纷纷写信给奋战在四川灾区的"绿色长城"，表达内心的感激、敬佩、祝福之情。另有一部分三年级的学生了解到端午节"吃粽子"的习俗，并且通过实践活动了解到粽子的包装远比中秋的月饼要落后得多，结合刚刚在三年级美术课上学到的"广告设计艺术"，他们自发组成研究小组，为粽子进行儿童化的包装，其中的许多创意令我们成人叹为观止。

从一个端午节活动，我们看到了学生的整体发展，有情感上的充盈，也有能力上的提升。

节假日活动成为学生生命的增长点。

第四章 班级活动的创新

　　班级活动作为一种教育形式，起初只是一种为了维持共同学习，进行纪律教育的手段。真正把它作为班集体自我教育、自我管理、自我完善的有机组成部分，是从20世纪50年代社会主义教育开始的。时至今日，班级活动无论从设计到构思，还是从内容到形式都有了很大的发展，使它更加充满活力，体现出时代的特点。但是，由于时代的飞速发展，特别是信息化时代的到来，对青少年产生了巨大的影响。同时，青少年需求的多样性、行为动机的复杂性、兴趣的广泛性和易变性，以及获得信息渠道的多样化，使得班级活动的目的、内容、形式与手段若不随着时代的发展而变化，肯定不能适应青少年的需要。因此，班级活动创新迫在眉睫。

第一节 班级活动为什么必须走创新之路

学校领导和广大班主任之所以对组织开展班级活动那么情有独钟，是因为他们充分认识到班级活动具有多方面的功能（如教育功能、发展功能、激励功能等）和作用，而且积累了丰富而宝贵的经验。但是，受应试教育的影响，班级活动也存在着一些问题，亟待进行改革，班级活动的创新势在必行。

一、活动目标模糊，针对性不强

德育工作要淡化教育痕迹，教师也不要直接向学生宣布班级活动的目的，防止造成学生的逆反心理。但是，这绝不意味着班级活动可以没有目的、没有主题，可以脱离素质教育的目标和学生的实际而随心所欲。班级活动是班级德育工作的主要载体，应具备明确的计划性和目的性。然而，目前一些班级活动，却存在着无计划、无主题或计划不强、目的不明、主题不突出的现象。如开学时不能把班级活动列入工作计划，或者考虑不充分、不周到，所开展的活动目的不明确。有的班级活动，班主任说的是一个内容，学生们讲的是另外一个内容，这项内容属于主题甲，那项内容属于主题乙，相互之间没有联系，就像撒开的满天星斗毫无重点。这样的班级活动容易不了了之或放任自流，更谈不上活动的教育性和针对性。

二、活动内容缺乏时代感，不受学生欢迎

　　有的学校为了追求升学率，很少开展班级活动，把学生封闭在学校里死读书、读死书，完全与时代隔绝。即使为了应付上级的要求而开展的班级活动，往往也缺乏时代感、创新性，不受学生欢迎。

　　为什么在班级活动中，当老师讲到雷锋甘做"傻子"的故事时，学生会发笑？当老师讲到梁宝生为了一角钱而锱铢必较的故事时，学生会感到茫然？难道雷锋精神真的过时了吗？难道艰苦奋斗的教育可以不开展了吗？当然不是！笔者认为，不是这些教材真的成了"明日黄花"，失去了它的魅力和风采，而是我们脱离了当前的实际，忽视了时代特点和学生的思想实际。众所周知，伴随着国家的改革开放，人民的生活水平不断提高，"新三年，旧三年，缝缝补补又三年"的老调已经缺乏了时代性。因此，这种传统的班级活动若不走创新之路显然是行不通的。

三、学生处于被动参与的地位

　　班级活动是主客体互动的过程。其中"环境（物理环境及人文环境）及其影响是外部客体世界，思想是内部主体世界"，只有活动才能把这两个世界联系起来。通过活动，引导学生提高认识、丰富情感、锻炼意志、付诸行动，即把知情意行统一起来，把主观世界和客观世界联系起来，以促进学生良好思想品德和良好班集体的形成与发展。可见，没有学生主动参与的班级活动，就没有学生素质的可持续发展，高层次的班集体也难以形成。然而，有的班级活动却恰恰忽视了这一点。有的或内容陈旧、或形式呆板，不能激发学生主动参与的兴趣；有的是班主任或一味的灌输、或一味的训导，学生处于被动的地位。这样的活动，学生只是被动接受训导的客体，是接受灌输的容器，缺乏自我的理性，容易形成学生或"身在曹

营心在汉"，或产生逆反心理而表示对抗的局面。

四、活动存在的误区

由于班主任的观念陈旧或其他原因，使得目前一些班级活动不那么尽如人意，甚至走入了误区，这也是班级活动需要走创新之路的重要原因。目前，班级活动主要存在以下几个误区：

(一) 无视学生主体的包办式

班主任作为教育主体在组织开展班级活动时必须发挥主导作用，但是由于观念陈旧，在实际操作中，却走上了另一个极端，把"主导"变成了"主宰"。从活动的提出、设计、实施，到总结评价的每个细节，班主任都越俎代庖，无视学生作为学习主体的能动作用。这样势必造成学生主体的失落，甚至使他们产生逆反心理而抵制活动的进行。

有学生说："在班主任的眼里，我们都是没长大的小孩子，什么都不懂，什么都要手把手地教，手把手地指导。权力是绝对不会下放的，开主题班会的时候她是总设计、总代理，串词是她帮我们写好的，节目是她编好的，黑板上的布置也是她画的。我们就是幕前的傀儡、木偶，没有一点灵魂和思想。"再如，有这样一节主题班会，从开场白到结束语都由班主任一人承担，其中哪个学生唱歌、哪个学生跳舞、哪个学生猜谜语、哪个学生谈体会都是老师指定的……有任务的学生得完全按老师的要求去做，没有任务的则成了旁观者。

这样的班主任绝非少数，你能说他们责任心不强吗？当然不能。但是，他们忽视了学生的主体地位，把学生变成了活动幕前的傀儡，这样的活动如何能够培养出学生的创新精神和实践能力呢？

(二) 老生常谈的训导式

有的班级活动，特别是班会活动，常常成为班主任的"训导"大会，老师或在那里灌输一些老生常谈的大道理，训斥学生所犯的错误，或信天游似的东拉西扯。兴致好的时候一节课不够他（她）用，车轱辘话没完没了，毫无新意；兴致不好的时候则拿学生出气，训起来没轻没重，根本不考虑学生的自尊心和人格。

一位中学生在班会活动后这样说他的班主任："我不明白我们的班主任都四十好几的人了，怎么脾气还是那么火爆。班会通常成为批斗大会，一上来就全是指责和训斥，态度激昂、言辞刻薄。有好几次说到学习成绩差的同学还用了'无可救药''一无是处'之类的词语。我在班上属于沉默的大多数，有一次还被她批评为'机械人'，只会听命令行事。我真纳闷，如果我不听她的命令行事下次没准也降级成了'无可救药'。"

这样的班会不改能行吗！这样的班主任可能是极少数，但类似的做法却时有所见、时有所闻，如果不从观念上加以变革，班级活动的创新就无从谈起！

（三）缺乏个性的照搬式

一个优秀的班主任在组织开展班级活动时，不仅能够体现自身的智慧和创造性，而且十分关注在活动中培养学生的创新精神，发展学生的创造性。实际操作中，有的班主任看到别的班开展了某项活动，觉得自己不开展面子过不去，这种不甘落后的精神是无可非议的。但是，由于这些老师对本班学生的特点和实际缺乏考虑，匆忙上阵，照抄照搬，缺乏自己的创造性，结果必然是流于形式，学生也感到索然无味。学习他人不是生硬地照搬、照葫芦画瓢，而是要有所创新，有所超越，要体现自己班的个性特点。要想改变这种做法，只有充分认识班级活动的重要意义，才能走上一条学习他人而又超越他人的创新之路。

（四）毫无组织的放羊式

班级活动应当有明确的目的、鲜明的主题、周密的组织，同时讲究组织管理的艺术，只有这样才能达到预期的效果。可是，有的班主任为了应付领导的要求，无目的、无计划、无组织、无方案、无检查，采取放羊式的活动形式。如开展的护绿活动、助民活动、社会调查活动，班主任没有具体的安排和指导，把学生放出校门之外不管，结果是半途而废。显然，放羊式是包办式的另一个极端。为什么会走上这一极端呢？因为，班主任以"都是学生搞的"为荣，并美其名曰：以学生为主体。如果班主任连基本的点拨、引导都没有，事前也没有完整的活动方案，那么，班主任的主导作用就成了一句空话。所以，作为师生共同参与的班级活动，班主任要发挥指导与参谋的作用，不能从一个极端走向另一个极端，放羊式的班级活动是必须摒弃的。

（五）缺少新意的陈旧式

班级活动必须走创新之路，这是时代发展的必然要求，也是满足学生好奇心、求知欲、创新欲的需要。但是，目前一些班级活动和这个要求还相距甚远。有的活动只是为了维持班级纪律，以保证课堂教学正常进行；有的活动只满足于道德知识灌输，忽视在活动中引导学生道德知识的内化和行为的养成；有的则是班主任一言堂的训斥、内容老套，缺乏时代性；而且，这样的活动多是针对班集体中的不良现象或一两个违纪学生举行的。如有的班主任在讲述其人其事后，就开始讲道理、论危害或进行分析、批评，甚至上纲上线。为了增加力度，还要求学生发言。尽管这样的活动，主题明确，但内容单一，形式呆板，缺乏正面引导，其结果是死气沉沉，甚至引起学生的反感。

（六）给人看的表演式

目前，一些地区经常组织一些班会的展示活动，对促进班级活动走创新之路起到了一定的推动作用。但是，由于一些学校或班主任受功利目的驱动，使展示活动走入了误区，出现了违背求真务实科学精神的弄虚作假现象。例如，事前反复演练，从主持人的台词到每个学生的发言都要背得滚瓜烂熟，结果是老师累，学生烦，观摩者感觉假。不纠正这种做法，就会对学生的思想产生严重的污染，这与国家倡导的诚信教育大相径庭。

综上所述，德育工作者的教育观念需要不断更新，班级活动需要不断创新，这是德育工作者和班主任努力追求的目标。

古希腊著名哲学家赫拉克利特说过这样一句名言："人不能两次踏进同一条河流。"这句名言形象地指出了客观事物永恒的运动规律。由此，我们得到启发：时代不断发展，教育对象从心理到生理上在不断变化，他们所处的物理环境和人际环境也随着时代的变化而变化着，我们又怎么能墨守成规，不想创新呢？唐代诗人刘禹锡有"请君莫奏前朝曲，听唱新翻杨柳枝"的诗句，我们也应记住先哲们的教诲，努力使我们的班级活动从内容到形式，从组织实施到总结评价都走出一条创新之路。

第二节　班级活动怎样创新

　　班级活动要走创新之路，就要抓住关键问题，找到解决问题的具体办法。在这方面，许多班主任积累了丰富的经验，受这些经验的启发，笔者从以下几方面谈点看法：

一、活动创新要实现三个转变

　　要想充分发挥班级活动的教育功能、发展功能和激励功能，必须走创新之路，实现三个转变。

（一）从单一型向系列化转变

　　对于活动功能，仅凭一两次独立的活动，其功能的发挥是有限的，必须实现从单一型的孤立活动，向系列活动转变，这是活动创新的重要体现。如北京市中关村中学朱军老师设计的"人生规划"主题班会就是典型的一例：（见《班主任》，2010 年第 8 期）

　　人生规划对每个人，尤其是中学生而言，是一生发展的规划和统筹。一次班会难以解决认识自我、目标管理、能力实现、规划调整等诸多问题。于是，我将我班的"人生如虹"主题班会设计为由"彩绘梦想·虹耀未来""彩诉经历·虹满天际""彩依阳光·虹暖我心"与"彩自风雨·永存虹念"四季组成的系列班会。

2009 年 11 月，在学生初步适应高中生活后，我召开了第一季班会"彩绘梦想·虹耀未来"。我以长纸带表示生命的长度，预计我们可以活 80 岁。通过撕去已经过去的 15 年，再撕去睡觉、娱乐等时间，让学生开始意识到生命的短暂，真切地感受到时间的珍贵。最后，我通过绘制"个人人生规划彩虹图"，使学生意识到：我们不能决定人生的长度，但可以规划人生的宽度。

2010 年新年伊始，在"彩诉经历·虹满天际"班会中，通过对前期"个人人生规划彩虹图"的分析与反思，让每位学生找到自身成长需要的能力，并结合个人在班级中的定位，学会换位思考，以此明确团队发展对个人能力的提升作用。

高一第二学期开学后开展的"彩依阳光·虹暖我心"班会，通过对春节时家庭亲情氛围的感受，探讨个人与家庭成员的关系。个人规划恰恰是在家人无尽爱心的支持下实现的。

2010 年 5 月，文理分班前的"彩自风雨·永存虹念"班会，结合学生高一学年的学习特点进行有效总结，使学生正视学习中遇到的成功与挫折，探究适合自己的学习方法和文理分科方向，从而进行个人规划的调整。

这样，"人生规划"的主题通过四次大型班会和高一阶段各项活动组织完成，通过设计系列班会成就了班会的承载力。同时，通过系列班会的全过程，使学生深刻认识到：一项工作要取得成功，尚且需要周密规划，人生目标的实现更离不开我们的周密规划、安排和实践。

（二）从表演型向体验型转变

在以前的班级活动中，班主任比较重视活动形式的创新，根据活动主题选择活动形式。如穿插各种文艺表演（小品剧、三句半、相声等）以增强活动的知识性和趣味性，同时也调动了学生主动参与的积极性，其积极作用不容小觑。但是，如果长期注重一种模式，忽视学生在活动中的感悟和体验，就会影响活动的教育效果。因此，体验型班级活动应运而生，这也是一种创新。

浙江湖州东林小学徐霞锋老师说过，体验，就是通过实践来认识周围的事物，亲身经历。有了亲身经历，才会有真话可说，有深切的感受可发，而且在这种自我感受中进行自我教育。为此他设计了一系列活动来体验主题班队会活动的新空间。

由于多年担任高年级中队辅导员，我发现同学们在学习《生活的强者》《钢铁是怎样炼成的》等课文时，对身残志坚的张海迪、高士其、保尔等敬佩有加，但在现实生活中，却是另一副表情：对学校一年级的那位侏儒女孩，四年级的那位双手残疾的男孩，他们总会另眼相待；对本班一位智力偏低的同学也是爱理不理。于是，我便设计了"无声日"，让他们体验残疾人的生活。

我将"无声日"体验活动安排在双休日，让学生先与家长打好招呼，然后至少连续 24 小时不说话。

体验下来，怨声载道的有，笑意盈盈的也有……

活动结束后，孩子们争先恐后地说起了自己的感受：

晓刚一脸委屈地说："一天不说话过得可真累，时间好难熬呀！我和朋友去玩，我做手势告诉他一起玩球，可他怎么也看不懂，还拼命笑我是个哑巴。"

晓琪快嘴快语地说："哎，我和小婉她们去吃炒面，才叫难哩！我们又做手势又写条子，店老板倒是马上领会了我们的意思，可旁边的人议论开了，说我们都是哑巴，还满脸同情地说我们这么小，怎么不会说话，真是可怜！有几位上了年纪的老奶奶还连声说'作孽呀！'有几个年轻人和小孩子还故意对我们做怪样子，甚至冷嘲热讽，惹得直性子晓家实在忍不住了，顾不得违反规定，大喊'我们才不是哑巴呢！'我们感受到了不能说话的苦恼，明白了残疾人的苦衷。平时，我们总喜欢在残疾人背后指指点点，真的太不对了，那样做多伤他们的心呀！以后，我是绝对不会再对残疾人指手画脚了，绝对不会了！"

晓玲深有同感地说："当了一天哑巴，让我明白了能说话真幸福，我们应该珍惜现在的美好生活！"

晓红发自肺腑地说："今后再也不能看不起残疾人了，他们已经非常不幸了，我们如果还嘲笑他们，他们会更痛苦的！"

最后中队长总结说："同学们，大家通过体验，感受到了不能说话的苦恼。以后，再不能嘲笑残疾人了，他们也想和正常人一样，也想说话、想奔跑，想多看看这个光明美丽的世界，可他们不能！我们一定要真心地帮助他们！"

可见，只有让学生亲身体验，心灵才能得到真正净化。

（三）从部分参与向全员参与转变

学生是班级活动的主人，没有学生的主动参与，活动就会流于形式，发挥不了活动的教育功能、发展功能和激励功能。目前的班级活动，只是少数学生参与，而且是被动参与。活动的各个环节、各项内容也是由班主任"导演"安排。如主持人是班主任指定的，串词是班主任写好的，谁说什么话、演什么节目也是班主任设定好的，即便参与的学生也只是演员，要按班主任的"剧本"去演，其他人只不过是活动的看客。因此，发动学生积极参与、设计和组织实施班级活动，加大学生参与的广度和深度，是目前班级活动急需解决的问题。北京市丰台七中齐欣老师开展的"解读生日密码"主题活动就是一个典型的例子：

一、班会背景与设计理念

我班南某和董某的生日在同一天。生日那天，南某回家吃了一碗母亲做的西红柿鸡蛋面庆生；董某则邀请十几个同学大撮了一顿，然后又去公园狂欢，晚上迷路后七点多才打车回家。为此，我请董某写了一份调查报告，然而看着她写的报告，我却哭笑不得。

"还用调查吗？我知道南某的生日是和家人一起过的，很有意义。但我崇尚自由，即使再来一次，我还是这样选择。过生日应当快乐，快乐了才谈得上有意义。用生日当借口把大家聚在一起也是很好的。当然，这次去的地方远了点，下次就在附近，但我还是要和同学一起过……"班里其他同学得知这事后，大都支持董某，甚至有人说"老师怎么就是不理解我们"！

当多数学生认定某件事正确的时候，无论老师怎么讲道理，都不会有明显效果；批评、指责对阻止其"亢奋"的情绪也无能为力。从学生的角度来看，和同学一起过生日，可以远离父母的唠叨，缓解学习、生活的压力，联络同学之间的感情……所以我想，尊重学生的行为，看到其行为的合理性，不强行要求他们跟成人步调一致、趣味相同，才不会影响学生的个性发展和自然成长。因此，我放弃了急于"纠偏"的想法，准备创造条件让学生自我纠正。

为此，我设计了"解读生日密码"主题班会，通过给学生预留探索、体验、发现的空间，对学生进行感恩教育，引导学生思考、比较、调整并自我纠正。

二、参加对象

初二（1）班全体学生和班主任

三、活动准备

1. 分组策划，并形成文字：①一个不花钱却脱俗、难忘的生日；②最感人的生日礼物。

2. 每人准备一张生日卡。

3. 制作PPT，编辑背景音乐。

4. 采访本月过生日学生的家长，并制作视频录像。

5. 对家长进行问卷调查。

6. 设计活动场景，布置会场。

7. 准备主持词。

四、活动过程

欣赏：《生命的旅行之初》

PPT展示生命的降生，背景音乐《你的生日》渲染班会气氛。

主持人：每个人的诞生都是一种喜悦，我们有一千个理由过一个别具特色的生日，留住每一个美妙的时刻。我们愿与身边的人分享，更珍惜属于我们诞生的喜悦与奥秘。那么，我们的生日如何才能与众不同呢？请同学们展示你们策划的不花钱却脱俗、难忘的生日。

分组展示：生日策划

女生的构思细腻、温馨：把一年的照片装订成册，起个好听的名字，比如，《丑小鸭的美丽瞬间》；保存生日当天的报纸，多年以后可以回忆在生日这天发生的事；请父母、朋友写出祝福，做一个福袋挂在卧室里。

男生的想法简单、直接：骑车回家，出一身汗；上网，设计一个自己的生日主页；今年不过生日，本来就是个很平常的日子。

欣赏:《育女辛经》

PPT 展示一位母亲记录的女儿的成长档案,背景音乐《亲亲我的宝贝》。

在惊叹声中,学生们猜出这位记录女儿成长档案的妈妈正是班主任。主持人现场采访班主任。

分组展示:最感人的生日礼物

主持人:我们在感慨班主任对女儿用心良苦的同时,也要思索,在14年的生命历程中,最让我们感动的生日礼物是什么呢?

每个小组派代表展示、交流"最感人的生日礼物":一组的《东风破——热带水果传》动人心弦;二组的《听妈妈讲那过去的故事》和三组的《妈妈的难日》感人肺腑;四组的《爱的存单》和五组的《西红柿鸡蛋面的幸福》平凡却满溢着幸福。

欣赏:《解读生日密码》

PPT 展示家长调查表,背景音乐《听妈妈的话》。

主持人:据说,每个人在生命中都有一个密码。据调查,大部分家长用孩子的生日做密码,实际上已赋予密码深刻的内涵。那么,我们自己对生日密码的理解又是什么呢?我想,如果每个人都能够确切地获知自己的生日密码,那么就能够正确地洞察自己的成长法则。请同学们把自己的生日密码写在生日卡上。

分享:生日密码

请本月过生日的学生接受同学们的生日卡,把生日密码与大家分享。学生们写的生日密码有感恩的心、爱的拥抱、对妈妈说"我爱你"、给妈妈记录辛苦档案、对妈妈唱《听妈妈的话》、陪妈妈散步等。

欣赏:《给女儿的生日寄语》

播放采访家长的视频。给学生的启示:我们的生日应该是"感恩节"——感念母亲的生育、教养之恩!这份恩情是礼物、聚会、狂欢所不能比拟的!牢记自己的生日密码,过一个不同以往、终身难忘的生日吧!

总结:《生日快乐》

最后用一首《生日快乐》作为班会的结束,希望同学们用心体会、珍惜拥有。

五、活动效果与活动延伸

班会后，陆续有家长打来电话："孩子这几天跟我们说的话比他十几年说的都多。""不总要钱买这买那了，天天晚上陪我遛弯儿。""孩子知道心疼人了。"一位学生在周记中写道："过生日那天，我对妈妈说'谢谢'时，妈妈的眼角泛着泪光。那一刻，我突然意识到妈妈等这个时候已经很久了！"

从生日狂欢到策划与众不同的生日，从过生日收礼物、送礼物到感念父母的生育、教养之恩，从对父母、亲人感恩到感念所有人间挚情，同学们意识到只有常怀感恩之心，方能珍惜一切。教师节，学生送老师一个包装精美的苹果，祝福老师永远平安、吉祥；妇女节，班委会给每位同学的母亲打了祝福电话；学生自觉清理校园周围白色垃圾，利用双休日承担社区运动会、残疾人运动会的仪仗队……

齐欣老师设计开展的主题教育活动，每个环节都体现了对学生主体地位的尊重，发挥了学生自主参与的积极性，值得我们借鉴。除此之外，笔者建议还要从以下几个方面研究班级活动创新的问题。

二、观念更新是班级活动创新的前提

班级活动创新的关键是教育者的观念问题。因为，观念是行为的先导，只有树立正确的教育观念，班级活动的创新才能实现。

一对年轻的瑞典夫妇带着一个刚刚学会走路的孩子去旅游，两个大人背着包悠然自得地聊天、散步，后面跟着一个连走路也不太稳当的孩子。令人惊讶的是，这个孩子背着一个和他个子差不多大小的包，可他的父母似乎根本不理会这个孩子。一位中国朋友看到了，感到不可思议，做父母的怎么可以这样对待自己的孩子呢？这也太不负责任了，于是把这件事当成新闻逢人便讲。当一位美国朋友听到时，却赞同地说："应当让孩子背自己的包，包里可能放着他的尿布或吃的"。

同样一件事，中国人和美国人的态度截然不同。正是由于观念的不同，才导致了他们对待孩子方式的不同。中国人对待孩子的方式，不利于孩子独立意识的形成。因此，开展班集体活动，就是要培养学生的独立意识和实践能力。

依赖性能惯养出来，那么独立意识就可以培养出来。班级活动可以创造条件，让学生独立处理一些问题。同时社会实践活动也是培养学生创新精神和实践能力的有效途径。因此，班主任必须在实践中不断更新自己的观念。

班主任要树立教育民主观和现代学生观，承认学生的主体价值，与学生建立民主、平等、和谐的师生关系。使学生认识到自己的价值，自觉做班级活动的主人。开展班级活动是开发学生潜能的有效途径，是展示学生个性的舞台。承认学生的主体地位，尊重学生的主体人格，激励学生主动参与班级活动。通过班级活动，培养学生的独立意识和自我教育、自我管理的能力。学生参与班级活动是一种认识、实践、感悟的过程，没有学生的主观能动作用，认识、实践、感悟不可能有效地进行。主体的感知、思维、想象、体验是别人无法代替的，主体认识的内化过程，同样是其他人无法代替的。

现代学生观，就是以学生为主体的观念。在这种观念的指导下，开展主体性教育，培养学生的主体意识、主体能力和主体人格，激励学生在班级活动中发挥能动性、自主性和创造性，使学生真正成为活动和自我发展的主体。班主任要成为班级活动的引导者和激励者，而不是主宰者，学生也要变被动为主动。总之，在班级活动中，作为教育主体的班主任与作为学习主体的学生之间是自由平等、相互促进的。

三、活动内容的创新是一个永恒的话题

时代在发展，国内外的政治、经济和文化都发生了巨大的变化，各种新事物、新思想、新人物不断涌现。因此，班级活动的内容也应随着时代的变化而变化。下面，谈一谈班级活动内容创新的基本思路：

（一）紧跟时代步伐，体现时代特点

班级活动不能脱离火热的社会生活，否则，它将是无源之水，无本之木。我国在党的正确领导下正处于进一步深化改革、扩大开放的时期，各项事业发生着日新月异的变化。经济的跨越式发展，现代化的大步前进，使得国力不断增强，喜事层出不穷。从国际上讲，尽管冷战时代已经过去，但国际斗争仍然十分激烈，美国霸权主义的恶性膨胀，日本军国主义的蠢蠢欲动，都是开展班级活动时对学生进行爱国主义教育和国际主义教育的生动教材。

现代化所需要的人才，应当具有善于发现、判断、策划和解决问题的能力，具有悟性与灵性、观察力与判断力、创造激情与冒险精神以及团结合作的精神。因此，培养多层次的有较高政治觉悟的创新型人才，就不能把学生禁锢在校园里，必须紧跟时代步伐，把班级活动的视角转向社会，放眼世界，与国内外的重大时事政治紧密结合。

如当世界因美国"9·11"事件而震惊的时候，我们许多班主任能够及时抓住时机，鼓励学生关注事态的发生、发展，指导他们从报纸、新闻媒体和网上收集信息，并在班级宣传栏内开辟了"9·11论坛"，为学生提供充分发表观点的阵地，并召开了"9·11论坛"讨论会，以此激发学生敢于思考、善于思考的潜能。

举世瞩目的奥运会于2008年在北京举行，这是本世纪初的一大新闻亮点，也是对学生进行爱国主义教育的极好机会。

当时，有位班主任借此机会开展了"屹立在东方的巨龙"主题系列活动。首先，她遵循主体性原则，发挥学生的主观能动性和团结协作精神，以小队为单位制作自命题简报；接着召开了"祖国未来展望"主题班会，会上展示学生的作品，同时畅想未来，同学们为祖国勾画出了繁荣昌盛的宏伟蓝图，树立了报效祖国的远大理想；继而结合学校工作，开展"我为奥运做贡献"的捐款和签名活动。这一系列活动不但提高了学生的实践能力，而且增强了学生的民族自豪感，为形成良好的道德情感，培养爱国主义的思想打下了坚实的基础。

2010年7月25日，由教育部关心下一代委员会主办、课内外杂志社

承办、上海市教育系统关工委协办的全国青少年"五好小公民"主题教育"我是90后"读书征文活动，在全国中小学展开。许多学校抓住这个机遇，开展相应的活动，体现了教育工作者的敏锐头脑。

辽宁省鞍山市台安县高力房镇中心校将"我是90后"读书征文活动纳入领导日程，由校长、书记亲自部署读书活动；纳入课表，三至六年级每周安排一节阅读指导课；纳入家长学校教学计划；纳入青少年活动内容；纳入活动课内容，与班团会结合、与写成长日记结合、与评红花结合；纳入德育考核内容。同时抓征订、阅读、实践、演讲征文、总结环节，并在学生中积极开展做学习小主人、做环保小卫士、做文明小使者、做父母小孝子、做时代小雷锋、做劳动小能手、做理财小行家、做生命小强人、做运动小健将、做美育小明星的"十小"实践活动。由于措施得力、形式新颖、内容丰富，取得了十分显著的育人效果。

（二）把握学生思想脉搏，满足学生心理需要

班级活动确定什么主题、解决什么问题，需班主任在研究学生内心世界上下功夫。班主任要研究学生求新、求乐、求异、求发展的特点，分析学生在成长过程中目标与现实的矛盾，把握学生的生活实际和思想发展的脉搏，激发学生独立探求真理、寻求答案的兴趣。只有如此，班集体活动才既符合学生的生活实际和心理需要，又富有时代气息。

学生面对眼花缭乱的社会现象，要想从主观上做出鉴别和筛选、判断和取舍，就需要班主任抓住每一个教育契机，不拘一格地开展班集体活动，引导学生提高辨别是非的能力，培养学生健康的心态和健全的人格。

"刘海洋事件""马加爵事件"的发生，令全社会为高校学子竟然做出如此荒谬、残忍的事情感到痛心。同时，在青少年中产生了强烈的反响，也引发了人们对其病态心理的反思。如果能抓住这一教育契机组织学生阅读有关报道，了解事件的全过程，引导学生思考"事件"暴露出来的问题，继而组织专题讨论会，让大家畅所欲言谈看法、说体会，特别对其行为暴露出来的人格缺陷进行评述，一定会使大家达成共识：做人比做学问更重要。这样的活动不仅为学生提供了独立思考的机会，还为学生健全人格的形成营造了积极的环境。

目前，学生在着装上的攀比现象非常严重，而且越来越社会化。班主任要因势利导，可以开展"中学生真正的风采""美的真谛""我与他不同"等主题活动，让学生敞开心扉，大胆说出自己的观点。通过活动，让学生形成正确的审美观，懂得真正的美是内在美与外在美的和谐统一，外在美会因内在美的缺乏而黯淡无光，甚至丑陋，只有内在美才能经得起生活实践的考验。这样的活动，才会使学生从心底升腾起对美的正确认识和追求，达到标本兼治的目的。

实践证明，把握学生思想脉搏、开展贴近学生思想实际的班级活动，是学生健康发展的动力和基础。

（三）变革传统活动，扩充时代内涵

班级活动的创新是继承传统、超越传统的过程。传统的爱国主义教育、艰苦朴素教育、道德教育仍然是德育工作的主要任务和班级活动的永恒主题，不仅不能丢弃，还要发扬光大。要使它更具有生命力，就必须结合社会变革和学生心理特点，从未来对人才的需要出发，选择新角度，纳入新内容，使传统活动能够适应变化了的新形势和学生的新特点。另外，教育心理学告诉我们，青少年的注意力不够持久，他们容易被一些新奇的事物所吸引。因此，教师在组织班级活动时应当对传统的活动内容和形式进行变革，以增强活动的实效。

例如，一位班主任在最近开展的一次《中秋节月光晚会》班集体活动中，一改过去吃月饼、做游戏、搞联欢的传统做法，代之以全新的设计：从《嫦娥奔月》的故事讲到《阿波罗登月》的趣闻和太空旅游已成现实；从中秋佳节倍思亲联系到"一国两制"、台湾回归祖国，进而批判陈水扁鼓吹的"台独"言论，而且还收看了杨利伟遨游太空的录像。由于内容的新颖、形式的奇特，使全班同学兴趣盎然。这次活动不仅使学生了解了人类征服太空的伟大贡献，还表达了对台湾同胞的思念之情，对"台独分子"的痛恨。

勤劳节俭、艰苦奋斗是中华民族的光荣传统，不管是过去、现在还是未来，都是推动时代发展、提高人民生活的精神力量和可靠保证。在班集体活动中，开展艰苦奋斗的教育是长期不变的主题。特别是受观念多元、经济多元、文化多元的影响，个人主义、拜金主义和享乐主义毒害着青少年。一些学生认为，生活就是享受，金钱就是一切，劳动光荣、劳动创造世界的观念在他们思想上几乎是空白，更谈不上热爱劳动人民、珍惜劳动成果。因此，必须坚持艰苦奋斗的教育。但是，采用"忆苦思甜"的方法显然行不通了，班主任可以开展"两代人话艰苦奋斗"的活动。首先，正视富裕化、现代化对青少年意志的消极影响，组织学生了解父母的艰辛，帮助父母干力所能及的家务。然后对学生进行劳动教育，带领学生到基地进行学农劳动和军事训练，培养学生的意志品质。对生活优越的学生，要进行自力更生教育，培养"富而节俭"的自觉意识，做到生活上不攀比，消费上不超前，这样的活动才符合时代的要求。

培养青少年的现代化素质，造就未来社会需要的"四有新人"，需要我们建立起新的教育时空观。从未来社会对人才的需要出发，从新的角度赋予传统活动以新的内容，使其更能适应变化了的新情况、新形势，这是对传统活动内容的继承与发展。如学雷锋活动，就不能把目光盯在雷锋的"牙刷"和"破袜子"上，而要挖掘雷锋艰苦朴素的时代内涵。改革开放以来，人民生活水平不断提高，但是艰苦朴素的精神不能丢。因此，在学雷锋活动的过程中，应以雷锋全心全意为人民服务的精神为核心，以其坚韧不拔、勇于克服困难的顽强意志和克勤克俭、艰苦朴素的优良作风为导向，引导学生奋发向上的拼搏精神。"艰苦"不再是让学生吃"粗茶淡饭"，"朴素"也不再是用坏了的"牙刷"，穿"补丁衣服"，而是像雷锋那样不追求超越物质条件的仪表美。只有这样，才不会把学习雷锋"艰苦朴素"的作风与现代生活方式对立起来。

（四）扩大新视野，开拓新领域

目前，中小学的班级活动大多集中在德育活动和文化体育活动上，有些领域却非常薄弱。如班级科技活动和网络教育活动。陶行知在评论当时的"教育界无限枯寂的生活"时曾尖锐地说："那是因为当事的人，封于故步，不能自新所致。"我们在创新班级活动时应以史为鉴，在扩大视野、开拓新领域上下功夫。陶先生还说："敢探未发明的新理，即是创造精神；敢入未开化的边疆，即是开辟精神。创造时，目光要深；开辟时，目光要远。总起来说，创造、开辟都要有胆量。"班主任能否以这种精神，把科技活动和网络教育活动的文章做大一点、做深一点，创造出新经验呢？回答是肯定的。

1. 心理健康教育活动亟待开发

由于学校教育和家庭教育都存在着重智轻德、重体轻心、重灌输轻疏导等问题，造成中小学生的心理问题比较严重，而目前的心理健康教育在中小学只是刚刚起步。只有极少数学校开展了团体心理咨询和心理健康讲座等活动，并且存在着针对性不强的现象。其根本原因是不清楚学生产生心理障碍的原因，为了有效地开发心理健康教育活动，这里介绍一下美国心理学家艾里斯提出的"ABC 理论"。

艾里斯认为，一切错误的认知方式或不合理的信念是心理障碍、情绪和行为问题的症结。为此他提出了著名的 ABC 理论：A 指诱发事件，B 指个体对诱发事件的信念、看法、解释和评价，C 指个体的情绪行为反映。ABC 理论指出，诱发事件 A 只是引起情绪行为反映 C 的间接原因，而人们对诱发事件所持的信念、看法和解释 B 才是引起人们情绪行为反映 C 的直接原因。所以只要改变 B 就能改变 C。只要我们改变对诱发事件的不良认知，就可以改变由他所产生的不良情绪反应。

综合学生个别心理辅导和团体心理咨询活动中的问题，笔者发现，学生的心理问题是由于认知不合理或错误引发的，若不解决学生对诱发事件的认知问题，心理健康教育活动就失去了针对性。因此，在开展心理健康教育活动时，首先要了解和把握学生对诱发事件的不良认知方式。学生中常见的不良认知方式主要有以下几种：

（1）极端思考。即看问题好走极端，非此即彼，非好即坏，非黑即白。例如，某同学周日到同学家玩了半天，因事先未和妈妈打招呼而受到妈妈的责怪，就认为妈妈不信任自己，进而认为连妈妈都不相信自己，还有谁会相信自己呢？

（2）任意推断。指在论据不充分，事实不清楚的情况下草率下结论。例如，某同学刚走进教室，教室内原来正在交谈的两位同学就突然停止说话，该同学就认为这两位同学肯定在背后讲他的坏话，进而认为其他同学都不可信。

（3）过度引申。指由一个偶然发生的事件引出一般规律的结论，以一当十，以偏概全。例如，某同学进入高中后第一次考试成绩不理想，就认为高中三年没希望了，自己不是读书的料。

（4）消极选择。指不能全面分析事物，不关注积极面，只关注消极面，并且把这一面看得很重。例如，有同学因上课开小差受到老师的批评，就认为老师对自己有看法。

（5）无限扩大。指发生了一件小事，就把它看作了不起的大事。例如，某同学初中时一直担任班长，升入高中不当班长了，就认为老师、同学不信任自己，进而想到怎么与他们相处，想到初中的老师、同学会怎么看他，甚至想到这件事情会影响自己的前途。

帮助学生改变不良认知，引导学生全面、辩证地看待诱发事件，学会换位思考。

全面地看待诱发事件。指对诱发事件不仅要看到消极的一面，更要看到积极的一面，而且要多看积极的一面。要用实事求是的态度去看，不夸大、不缩小。

辩证地看待诱发事件。指在不利的事情中看到有利的因素，在不利的事情中寻找美好、发现美好、提取美好、放大美好。

对诱发事件进行换位思考。指站在对方的立场去想问题，做到相互谅解与有效沟通。

2. 勇往直前地开展科技活动

2003年，一项面对中小学生的含金量很高的"大型智能化机器人科普展"在浙江金华科技大楼隆重开展。然而，令人尴尬的是，在为期一周的展览中参观的竟不足200人。

无独有偶，金华市青少年宫作为学生校外教育的主要基地，组织了丰富多彩的活动。可是，在一次报名中，学科类的活动报名人数达6000人，而科技类、社会实践类的活动，报名者仅有300人，这20：1的反差，再一次使组织者感到尴尬。天津市科技馆和少年宫也面临着同样的尴尬，有着一万平方米的集科学性、知识性、趣味性、参与性和艺术性为一体的常设展厅内，经常是冷冷清清，与少年宫举办的外语班、艺术班的火爆场面，形成了鲜明的对比。

是学生不喜欢这种既能动脑、又能动手，既能长知识、又能提高能力的活动吗？当然不是，OM室（头脑创意室）开创者，杭州青少年活动中心全国优秀科技辅导员施泽民说："在应试教育这根无形的指挥棒下，今天的老师和家长正在孜孜不倦地向孩子灌输'读好书、考高分，上好学校，有好前途'的理念……小发明、小制作之类的科技创造活动成了'不务正业'。于是，为了应试教育，学生很少能真正感受到学习知识的乐趣"。

金华市科协副主任金根叶痛心疾首地说："21世纪是创造力竞争的世纪，只懂得课本知识的人，永远不可能成为国家的栋梁；想象力匮乏的民族，将永远失去兴旺发达的源泉动力；而缺乏科技创新人才的国家，将失去创造力，在与别国的竞争中将被甩得越来越远。"这话绝非危言耸听。众所周知，教育的基本职能是培养社会需要的高素质的劳动者，未来社会对新型劳动者的需求对教育提出了新的挑战。近年来，世界性教育改革强调科学、技术与社会的联系，重视科学技术在社会生产生活和发展中的应用。联合国教科文组织第四十届国际教育会议通过的文件强调，科技教育意味着开展更多的各类实验活动，引导学生更加积极地参与科学探索和技术发展的过程。我国《九年义务教育活动课程指导纲要》对科技活动课的内容作了十分明确的阐述："通过发明、创造、制作、种植饲养、科学试验、环境保护、计算机操作、科学技术信息传播等科技方面的活动，使学生了解人类科技发展的过程及对生产生活和社会发展的巨大影响，了解我国历史上的科技成果，现代科学技术发展状况和发展趋势；培养学生具有初步科学创造意识，学科学、爱科学、用科学的精神和运用科学方法解决生活、学习中实际问题的能力。"这对开展班级科技活动具有重大的指导意义。

班主任还要带领学生学习科技部、教育部、中宣部、中国科协和共青团中央颁布的《2001～2005年中国青少年科学技术普及活动指导纲要》，认真理解纲要精神，中小学校是面向青少年开展科普教育的主渠道，必须把树立科学思想、科学精神，培养对科技的兴趣和创造力，作为青少年素质教育的重要内容。大力开展形式多样的科技发明、科技竞赛、科技夏令营等课内外科技活动。一定要为科教兴国战略的实施作出贡献，为培养学生创新精神和实践能力多出一把力，积极组织开展班级科技活动。如请有专长的老师和科技工作者进行科技讲座，多带领学生参观科技宫、自然博物馆，支持学生积极参与学校组织的科技俱乐部活动，参与小制作、小发明活动……培养学生相信科学、尊重真理的科学的世界观和价值观。由于科技活动内容丰富，知识覆盖面广，因此，选题要适合学生的年龄特点和知识水平；要贴近学生实际生活；要突出科幻性、探索性和实践性。总之，班主任要高举科技的火把带领学生前进。

3. 网络教育活动仍然是一片待开垦的处女地

网络的迅速发展让人目不暇接，青少年已经成为"网上一代"。网络拥有信息的丰富性、传播的快捷性、交流的互动性、时空的无限性、文化的多元性，给人们带来无限的益处。但是，网络对广大青少年的危害也是不争的事实。

作为班主任，要时刻把握学生的网上行为，并在以下几个方面组织网络教育活动：

（1）组织学生学习"青少年网络文明公约"，规范学生上网行为；

（2）开展网络道德研讨活动；

（3）运用电子信箱（E-mail）实现师生之间的平等对话；

（4）运用网络模拟功能模拟生活中的德育情境，做到寓教于乐；

（5）运用电子公告板（BBS）和聊天室，创设德育活动的场所。

4. 禁毒教育活动亟待加强

近年来，不法分子在利益的驱动下，大肆进行毒品走私活动。在国内，吸毒人数呈上升趋势，尤其青少年吸毒者在不断增加。在禁毒教育方面给中小学教育提出了一个严峻的课题。因此，中小学要大力开展禁毒教育活动。例如：

（1）说案例、析危害活动。请法官来校介绍案例，分析危害，教育学生"远离毒品，珍惜生命"，用自己的实际行动创造美好人生。

（2）参观活动。带领学生参观"远离毒品，珍惜生命"图片展览，并开展"看展览、谈体会"征文活动。

（3）演讲活动。即开展"坚决与毒品作斗争演讲比赛"。

（4）召开"远离毒品，永葆美好生活"的主题班会。

（5）组织学生走上街头开展禁毒宣传活动。

四、活动形式的创新不容忽视

　　众所周知，青少年参加班级活动是以兴趣为转移，那么，什么样的活动能够激发起学生的兴趣呢？首先，内容要具有时代性，能够满足学生的心理需求；其次，创新班级活动的形式。通过活动形式的变化，使传统活动不断推陈出新，开发出充满情趣的新活动，是搞好传统教育活动的一个重要手段。如队前教育活动，过去多采用板报宣传、挂图、演讲、"一帮一"等活动形式。后来，教师辅导学生将少先队的基本知识编成歌谣、对口词、相声、小品等，将传统的"说教"发展成集知识性、趣味性、思想性、创造性于一体的新形式，寓教于乐。新颖的形式引起学生的强烈兴趣，他们积极投入活动，不仅掌握了少先队的基本知识，而且参与的积极性也大幅提高，活动收到良好的效果。

　　在活动形式创新的过程中，有人提出多开展一些"体验式"（有人称之为"感悟式"）的活动。北京市平谷区山东庄学区北关小学开展了"体验亲情回报母爱"活动，效果非常显著。教师要求学生去看、去做、去体验，并把自己所思、所为、所感记录下来。学生充分开动脑筋，有的为妈妈做一次饭，做一次家庭清扫，为妈妈洗一次脚；有的和父母一起下地干活，钻大棚、进桃园、学种菜，用自己的行动为父母减轻负担；有的更是别出心裁，用自己的压岁钱给妈妈送健康、送魅力。这个活动使学生体验到了父母的辛苦，学会了关爱他人。

　　"活动"和"体验"是心理健康教育活动最核心的两个要素。心理健康教育的首要目的不是解决知与不知的问题，而是要通过创设一种心理情境，开展极富启发意义的活动，造成个体内心的认知冲突，唤醒学生内心深处潜意识存在的心理体验，以达到影响其心理健康、提高心理素质的目的。对个体来说，再精彩的讲授也无法代替个人的亲身感悟和体验，哪怕是一点点启发，也能留下深刻的记忆。因此，心理健康教育活动的形式，如游戏、心理短剧、角色扮演、情景模拟、讨论问题、行为训练都可以提供这种引发体验和感悟的情境。可见，活动形式的创新是多么重要。

推陈出新、更新活动形式是承前与启后的统一。形式要服务于正确的目的，不能为兴趣而兴趣，为更新而更新。如星期一升国旗活动的形式不能变，但可以和队员们的学习生活联系起来，赋予传统活动新的活力。如在升国旗前播放爱国主义教育和遵守纪律方面的歌曲，挑选优秀学生佩戴红花升国旗，表扬一周内的好人好事，宣讲一周内的国内外大事等。这样，传统的爱国主义教育就与学生的生活实际结合起来，同社会的变革和同时期的活动主题结合起来，对培养学生树立热爱祖国、建设祖国的理想和信念有着不可低估的作用。综上所述，对传统活动的形式，既不能生搬硬套，也不能全盘否定，必须坚持承前与启后的统一，既有吸收，又有创新，以便更好地反映和表现传统的教育内容。

五、活动管理的创新任重而道远

班级活动的管理是班级活动的重要组成部分。班级活动有四个基本环节，即制订计划、组织实施、检查落实、总结评价。郭继勋先生说："班集体活动的管理者要对由'四个环节'组成的活动的全过程认真负责地进行管理。"（见《班集体活动论》，天津教育出版社，2002年9月第1版第173页）这里的"管理者"是指班主任（包括任课教师），那么，班主任怎样才算"认真负责地进行管理"呢？郭先生说："它是操作层面上由师生共同参与的有效控制和把握活动节奏与进程，以保证活动得以顺利进行并取得预期效果的动态过程。"（引文同上第183页）

笔者很欣赏郭先生提出的"师生共同参与"和班级活动的管理是个"动态过程"这一观点。笔者就此谈以下几个问题：

（一）树立班级活动管理的新理念

班主任在班级活动管理的"动态过程"中，应当处理好这样几个关系：

第一是决策与预测的关系；

第二是集权与授权的关系；

第三是控制与激励的关系。

实际上，不少班主任过分重视决策、集权和控制，却忽视了预测、授权和激励。因此，在班级活动的管理中，往往把学生当作被管理的客体，一切由班主任说了算，班主任成了班级活动的主宰。由于学生在活动中丧失了主体地位，也就失去了参与活动的兴趣，更谈不上参与管理，班级活动也就丧失了它应有的功能。究其原因，笔者认为是班主任的管理理念需要更新。

1. 管理重心实现由"重物"到"重人"的转移

班主任在班级活动的过程中，要重视人的因素，即重视学生在班集体活动及其管理中的主人翁地位。班主任的管理在被教育者和被管理者身上是一种"他律"，高层次的管理则是强调学生的自我教育和自我管理，只有"师生共同参与"，才能达到这个层次。

2. 管理职能实现由"控制性管理"向"激励性管理"转变

在班级活动计划制订过程中，要充分做好决策前的预测。如师生对班级活动的认识，对学生素质水平、心理承受能力和班集体人际关系等情况的分析预测。除此之外，广泛听取学生的意见，运用协商式激励，调动学生参与制订活动计划的积极性、主动性。在活动实施的过程中，把学生推到第一线，指导他们去实施计划。在实施计划过程中采用授权式激励，使他们真正成为活动的主人，自觉接受教育，实现自我约束和自我管理。班主任在活动中，除了和学生一样成为积极的参与者，还应协助学生适时调整计划、控制好活动节奏和学生的情绪，从而发挥教育者的主导作用。在活动结束后的总结评价中，对活动中出现的问题，教师要勇于承担责任，对活动中的成绩要充分肯定，充分发现学生的创新精神，实施褒扬式激励。只有这样，才能真正实现"以人为本"的目的——促进学生素质的可持续发展。

3. 管理过程实现由"封闭式"向"开放式"转变

有的班主任，忽视了学生的存在，活动过程完全在自己控制下进行，不敢调动学生参与管理的积极性，唯恐出乱子；有的班主任，不愿意和兄弟班级进行交流，更不敢把学生带到广阔的社会生活中去，一切活动都局限在教室里。根据系统论的观点，系统只有对外界保持充分的开放，与外界保持经常性的信息沟通与交流，才会充满活力。因此，在班级活动的管理中，应当提高收集、筛选、加工、处理各种信息的能力，把信息管理贯穿到班级活动管理的全过程，同时更要加强与兄弟班的合作与交流。

班级活动管理的开放性，关键是大力倡导实践性活动，让学生走出课堂，为他们提供条件和空间。请英雄模范人物来校（班）做报告或与学生座谈，充分利用校外教育基地开展活动。在开放式的活动中，班主任需要把活动中各项任务的实施与管理授权给学生，让学生不仅在活动中充当某种角色，还要充当某项管理工作的角色。这样，不仅能够培养学生的创新精神和实践能力，还能促进学生素质的全面提高。

（二）班级活动管理创新应注意的问题

班级活动的管理创新，笔者已从管理重心、管理过程、管理职能三个方面进行了阐述。除此之外，要提高活动的育人功能、激励功能，还必须通过对活动的科学管理加以实现。科学管理主要体现在以下三个字的把握和创新上。

1. 把握好"度"

提高班级活动的质量和效益是每个班主任的追求，这就需要班主任根据学生实际情况选好活动的角度，把握好活动的难度。如何组织开展班集体活动，即选择什么样的角度，是每个班主任首要思考的问题。如科学精神的培养与教育，低年级可开展故事会活动，高年级可开展社会调查，写出调查报告。思考的依据是活动要符合学生的年龄特点、生理特点和心理特点，即考虑这个年龄段学生合理的兴趣、正确的需要和认识水平。如果班级活动忽视不同年龄段学生的思想认识水平、接受能力和体能，把活动安排得过于笼统单一、层次不分，结果是低年级学生经过努力也难以实现目标，高年级学生则轻松地达到要求，这样的活动大家都会兴味索然。从这个角度说，班主任在进行决策前，要充分搞好预测，听取学生的意见和要求，并切实把握好两者之间的辩证关系。

2. 掌握好"量"

掌握好"量"是指一是随时调控活动的密度，二是扩大学生参与的广度。

调控班级活动的密度是班级活动管理创新的一个重要方面。班级活动的密度，需要根据学校的具体要求，对一个学期的活动做好统筹安排，除针对实际情况而随机组织的活动和常规活动之外，必须做出固定活动的计划。并且，需要班主任随时做出调整。根据笔者对天津市一些中小学的调查发现，固定的班级活动每学期数是 2～3 次（不包括班会）是比较适宜的。因为各种主题教育、社会实践等活动需要投入较多的时间和精力，活动过多会对正常学习产生冲击，一个学期扎扎实实、讲究实效地开展两三次班级活动，就能达到预期的效果。

扩大参与的广度，是衡量班级活动是否成功的标志之一。学生是班级活动的主人，班主任应激励学生主动参与、全员参与。没有全班学生主动参与的活动，就不能体现学生的主体地位。只有根据学生的特点与兴趣，赋予学生合适的角色，才能培养学生的创新精神和实践能力。活动前，在班主任指导下，由学生自己制订活动计划、安排活动步骤，亲自去操作、去实施。活动后，由学生去总结评价。让学生在活动中真正做到人人有岗位、人人有角色、人人有责任。只有部分学生在活动，多数学生旁观的情况是不可取的，一切由班主任包办的做法更会压抑学生的创新精神。

3. 运用好"评"

如何评价班级活动，衡量它的价值，涉及对活动的总结评价。传统的由班主任总结、学生作为听众的做法必须改变，应采取班主任总结评价与学生参与总结评价相结合的方式。

班级活动结束后的科学总结与评价，对学生具有很大的激励作用。同时，还要坚持公平和激励成功的原则，实施科学的奖惩办法。

六、活动评价的创新势在必行

评价，顾名思义，就是"评定价值"。班级活动评价是以某项活动过程为评价对象，在正确的评价观指导下，运用科学的方法，对班级活动要达到的预期目标及其效果进行"状态描述"和价值判断。

对班级活动做出正确的价值判断，是活动评价的重要目的，但绝不是最终目的。活动评价的最终目的是为以后的班级活动提供借鉴，从而达到"增值"的目的。

班级活动评价，是班级活动重要的、不可分割的组成部分。因此，笔者所说的活动评价不是指学校或年级组对某个班级的活动所进行的"评估"，而是指参与班级活动的群体主体对自身活动的价值判断，即自我评价。这种评价，主要是为了总结活动取得的成绩和经验，找出存在的问题，分析失败的原因和教训，对班级活动的预期目标是否达到，以及存在的问题和原因进行客观分析和判断。

长期以来，受传统价值观、学生观的影响，班级活动的评价不同程度地存在着一些问题，如果不尽快加以解决，活动评价创新就是一句空话。对此，笔者从五个方面加以阐述。

（一）活动评价要变"一言堂"为"群言堂"

目前，班级活动评价在不同程度上仍然是班主任一言堂的局面，学生只是被动接受评价的客体，忽视了群体主体作用的发挥，特别是忽视了学生在活动评价中的主体作用。这种由班主任个人进行总结、学生只作为听众的一言堂的总结评价应当改变，而应采用班主任总结评价与学生参与总结评价相结合的群言堂的总结评价方式。否则，不利于学生自我评价能力和自我教育能力的提高，不利于班集体活动不断"增值"的目的要求。班主任的总结评价，可能"站得高，看得远"，但未必比学生更全面、更客观、更细致、更深入。让学生自己总结成绩与不足，发现问题、分析原因、寻找对策，是一种学习过程，也是提高思想认识、进行自我教育的过程。因此，应当引导学生开展自评和互评，特别是小学四年级以上的学生，应逐步加大这种自评与互评的力度。

总之，班级活动评价，实现由一言堂向群言堂的转变是活动评价创新的关键。

（二）活动评价要从封闭走向开放

目前，班级活动评价基本上是封闭运行，忽视了外界对班级活动的反应，忽视了与兄弟班开展同类活动的比较研究，没有广泛听取政教处、年级组老师们的意见和评价，没有广泛借鉴兄弟班的好经验，不重视向学生家长收集活动后学生发生的变化情况；甚至一些社会实践活动，如学军、学农活动，社会公益、社会调查活动也没有广泛听取社会的意见。这种坐井观天式的自我评价，不利于班级活动价值的提高。因此，活动评价的创新，必须变封闭式为开放式。

（三）活动评价要从就事论事走向以事论理

班级活动评价离不开对事实的客观描述，离不开对活动中好人好事的表扬和奖励。但是，绝不能停留在就事论事的层面上，而应深入挖掘学生在活动中表现出来的好思想、好作风，归纳出班级活动对学生良好思想品德形成与发展的巨大作用；特别是要总结出，什么样的活动对学生创造性个性品质的形成及创新精神的提高有更突出的作用。通过评价，总结出经验，寻找到规律，以便更好地指导今后的工作。

总之，活动评价的创新应走出就事论事的现象，实现以事论理探索规律的目的。

（四）活动评价要从单纯重视评价个体，走向更重视对集体的评价

对班级活动进行评价时，不少班主任比较重视对学生个体的评价，而忽视了对集体的评价。重视对学生个体的评价无可厚非，但是，必须把对学生个体的评价纳入对集体的评价之中。在评价中，应大力宣扬每个同学

对班级发展所做的贡献和体现的价值，并充分挖掘学生个体所表现出来的集体主义精神。使学生懂得，个人的聪明才智只有在集体活动中才能充分展示，离开了集体，离开了集体成员的密切合作，将一事无成。活动评价必须坚持评价个体与评价集体相结合，以评价集体为主，强化团结合作的集体力量对开展好班级活动的作用，增强每位同学的集体意识和集体荣誉感。

（五）活动评价要从随意性走向科学性

班级活动的评价存在着随意性的缺点，缺乏必要的科学性。制订一个较为全面的评价指标体系，如活动目的是否达到，达到的程度如何（达到、基本达到、没有达到），活动准备是否充分，学生参与活动的程度如何（广度、深度），活动内容是否具有时代性，活动形式是否受学生欢迎等是活动评价从随意性走向科学性的前提。

上述五个方面是班级活动评价创新的主攻方向，同时，在评价中要充分体现民主性、公正性和激励性。只有如此，才能通过活动评价为以后的活动提供借鉴，从而达到"增值"的目的。

第三节　班级活动创新的方法

　　班级活动的创新不是单纯的方法问题，而是有没有创新精神。只有班主任和学生具有不因循守旧、不唯书唯上的精神，能够广泛吸收不同的见解，同时具有极强的洞察力和较强的创造力，才能独辟蹊径，寻找出行之有效的班级活动创新的方法。

　　儿童教育专家张先翱教授归纳出的十种创新活动的方法，对班级活动的创新具有极强的借鉴意义。在借鉴张教授十种方法的基础上，笔者就班级活动创新的方法谈谈个人的见解，并做进一步的研究和阐释。

一、模仿出新法

　　有人会说，模仿算什么创新，充其量是一种继承。其实不然，中小学生是班级活动的主人，其创造力尚处在低级阶段。但是，他们模仿别人的活动形式，对本人来说是第一次，也是前所未有的。他们通过这样一个又一个的第一次，一次又一次的前所未有，逐渐培养自身的创造力。如上个世纪五六十年代非常普及的童话故事、野炊活动，如今对他们来说却是全新的。引导孩子学习、模仿、继承如此丰富的活动经验，对培养和发展他们的创造力有着既实际又重大的意义。从班主任的角度来说，模仿也是必要的，但是，如果是"缺乏个性的照搬式"则是行不通的。因此，模仿出新作为一种方法，是指任何事物都是在继承中求发展，在继承中求超越。

班级活动也不例外。

孩子们的创新是一点一滴积累的。在模仿基础上的微小改进，对大人来说也许是微不足道的，但在孩子们看来却近乎"伟大"了。比如，小学生第一次成功地举行一个童话故事会；第二次他们又锦上添花，开了个化妆故事会，显得更为形象、生动、有趣；第三次他们继续改进，举行半个故事会，故事只讲一半，在最精彩处打住，谁想要知道后半个故事，就去借阅那本书，故事会又成了好书介绍会。班主任在创新班级活动时，同样也是从模仿开始的。但是，他们在参考其他活动时，时刻不忘创新，运用模仿出新法，在原有基础上，或充实新内容，或变换新形式，或选择新角度，或在班级活动中随机应变，不断深化活动的主题，这便是较高层次的创新。

二、联想出新法

联想是由一个事物想到与其有关的事物。联想出新法，是在扩大班级活动范围、增加班级活动含金量的基础上进行创新的方法。班主任可能会注意到，家长在给自己的孩子起名字时都寄予着殷切期望。如振国、振东、光华、国强、鹏宇、建中、学伟等许多名字都具有理想色彩。因此，举行一个以"名字中的理想"为主题的班级活动是饶有兴味、深受学生欢迎的，而且具有很强的激励作用。但是，班主任不能只停留在先由学生介绍自己的姓名，然后谈父母为什么给自己起这个名字的层次上，应当以此为契机进行联想，由名想到姓，把同姓学生临时组成小组，收集古今同姓名人的事迹，举行一次"我们家族名人多"的班级活动；再由姓联想到生肖属相，如属蛇的同学举行一个"下一个蛇年来相会"的畅想活动，畅想自己将来怎样为振兴中华作贡献；由生肖属相又可以联想到生日，举行一次"我生日这一天"古今中外发生过什么有意义的事情。这样，不断深化活动的主题，增加活动的含金量。

三、学习发现法

学习发现法是创新班级活动的一个重要方法，笔者从两个方面加以说明：

一是创新班级活动，就要研究班级活动的历史和现状，继承传统、超越传统；就要学习别人开展班级活动的经验，做到学习他人、超越他人；就要总结反思自己开展班级活动成功的经验和失败的教训，做到战胜自我、超越自我。超越就是学习的过程、创新的过程。不学习班级活动的历史，不把握班级活动的现状，就不能继往开来；不学习他人开展班级活动的经验，就不能找准创新班级活动的方向；不战胜自我，总是满足现状、故步自封，就不会向更新、更高的目标攀登。这一切都需要经过持续不断的学习，才能发现问题、提出问题，并在实践中探索解决问题的方法。

二是创新班级活动，就要树立"重新学习"的理念，特别是在学习型社会，学习是事业发展的前提，也是班级活动创新的前提。只有学习，才能发现问题；只有学习、了解班级活动的前沿信息，提高理论素养，才能更好地去创新班级活动。

学习什么呢？

首先，学习教育方针政策、教育法律法规和素质教育论述，以把握班级活动创新的方向。

其次，学习班级建设和开展班级活动的相关理论，以先进的教育理论武装头脑，实现班级活动创新的科学性。

第三，学习他人开展班级活动的经验，因为任何创新都是在前人的基础上起步的，班级活动创新也不例外。

可见，学习发现法是班级活动创新的重要方法。

四、组合创新法

张先翱教授说："把原有的两种以上的事物，经过加工组合而生另一种新的事物，叫做结合创新。这在科学发明、日常生活中屡见不鲜。女上衣与裙子组合变成了连衣裙。西红柿与马铃薯嫁接，出现了'两层楼作物'，上面结西红柿，地下长土豆。少先队活动同样可以运用组合创新的方法。少先队仪式与表扬、奖励要结合，产生了'中队荣誉时刻'，即每月中队表彰好人好事时，都要举行简单而隆重的少先队仪式。"笔者所说的组合创新法与张教授的"结合创新"基本上是一致的。如为了体现"从小抓起与从我做起"这一主题，可以把班级活动与指导家庭教育组合在一起。近几年来，学生品德教育一再强调要"从小抓起""从娃娃抓起"，可是，有些家长自身的品德和教育方法就有待提高。所以，本着教育者先受教育的思想，把抓学生教育与指导家庭教育嫁接在一起，形成师生与家长共同参与的班级活动和家长会活动。

五、超越传统法

任何创新都是对传统的超越。班级活动创新就是在传统教育活动与传统活动形式的基础上去补充新的内容、变换新的形式、选择新的角度、寻求新的活动方案。超越传统法突出思维的求异性，打破旧有的思维定式，更多地体现了思维的独特性和创造性。

如当家理财、主持家务是家长的分内事，我们就破除了这种旧观念，在学生中开展了"今日我当家"活动，每个学生在星期天当一天家，由他来计划星期天的开支、主持家务、学习当家理财。四川成都龙江路小学的一个班级，在早上六点举行了一次"早晨六点钟的时候"主题班会，分别去访问炊事员、公共汽车司机、环卫工人等，使队员形象具体地了解到他们的辛勤劳动，解决了冬天"懒被窝"上学迟到的问题。还有，历来是只有老师批评学生，不许学生批评老师，优秀班主任杨照就破除了这个传统，每学期开展一次请学生为自己写评语活动（无记名式），然后召开一次班主任述职主题班会，开展批评与自我批评，体现了师生民主的好风气。这样的活动不仅融洽了师生关系，而且班主任严于律己的行为也为学生树立了榜样。还有的班主任组织开展了"夸夸我身边的小伙伴"和"评功摆好会"活动，发动学生自我总结评价，一改以往班主任一言堂的做法，大大调动了学生的积极性，提高了他们的自我评价能力和严于自律的精神。

传统的爱国主义教育往往多从正面出发讲述祖国和家乡的优势，笔者也曾主编了一本《中国真棒》的学生读物，为班级活动提供了丰富的素材。但是，爱国主义教育也不能忽视去寻找祖国近百年历史上的耻辱的痕迹，因为"忘记了过去，就意味着背叛"。因此，利用"国耻纪念日"开展纪念性班集体活动，从另一方面去激励学生发奋努力、振兴中华。如《二十一条》签订纪念日（5月9日）、"卢沟桥事变"纪念日（7月7日）、《南京条约》纪念日、"九一八事变"纪念日（9月18日）、"圆明园被焚"纪念日（10月18日）、《北京条约》签订纪念日（10月）和"南京大屠杀"纪念日（12月）等都是可以激发学生爱国主义精神的素材。

六、纵横挖掘法

确定了班级活动的主题，就可以围绕主题从纵向和横向两个方面进行深入挖掘，从中发现新思想、新内容、新形式、新方法。从2002年春节开始，各种中国结一下子红遍了大江南北。在全国人民抗击非典的战斗中，广大白衣战士恪尽职守、不怕牺牲，用自己的生命筑起保护广大人民生命安全的防线。为了表达对白衣天使的感谢、崇敬与祝福，广大人民纷纷给白衣天使送去了美丽的中国结。在医护人员的休息室里，在病房里，在隔离区的周围到处可见红彤彤的中国结。当时，许多班主任开展了"情系中国结"的主题教育活动。为了让学生了解中国结所包含的文化底蕴、民族情结，他们指导学生多渠道了解中国结形成的历史和不同中国结所包含的文化内涵。在此基础上，继续深化学生对中国民间艺术的认识，了解中国传统文化的博大精深，从而激发了学生的自豪感和爱国情。

七、系列深化法

系列深化法是指确定一个教育主题，围绕这一主题，采用系列活动的方法步步深入、环环紧扣，以产生良好的教育效果。这也是班级活动创新中最常用的方法。

如围绕"我爱我的妈妈"这一主题，第一次活动让大家回忆妈妈对自己的关怀和热爱，使学生心中产生对妈妈养育之恩的感激之情。第二次活动是调查了解妈妈在工作岗位上的良好表现，让大家从妈妈的优秀事迹中认识到，不仅仅是因为妈妈爱我，我才爱妈妈，还因为妈妈爱工厂、爱学校、爱医院、爱人民、爱社会主义事业，所以我更爱妈妈。第三次活动是了解班里几位同学的妈妈少年入队、青年入团、中年入党的光荣经历，为学生树立学习的榜样。三个活动构成一个系列，一环紧扣一环，逐步深化了教育主题。

上述七种方法往往是你中有我，我中有你。它们是通向创造王国之路！是活跃和创新班级活动的有效方法。

阅读资料：

班级活动应在"巧"上下功夫

朱智军

丰富多彩的教育活动和社会实践是中小学德育的重要载体。作为班队活动的组织者，班主任应"巧"做活动这篇文章。

一、"大题小做"——注重基础

学校德育工作要落到实处，必须从青少年的年龄特点出发，从小事做起，内容要具体、形象、直观，便于他们理解、掌握和执行。如中华传统美德博大精深、内容丰富，若直接向学生灌输，他们只能被动接受，不可能内化为自身的品质。我们如果选准切入点，将这些传统美德渗透到小事中去，效果就会大不一样。比如，培养学生孝敬父母的思想感情，可要求他们完成诸如每天帮父母洗碗扫地、每周当一次家的德育作业，使他们在汗水中体验到父母的辛劳，孝敬父母的思想感情也在点点滴滴中培养起来。通过角色体验，引导学生在"做小事情、学大道理"中形成好的品德。

二、"小题大做"——把握针对性

"区区小事，何足挂齿""学校用不着管这些鸡毛蒜皮的小事"这是普遍存在于人们心中根深蒂固的一种不良心态。校园里的这种心态若不能得到矫正，必将成为教育的缺口。如对乱丢、乱扔、讲脏话等类似的小事、小毛病、小问题不在意，这些被忽略的"小病灶"就会成为影响学生思想道德素质提高的"毒瘤"。班主任必须高举"班级无小事，事事育新人"的旗帜，有的放矢地小题大做。比如图书角里的一本书掉在地上，一名同学弯腰将它捡起放回原处；地上有一张纸，又有一名同学弯腰将它捡起扔进垃圾桶……这些小事，许多孩子往往会不屑一顾。但是，好的品质是在一点一滴的小事中养成的，班主任应善于发现这些"小事"，大张旗鼓地表扬这些愿意"弯腰"的学生，并引导开展"弯一弯腰，让我们的世界更美好"的活动。一方面，使这些学生在得到别人的肯定后，体验到平凡的小事也会给别人带来美，产生一如既往的做这些平凡小事的信念；另一方面，也使其他学生"见贤思齐"，端正思想认识，做到"不以善小而不为"。

三、"一题多做"——体现综合性

学校经常开展的体育竞赛活动，不仅可以调剂紧张的学习生活，提高学生的身体素质，还有潜在的教育作用。班主任应发掘体育竞赛这一独具魅力的载体，组织开展迎赛系列活动。无论是赛前、赛中，还是赛后，都可以让学生体验到集体主义精神的存在。例如，如何让参赛者取得最好的成绩？班主任在赛前要引导学生开展讨论，不难得出这样的结论：好成绩的取得，既要靠参赛者的努力，又要靠集体的支持。在此基础上，班主任让体育委员做出合理的分工，除了拉拉队的学生，还要安排提供后勤服务的学生，负责为参赛者拿衣送水。比赛进行时，班主任安排大家各司其职，并及时查漏补缺，让参赛者时刻感受到自己不是"孤军奋战"。比赛后的庆功表彰会，也是不可或缺的一环，大家交流自己为集体出了哪些力，让取得好成绩的学生畅谈比赛时的感受。这样，通过对一次体育比赛的精心组织，引导学生体验到集体的温暖、集体的力量，进而产生自己是集体的一员，应时刻为集体"添砖添瓦"的道德追求。试想，如果就比赛而比赛，我们就会错失许多教育的良机。

"一题多做"既包括一次活动多个主题，也包括一个主题多个活动。如有位班主任为了培养学生的社会责任感，成功地开展了"引领学生读社会"的活动：（1）引导学生通过收听、收看新闻节目来关心社会；（2）带领学生通过观察、访问、调查、劳动等方式走进社会；（3）策划活动，如建立班级法庭等让学生体验社会；（4）通过以社会一员的身份来主动关心社会、评论社会热点问题。

四、"旧题新做"——倡导创造性

教育心理学告诉我们，少年儿童的注意力不持久、不稳定，容易被一些新奇刺激所吸引。教师要善于变化教学方式，采用新异和趣味来吸引他们的注意。可见，每一个常规特色活动的创新也是教育规律所需。

班队建设中的小干部任用是班队工作中的"传统项目"。以往的做法是班主任包办的多，学生主动性少；少数学生锻炼的多，大多数学生动的少。体验教育就要面向全体学生，班主任"减政放权"，可以模仿社会上人才市场的做法，先发招聘广告，再进行双向选择，然后签订聘用合同。通过创设岗位，引导少年儿童在集体中自主寻找岗位。可以一岗多人，也可以一人多岗，人人都有当班级"芝麻官"的机会。引导少年儿童在学校集体生活中做一切活动的主人，主动用自己的心灵去体验生活的欢乐与痛苦，品味角色的成功与失败。

五、"妙题细做"——突出情感性

活动是班队建设的生命。但是，有时一个生动新颖的活动却没有取得应有的效果，使"金点子"缺少应有的价值，其中一个重要的原因就是只重视活动的结果，而忽视了活动的过程，特别是情感渗透这一环节。正如苏霍姆林斯基所说："人的文明最精细地表现在情感的文明里。"

如有位班主任针对学生兴趣容易转移的情况，围绕"学有毅力"这一主题，开展了"为了明天而学习"学写格言活动。学生通过"当一回名人、写一句名言"的活动，了解名人的成长之路，明白持之以恒的道理，发现自己学习上的不足，从而在陶醉、愉快、兴奋、暗示等情感中受到格言的熏陶。这种用格言陶冶学生道德情感的做法，就是把道德认识、道德情感和道德实践相结合，为道德原则内化为道德信念铺设了道路。

总之，做"巧"活动这篇文章，班队建设一定会有声有色，学生的品德教育也会水到渠成。

思考与练习

1. 结合自己班级活动的创新实践，谈谈班级活动创新的意义。

2. 为什么没有班主任观念的更新，就不会有班级活动的创新？试举例说明。

3. 班级活动的内容创新体现在哪些方面？建议您把创新班级活动的典型实例和体会写成文章寄给《班主任》专业报刊。

4. 您是怎样组织学生总结评价每次班级活动的？请您把自己的成功经验和失败的教训写出来，寄给《班主任》专业报刊。

第五章 班级活动的创意与策划

　　创意和策划被称为"创造性的主意、思路和策略"，是广告学上的概念。近年来，创意和策划被班主任广泛运用到集体活动中，成为班级活动创新取得成功的关键。有一个好的创意，班级活动就成功了一半。班级活动的创意和策划，是班主任在对教育方针的理解和对集体生活认识和体验的基础上，将其转化为具有艺术特征的活动过程。不仅体现了班主任组织开展班级活动的创造智慧，也体现了班主任的工作艺术。创意和策划是创造性思维的过程。班主任的思维越活跃、思路越宽广，越能产生新颖别致、深受学生欢迎的常搞常新的活动。

第一节　班级活动创意与策划的理论依据

一、哲学依据

　　马克思主义哲学充分肯定了人是"从事实践活动和认识活动"的"主体"；一切"进入人的活动领域，成为人的活动对象的事物"都是"客体"，主客体相互作用的过程也就是人的对象化的实践活动的过程。后来，毛泽东同志对马克思主义的哲学思想又有了新的发展。他在《矛盾论》一文中指出，事物发展的根本原因，不是在事物的外部而是在事物的内部，在于事物内部的矛盾性。任何事物内部都有这种矛盾性，因此引起了事物的运动和发展。这一观点不仅为我们揭示了班集体的发展和集体成员素质提高的一般规律，而且明确提出了活动过程是人有意识、有目的地改造客观世界的同时，改造主观世界的过程。主体（教师和学生）在促进班集体的形成与发展的同时，也促进着自身从"旧质"（原有素质）向"新质"（发展的素质）过渡，为创意和策划班级活动奠定了哲学基础。

　　究其原因，从学生素质的发展来说，以德育为核心，培养学生的创新精神和实践能力，使学生成为有理想、有道德、有文化、有纪律的社会主义建设者和接班人，是社会对青少年学生的具体要求。但是，这种要求和他们的思想道德、知识能力、个性心理和社会行为方式等方面的实际水平存在着差距，也就是矛盾。而且，这种矛盾贯穿在学生素质提高过程的始终。要想使班级活动有效发挥其发展功能，班级活动的创意与策划就必须从学生的身心发展水平出发，遵循发展的客观规律，设计活动目标、安排活动内容、选择活动形式、营造活动氛围，做到适合学生特定阶段的身心发展水平，既不能过高也不能过低，否则就不能有效地促进学生素质的持续发展。班主任要研究社会期望的目标水平和学生素质的实际水平，根据他们之间的差距和产生的矛盾，组织丰富多彩、目标适度、内容具体、形式活跃的班级活动。以便将社会要求通过班级活动，内化到学生的心理结构中去，转化成他们的自觉需要、行为动机、人生信念、志趣理想和社会行为习惯。

班级活动能够促进班集体向高层次发展。因此，班主任要研究班级现有水平和目标水平之间的差距（矛盾），以便在活动中有目的地培养学生的团结合作精神、集体荣誉感和责任感、健康的集体舆论、良好的班风和学风，以增强班集体的凝聚力。在班集体建设中，哪项要求有差距，就要通过活动缩短这个差距

二、教育心理学依据

班级活动最初只是一种进行纪律教育的手段，维护共同的学习，后来逐渐成为班集体进行自我教育、自我管理、自我完善的有机组成部分。根据素质教育的要求，班级活动的任务要坚持以德育为核心，以培养学生创新精神和实践能力为重点，既要促进学生的全面发展，又要张扬学生的个性，这也符合马克思主义关于教育是培养学生"全面发展基础上的个性发展"的基本观点。所以，班级活动应该以素质教育的要求和德育任务为依据，引导学生提高认识、丰富情感、锻炼意志、付诸行动。

同时，班级活动还是师生之间、学生之间精神交往的园地，是他们提高交往能力的场所。因此，为学生营造一种有利于个性发展的"心理安全"和"心理自由"的空间，使他们在主动参与班级活动的过程中满足其好奇心、求知欲、创造欲和交往需要、归属需要、发展需要，而这些又是班集体发展的心理基础。教师特别是班主任，在充分认识学生心理特点的

同时，还要了解他们的兴趣、爱好和求新、求奇、求乐、求发展的心理特点，正确地进行班级活动的组织与领导，满足他们的心理需求。

中小学生正处在身心发展的关键时期。教育心理学阐述了影响学生身心发展的因素、作用以及它们之间的关系，阐述了青少年不同阶段身心发展的特征、趋势和特点，这些均为培养学生良好思想品德提供了依据。如初中生自我意识强烈，对自己在班集体中的地位很敏感。学习差的学生往往因为成绩落后产生心理压抑，感到不被班集体所容，于是从别的方面寻找集体的认同，班级活动也为这样的学生提供了施展才华的舞台。

三、行为学依据

班级活动必须符合人的行为模式。西方行为学认为，需要引起动机，动机产生行为，行为指向目标，经过努力实现目标，又产生新的需要，如此循环往复，构成人的行为的基本模式。我国对西方的行为模式有两大发展：一是明确提出了人的需要，包括物质需要和精神需要；二是人的这种行为模式肯定要受环境的影响，不仅肯定了需要的层次性，也指出人的动机具有层次性。据此，在策划和开展班级活动时，必须考虑满足学生多方面的合理要求，必须随时进行行为动机的培养，必须对学生的行为方式进行正确的引导，必须创造良好的环境氛围。从这个行为方式看，需要是行为积极性的心理基础，也是调动学生主动参与班级活动的基点；动机是行为积极性的直接动力，也是调动学生主动参与班级活动的着力点；环境是影响学生创新的变量，不能忽视；目标是行为积极性的诱因，不仅要适度，还要有挑战性。综上所述，在班级活动的创意和策划过程中，要研究学生的需要，满足学生的合理需要；研究学生行为的动机，开展行为动机教育；营造良好环境氛围，为学生创设"心理安全"和"心理自由"的空间。

哲学、教育心理学和行为学构成了创意与策划班级活动的理论支柱，共同发挥着作用。班主任要认真学习这些理论，并联系实际加以运用。

第二节 活动的创意与策划

一、活动创意与策划的三个阶段

（一）材料积累阶段

占有材料是产生创意灵感的基础，也是搞好班级活动创意与策划的基础。这里说的材料主要包括以下几种：

一是《国务院关于加强和改进未成年人思想道德建设的若干意见》《中小学开展弘扬和培育民族精神教育实施纲要》《关于开展社会诚信宣传教育的工作意见》，以及新修订的《小学生日常行为规范》和《中学生日常行为规范》。不掌握这方面内容，不对它进行深入的理解，创意就会失去方向。

二是社会政治、经济、文化诸方面的重大事件和国内外热点问题。例如，2008年的奥运会、残运会、汶川大地震；2009年的建国60周年庆典；2010年的上海世博会，舟曲特大泥石流灾害，我国首次载人航天飞行圆满成功及相关航天事业的突破性进展。充分利用这些内容组织班集体活动是活动具有时代性的前提。

三是开展班级活动中的成功经验和失败教训。目前，关于班级活动的理论研究有了新的进展，班主任也有了许多成功的经验和认识上的升华，这些材料不仅可以在学校中随时可见，而且见诸报刊的也越来越多。只有把握这些材料才能处理好继承与发展的关系。

四是本班的发展水平、学生的实际情况及其与社会期望之间的差距，这是活动创意的基础和依据。

以上都是班级活动创意与策划的依据和素材，创意的智慧也会由此而生。你掌握的素材越多、越丰富、越有价值，对这些材料理解得越深刻，对活动的设计越有利。

（二）形成活动方案阶段

这个阶段主要是通过对素材的分析、取舍和加工，从而获得灵感，并在此基础上认清活动的价值，确定构思的意图，明确活动的主题，选择活动的内容和形式，从而形成活动的基本框架和方案。

（三）确定实施步骤，选择活动方式阶段

这一阶段非常重要，它的任务是为了用尽可能完美的手段，将活动生动有效地展示出来，以便深刻地揭示主题，达到促进班集体形成和学生素质不断提高的目的。这个阶段，班主任要充分调动学生的积极性，把活动的主动权交给学生，使学生真正成为活动的主人。

二、活动创意与策划的主攻方向

创意与策划主要集中在活动的主题、内容、环境氛围和形式的统筹策划，任何班级活动的方案都是这四者的有机统一。下面分别加以阐述：

（一）提炼活动主题

班级活动的主题是统领整个活动的灵魂，好似一条红线贯穿于活动的始终，影响着活动内容的确定、形式的选择和活动环境氛围的营造。

最近，笔者在《中国教育报》上读到了来自深圳实验学校的一篇《培养"大写"的人》的报道，颇受启发。报道介绍了他们通过行之有效的班

集体活动，对学生进爱的教育。

作者说："我不知道收到这张贺卡的人会是谁，但是我还是会祝福你的，希望你：（1）学习进步；（2）好好学习；（3）天天向上；（4）认真复习，准备迎接期末考试；（5）在新的一年，有新的变化；（6）GO！GO！加油！"

这是我从初二（10）班"爱的祝福"活动中，同学们制作的祝福卡中随意挑选的一个贺卡的内容。班主任谭梅老师向我介绍了活动设计的初衷：每个同学都亲手制作一个贺卡，并投放到纸盒里。然后，每个人从中抽一张，谁也不知道自己的贺卡会被谁抽到。"我们希望通过这样的方式，让每个同学感到班集体的爱，让同学们学会关心班级的每一个同学。"

"爱的能力训练"是深圳实验学校初中部落实学校健全人格教育的重要抓手。为此，该部以"爱的能力训练"为切入点，全面开展"爱，自我道德高尚有修养""表孝心感激父母养育恩""谢师恩难忘学校教诲情""懂珍惜求学路上携手行"系列主题活动，精心打造爱心校园，取得了初步成效。

小汪同学知识面广，口才和笔头表达能力好，但做事我行我素，几乎不参加班里及学校组织的任何活动，一副拒人千里的架势。对此，班主任李淑芝老师看在眼里，"计"在心里。她利用各种机会放大他的优点，发挥他口才好的特点安排他说相声，课堂上赞赏他独到的见解，频频把他的作文作为范文读给大伙听。

渐渐地，小汪变了。他在一篇文章中深情地写下"李老师一次又一次地包容我有点儿古怪的性格，把我当成她自己的儿子一样悉心栽培，让我学会了感恩，学会了回报。"

"爱是一种品德，爱是一种能力，爱是责任意识、自立意识、自尊意识和健全人格的体现。加强爱的能力训练，让学生感知爱、践行爱，进而传递爱，对于培育学生的健康心态，塑造学生的健全人格具有重要意义。"该初中部主任冯景华对"爱的能力训练"的目的进一步诠释道。

从深圳实验学校的系列主题活动中我们看出，活动主题是经过高度概括和凝练而产生的"口号或警句"，具有健康、准确、鲜明和新颖等特点。活动主题一般用来反映活动的实质，调动学生的积极性，并发挥着导向与鼓舞作用。再如，"为中华之崛起而读书""鼓起你的勇气""竞选班干部我能行"等富有哲理、具有青春气息、能激励学生奋进的主题，对青少年来说，可以促使他们积极参与，推动班级活动的顺利开展。

主题的提炼，一要针对活动的指导思想、目的要求和宗旨进行研究，从中提炼、概括出符合活动要求的主题；二要用艺术的语言加以概括。具体需要注意以下几个问题：

1. 班级活动主题的特点

主题提炼的好坏，关键要看对班级活动的指导思想、目的要求、基本宗旨的研究与理解是否深刻。班主任应在此基础上凸显主题的健康性、准确性、鲜明性、新颖性等特点，这是班级活动创意与策划的第一要务。一个好的活动主题是这四个特点的结晶。

（1）健康性

主题是活动的灵魂。健康性是活动主题的前提和要求，只有健康的主题，才能引领学生积极向上、进步发展，否则就会产生误导。班主任不会有意用错误或不健康的主题误导学生。但是，在活动的某些环节中，一些不适合中小学生的内容或节目却时有所闻。不仅使活动主题的健康性大打折扣，还对学生产生不良影响。

如活动中唱的"哥呀、妹呀"的爱情歌曲和学生"吃得苦中苦，方为人上人"的发言内容。班主任若不能及时纠正，就会对学生产生副作用。在一次"集中精力迎接高考"的主题班会上，那位班主任在总结学生早恋危害时说："只要考上名牌大学，将来就能有好工作，就能挣大钱，到那时候什么好姑娘找不到，何必现在瞎忙活。"

班主任在这里显然有意无意地向学生灌输了一种"书中自有黄金屋，书中自有颜如玉"的不健康思想。这种情况的出现和班主任的思想有一定的关系。因为班主任思想境界的高低，不仅直接影响能否提炼出健康的活动主题，还影响着能否把握好班级活动的大方向。因此，这种情况应当引起班主任的注意，在对活动进行总结时不要信口开河，以免误导学生。

（2）准确性

主题是活动的方向，必须准确，不能模棱两可、似是而非、引起学生的错误联想。主题好比一首乐曲的基调，发挥着"定音"的作用，基调不准，乐曲就会跑调；主题不准，活动就会偏离方向。可见，提炼主题要做到准确，关键是策划者（班主任）对教育方针、德育大纲（纲要）、《中共中央国务院关于进一步加强和改进未成年人思想道德建设的若干意见》和素质教育各项要求的正确理解。

如在学校"读书节"活动中，各班都要开展相应的主题活动，如果教师在黑板上赫然写这样的标题："书中自有……"很容易使人联想到"书中自有黄金屋，书中自有颜如玉"，把学生引向读书是为了"做官发财，妻妾成群"的歧路。如果教师选择"书山有路……"这样的题目，就能够正确引导学生树立勤奋读书的好品质。

（3）鲜明性

主题是活动的一面旗帜，体现了素质教育的要求，体现了社会对学生的合理期望和时代的特点。也就是说，活动的主题必须具有鲜明的思想性，必须与改革开放的伟大时代合拍。但是，我们也不能为了追求鲜明而忽视实在性，提出一些不符合实际的主题或空洞的豪言壮语。即主题的鲜明性（时代性）与班级活动的实际需要是不矛盾的，活动所提的口号、目标是切实可行的。

如学生进入高中后，如果不经过调试，很难一下子找到适合自己的学习方法和学习规律。于是，一些同学的学习成绩出现大幅度下滑。有的不能清醒地认识自己，在一两次考试失败以后，开始自暴自弃，影响了班集体的学习成绩和纪律。为了让同学们更好地认识自己的价值，认识到学习的重要性，班主任可及时召开"告别昨天"这个主题新颖的班会。再如，"竞选班干部我能行""我是劳动小能手"等主题都具有鲜明的特点。

（4）新颖性

为了使活动的主题鼓舞学生，充分调动学生参与的积极性和创造性，活动主题必须体现新颖性的特点。提炼新颖的主题，需要班主任具有创造性思维和较高的文化素养，需要考虑学生的好奇心、求知欲，以达到"寓教于乐，启迪智慧"的预期。主题是具有哲理性和艺术性的语言，不是信手拈来的一句话。新颖性、哲理性和艺术性是分不开的，因此，不管主题的内容，还是形式，都必须经过艺术的加工和锤炼，做到简练、新颖、易记、上口。如"奉献与索取""尊师与非师""寻找完美的自我""愿集体充满温馨"等。

综上所述，要想达到主题的"四性"，就需要班主任加强自身修养，不断提高自己的思想水平和文学修养。

2. 班级活动主题的提炼

提炼班级活动主题应从以下几方面努力：

（1）从新世纪对人才的需要出发提炼主题

要想培养学生成才，必先教其成人。因此，主题的选择与提炼必须从思想道德、文化科学、心理健康等方面去提炼。如围绕"做 21 世纪的雄鹰"这一主线，可确定下列主题："学英雄事迹，走英雄道路""爱惜光阴，就是珍惜生命""做人比做学问更重要"……

（2）从精神文明建设中提炼主题

《公民道德建设实施纲要》的公布，进一步推动了精神文明建设。我们要以此为契机，结合中华民族的传统美德，深入挖掘班级活动的主题。中华民族是一个拥有五千年灿烂文化的民族，在源远流长、丰富多彩、博大精深的文化遗产中，特别是在民族传统的价值观和道德伦理中，有着浩如烟海的精华。她不仅包括了哲学、社会科学、文学艺术、科学技术等方面的成就，而且蕴藏着崇高的民族精神、民族气节。这笔丰厚的文化遗产是中华民族的精神支柱，是对青少年进行爱国主义教育和品德教育的宝贵源泉。

例如，"先天下之忧而忧，后天下之乐而乐""富贵不能淫，贫贱不能移，威武不能屈""天下兴亡、匹夫有责""静以修身，俭以养德，淡泊明志，宁静致远"等观点，都有着重要的教育意义。加强学生传统美德教育，提高学生道德思想品质，使爱国主义教育与优秀文化和传统美德教育有机结合起来。这是班级活动的一个永恒的主题。围绕"讲文明、树新风"为主线，开展主题教育活动，可以提炼出"呼唤文明""撒播文明的种子""礼仪之花"等主题，帮助学生养成文明礼貌的好习惯。

（3）从社会大背景中提炼主题

班级活动不能脱离改革开放的背景，不能脱离风云变幻的国际形势，不能脱离社会上的偶发事件和热点问题，不能无视家乡和祖国建设的变化。如改革开放是我国的一项基本国策和强国之路。从党的十一届三中全会至今，我国社会主义现代化建设取得了令人瞩目的成就，祖国的面貌日新月异。我们不仅要让学生认清祖国的历史，更要让学生了解祖国的现在，展望祖国的未来，这是开展爱国主义教育活动最生动、最现实、最有效的教材。进行改革开放的成就教育，可增强学生的自豪感，激发学生的学习动机。同时，加强时事形势教育，让学生跟上时代步伐，把握时代脉搏，关心国内外大事，关注国家命运前途。为此，可以提炼出如下主题。如"祖国从希望的田野上崛起""我们挑战 21 世纪"……这些主题具有强烈的时代气息，也表达了青少年投身到祖国建设，为祖国繁荣昌盛贡献力量的决心和信心。

（4）从学生和班集体发展水平与素质教育要求的差距中提炼主题

随着年龄的增长，中学生在生理和心理上发生了巨大变化。有的学生以为自己长大了，开始"反抗"家长和老师，对他们的教诲产生反感。但自我约束力又较差，于是上课说话、抄袭作业、逃避值日、盲目攀比，沾染了一些不良习气，两极分化开始严重。

为了帮助学生认识自己，一位班主任经过充分准备，组织召开了"他律、自律、慎独"主题班会。再如，"给班集体插上腾飞的翅膀""目标给我插上腾飞的翅膀""我们能行""追求""主人"等主题，同样符合学生特点且具有新意。

（5）从重大历史事件和纪念日中提炼主题

我国人民的爱国主义精神是在中华民族漫长的历史过程中产生和发展起来的。从历史特别是近现代史的素材中提炼深刻且具有激励性的主题，使学生了解中华民族反抗强暴、抵御外侮、自强不息、浴血奋斗的民族精神和崇高气节；了解中国共产党领导全国人民为建立新中国而英勇奋斗的光辉业绩。

如从鸦片战争、中日甲午战争、五四运动、"九一八"事变、"七七"事变、"一二·九"运动、红军长征和"五一""七一""八一""十一"等重大历史事件及纪念日中提炼主题，不失时机地对学生进行民族荣辱感的教育。如庆祝教师节活动，作为班主任应该借此机会，团结本班的任课教师，组织"园丁颂"主题班会。

（6）从社会主义和集体主义教育中提炼主题

　　只有社会主义才能救中国，只有社会主义才能发展中国。中国革命和社会主义现代化建设的实践证明了这一点。对学生进行社会主义思想教育，引导他们树立科学的人生观、世界观，树立远大的共产主义理想，是爱国主义教育的时代需要，是爱国主义教育的主旋律。

　　如"让民族精神代代相传"为主题的系列活动就非常好。开展集体主义教育，激发学生爱祖国、爱家乡、爱集体的崇高情感，培养学生文明礼貌、遵守公德、爱护公物、为人民服务的道德品质，是爱国主义教育的核心内容，也是班级活动的主要任务。因此，从中可以提炼出教育年青一代、发展社会主义事业、弘扬集体主义精神的主题。如"我爱我家"主题班会，就是进行集体主义教育的典型例子。

　　(7) 从伟大人物的事迹中提炼主题

　　开展榜样教育，加强典型宣传，发挥榜样的示范作用，是对青少年进行爱国主义教育的重要内容和有效方式。中国历史上涌现过无数民族英雄和杰出人物。从屈原、苏武、岳飞、文天祥、林则徐、秋瑾、孙中山、鲁迅、李大钊到毛泽东、周恩来、刘少奇、朱德，他们可歌可泣的爱国壮举是对学生进行爱国教育最生动的材料；在新中国建设的各条战线上，又有王进喜、雷锋、焦裕禄、赖宁、徐洪刚、刘玲英、孔繁森等楷模，他们的事迹，也是青少年学习的典范；在全国人民同舟共济、抗击"非典"的战斗中，在汶川地震和舟曲特大泥石流的救灾中，也涌现出许许多多的模范人物，他们的事迹，同样值得青少年学生学习。宣传他们崇高的民族气节和爱国主义精神，是班级活动的一个重要主题。

　　(8) 从学校的中心工作中提炼主题

　　提炼班级活动的主题，要根据学校的工作计划和期初、期中、期末等不同阶段的工作重点，配合学校开展工作。

　　如学校在开学初期提出"创建文明"的活动，班级活动就可以围绕"创文明学校，做文明师生"这一主题开展活动；在对学生进行毕业教育时，则以"志在蓝天效中华"为主题开展活动；在开展植树造林活动时，可以开展以"绿化校园，美化环境"为主题的班会；在期末考试动员时，可以召开"让我们响亮地回答"为主题的誓师会。所以，提炼活动主题，要围绕学校中心工作，突出重点，紧扣师生的心弦。

（9）从学生身上反映的情况中提炼主题

从学生的日常工作和学习生活中，可提炼出许多活动主题。有的刻苦学习，勤奋工作；有的见义勇为，助人为乐；有的勇夺赛场金牌。发掘学生的闪光点，抓住教育契机，及时在班级活动中总结、表扬、宣传，会收到良好的教育效果。同时，把握学生的思想脉搏，针对存在的问题积极引导、及时解决。特别是学生中带有的倾向性的问题，更需要班主任准确地把握。如在学生中存在的意志薄弱、早恋、师生关系、轻视劳动、超前消费等问题和难以预料的偶发事件中，都可以提炼出班级活动的主题。

如一位班主任发现，随着人民生活水平的日益提高，学生相互攀比和浪费现象十分严重。进网吧、穿名牌、生日互赠贵重礼品等现象十分普遍。为了帮助学生养成勤俭节约的传统美德，这位班主任以"合理消费"为主题召开了一次班会，并特邀部分家长参加，家长们的现身说法对学生触动很大。最近，一个学生家中突遭变故，面临辍学，全班师生自发掀起了献爱心活动，捐款达一万三千余元。班主任立即抓住师生身上这些可贵的品质，进行了以"爱的奉献"为主题的班会活动，让学生感触颇深。

（二）确定活动内容

活动主题确定以后，还要进一步确定活动内容。活动内容要做到必须紧扣主题、服务主题；必须从实际出发，充分考虑学生的思想基础、活动能力、文化素质和兴趣爱好；必须选好角度，把握深度。正如有位班主任所说，活动的内容是班级活动的主体部分，必须精心选择。复杂多变的国际形势，日新月异的祖国建设，千差万别的学生个性，为活动内容提供了广阔的空间和多样性的素材。只要我们善于研究不断变化的新事物、新问题和学生的新特点，活动内容就会具有时代气息，就能满足学生的心理需求。

这是陈彤老师设计的以"表孝心——感恩父母养育情"为主题的特殊的班会，其内容是陈老师的亲身体会：

母亲猝然离世后，她追忆和母亲相处的时光，才愕然发现，母女共同生活的时间非常有限，似乎只有上中学那几年。那时，更年期的妈妈和青春期的女儿，往往以争吵、顶嘴、训斥为"交流"的方式。等到自己身为人母、有了切身体会时，命运却不肯成全她这份觉醒太迟的孝心。

在班会上，陈老师声泪俱下地给同学们讲了这些事。接着，她深情地说："从现在起，珍惜和父母相处的每一天，爱父母的最佳表现形式就是礼仪……"

这次班会收到了意想不到的效果，很多家长反映自己的孩子变了，更加关心父母了，更加注重礼仪修养了。

确定活动的内容要突出以下四个特点：

1. 竞争性

青少年具有争强好胜、好表现的心理特点。因此，开展竞赛活动，气氛会马上被烘托起来。如围绕某一主题召开辩论会，就能很快激发起学生的积极性，在这热烈、思辨的氛围中，他们的惧怕心理会一扫而光，而且能够提高他们探讨问题的能力。

2. 鲜活性

鲜活的内容可以吸引学生。班级活动的内容丰富多彩，要在变换中求鲜活，特别要增加那些新时期出现的新事物和学生关注的热点问题，这样的内容既新鲜又富有时代气息。

3. 新奇性

班级活动内容的奇特新颖，会使学生兴奋，使之久久不忘、回味无穷。但是，新颖不是让我们去"猎奇"。

某高三（5）班在元旦开展了一个奇特新颖的活动，即在元旦的零点时分去慰问战斗在一线的工人，被他们称之为"零点行动"。他们带着自己对工人阶级的崇敬之情，手捧鲜花，来到钢花飞溅的车间，送上他们亲手制作的贺年卡，表达了向工人阶级学习的迫切心情。并且，他们在工人师傅面前举行了一个宣誓仪式，和工人师傅一起聆听了新年的钟声。这个活动至今仍是已经跨入高等学府的原高三（5）班同学们的美谈。

4. 审美性

审美性是班级活动高层次的追求，包括对自然美的追求、对生活美的创造和对情感美的向往。因此，班级活动要增加人与自然、人与社会、人与人之间关系的内容。

如有的班主任带领全班同学开展了"追求美"的系列主题活动，其中包括"拥抱大自然""班集体——家的温馨"等主题。

（三）选择活动形式

为了给活动主题和内容寻找一个完美的表现方式，必须重视活动形式的策划。众所周知，内容决定形式，一般来说，什么样的内容，应当有什么样的活动形式。形式又为内容服务，对内容具有反作用。可见，班级活动的创意与策划、内容与形式哪个也不能偏废。关于形式的策划一般要考虑以下几点：

1. 求新

学生喜欢什么样的活动形式，主要是看形式是否与众不同。

如在对学生进行"挫折教育"时，天津市"十佳班主任"栾爱晴开展的"骑自行车游外环线，赏外环线美景"活动，深受学生的欢迎。在活动进行中突然风雨交加，但是，面对重重困难，师生们斗志昂扬，表现出不怕挫折、团结互助的精神。后来同学们把这次活动称之为"风雨外环路"。可见，形式新颖、不落俗套的活动，最受学生欢迎。因此，活动形式的创意要坚持求异、求新。

2. 求变

俗话说"变则新，不变则腐"。任何一种形式，随着时间的推移和反复使用都会变得陈旧。因此，求变是活动形式有创意的原则之一。如许多班级年年都要开展"学雷锋献爱心"系列活动，有的班深入社会做好事，有的班到养老院慰问照顾孤寡老人，形式不断变化。

无锡有一所学校，在三月末召开了一次"在三月的日历上"总结性的班会。教室前悬挂着学生自制的三月份日历，学生们历数他们每一天"学雷锋献爱心"的感人事迹，表露出无比的自豪。最后，在"学习雷锋好榜样"主题歌的伴奏下，从教室门外被推进一位双目失明的老人，这位老人是他们长期照顾的退休老教师。同学们立即围拢上来，有的给老人讲故事，有的给老人捶背，有的向老人汇报他们的进步。老人流下了热泪，孩子们的眼里也闪烁着激动的泪花。

这样的班级活动，不仅主题鲜明，而且形式新颖，学生在无形中受到了教育。

3. 求优

求优是指活动形式要达到最佳程度。求优不仅是提炼主题、确定内容和营造氛围的目标追求，也是策划活动形式的目标追求。活动形式要达到最佳水平，首先要看活动形式是否能够为内容服务；其次是要看这一形式是否受学生欢迎，是否能调动学生的积极性；第三是活动形式是否具有独创性。

4. 求多

求多就是形式多样。同一活动主题，由于内容的不同，形式应当随之变化。

如在开展"学法、知法、守法、护法"主题系列活动时，可以有"学习会""案例讨论会""法律工作者报告会""模拟法庭"等。当然多也要适度，不能脱离内容和学生实际而单纯追求形式。

（四）营造活动氛围

班级活动氛围是指班集体活动所处环境的"气氛和情调"。这种"气氛和情调"能被参与活动的学生所感知，从而产生一种相应的情绪、态度和行为，即我们所说的环境熏陶，是一种"无言之教"。笔者在《班集体激励论》一书中曾说过这样三句话：

第一句是：班级环境优化的标志是看其是否具有浓厚的教育氛围；

第二句是：最能影响人的感情和情绪的莫过于氛围；

第三句是：环境只有与营造的氛围结合，环境才能活起来。

实践证明，只有积极的班级氛围，才能发挥其感染人、激励人和教育人的作用。为什么森林中的每棵树长得又高又直呢？那是因为它们相互之间争夺阳光的结果，人们把这种现象称之为"森林效应"。这种"效应"在教育领域的应用，就是要创造一种适合学生成长的、良好的活动环境，营造一种积极向上的氛围。从教育心理学的角度出发，班级活动的氛围有一种独特的心理效应，这种心理效应能够给人某种强烈的精神感受的气氛和情调。

　　不同的活动对活动环境氛围的要求也是不一样的，例如，围绕某一主题开展的辩论会、讨论会，教室的布置就要具有竞争、严肃、求真的氛围；班集体联欢活动，环境的布置应当具有欢乐的氛围；班集体迎春晚会的环境应该是祥和、热烈的氛围；清明节扫墓活动的环境是肃穆的氛围；在声讨北约野蛮轰炸我驻南斯拉夫大使馆时，环境的布置就应当具有同仇敌忾的氛围。

　　所以，营造活动氛围也是班级活动创新的一个重要方面。只有针对不同的活动主题、内容和形式，营造相应的环境氛围，才能发挥其感染人、教育人的作用，对学生产生潜移默化的影响，并产生强大的推动力。

　　班级活动氛围的营造应突出以下四个方面：

　　环境布置要突出熏陶性；

　　发言内容要突出鼓舞性；

　　声像利用要突出烘托性；

　　师生互动要突出情感性。

　　以上四条是班主任在营造班级活动氛围时应当着力下功夫的地方，千万不可等闲视之。

第三节　班级活动方案的拟订和实施

班级活动创意与策划的最终成果是形成活动方案。活动方案是班主任在形成活动的基本思路、基本过程的基础上，按一定的格式把这种精神成果用文字表述出来的物化方案。

一、活动方案的拟订

在确定活动主题、内容和形式之后，如何制订班级活动方案，是班主任首要考虑的问题。笔者认为，应尽量考虑活动各个要素之间的关系。其中，特别注意两个问题，首先要考虑活动主体的身心特点和他们多方面的需要，以使活动更有针对性，更能发挥活动的育人功能和激励功能。其次是考虑活动客体之间的互动关系和如何形成与活动主体之间"协调一致的动作"。在此基础上，把活动策划者的思维成果翔实而具体地书写出来。一个完整的班级活动方案包括以下几项内容：

活动的名称；

活动缘起和目的；

活动的主题；

活动的准备；

活动的全景描述。

其中，活动的内容、方式、步骤和环境要求写得详细、具体。同时，也要考虑到活动的时间、地点、主持人、需要的串词、环境的布置所需费用、活动所需的设备和邀请人。

上述内容只是拟写班级活动方案的一个参考内容和格式，不必完全拘泥于此。但是，前五项内容必不可少，后几项内容虽然可以不写进方案，但设计者必须心里有数，做好安排。

二、活动的实施

要想使班级活动达到预期的效果，班主任就要在活动方案制订之后认真地组织实施。俗话说"谋事在人，成事在天"。这里虽有唯心主义的成分，但从积极的方面来看，也揭示了主观与客观、必然与偶然的辩证关系，值得我们借鉴。所以，在组织开展班级活动时，我们必须充分认识主观努力与客观规律之间的关系，通过精心组织实施班级活动方案，争取达到预期的效果。

班级活动一般要经过三个阶段，即准备阶段、进行阶段和总结阶段，每个阶段的实施都有较强的操作性和技巧性。由于活动具有实践性的特点，班主任（教师）和全班学生，应从自身的素质和条件出发，在活动中演出不同风格、不同色彩的生动剧目，使参与者，特别是广大学生在活动中受益。下面笔者就这三个阶段如何实施略陈管见：

（一）精心准备

精心准备是落实班级活动方案、确保达到预期效果的重要步骤。俗话说"凡事预则立、不预则废"。活动前的精心准备是活动成功的前提。那么，我们应当做好哪些充分准备呢？

1. 思想准备

做好思想准备，是指让所有参与活动的人了解班级活动对个人素质的发展，对班集体建设的重要意义和应注意的问题。思想准备主要解决好以下几个问题：

（1）进行思想动员，激发学生的参与动机

思想动员的目的是使学生对于即将进行的活动产生追求与向往。动机是激发和推动人去从事某种活动并将活动导向一定目标的行为能力，是一个人行为的内部原因。要想使学生能够积极主动地参与班级活动，班主任就应该对学生进行动机教育。首先，要了解学生参与活动的需要及心理特点，进行活动目的、意义的教育。只有使学生深刻认识到活动的目标及实现目标对自己产生的意义和价值，才能激发起他们的积极性。其次，针对学生争强好胜的特点，调动他们的积极性和创造性。

事实证明，一个人动机强度越大，动机的目的、意义越清晰，就越能引起行为、维持行为，使行为指向某一目标，不仅能提高学生的积极性，还能张扬学生的个性，充分发挥他们的创造才能，使活动取得良好的效果。可见，活动前的动机教育是何等的重要。

（2）明确分工，鼓励合作

思想准备过程是调动学生积极性的过程。只有让学生感到自己是活动的主人时，积极性才能产生；只有得到信任与尊重时，积极性才能激发出他们的聪明才智。

让每位学生在班级活动中都能找到适合自己的角色、展示自己才华的机会和为活动出力的岗位。必要时，班主任可以采取授权激励法，交给他们任务并提出完成任务的具体要求。同时，在班级活动中还要强调学生的分工合作，以培养其合作精神。

另外，班主任和班干部对活动中可能出现的突发问题进行分析、估计，做好预防工作，防患于未然。特别是组织学生校外的活动。如游览参观活动和社会实践活动等。

（3）舆论准备不能忽视

任何一项活动都需要在活动前做些必要的舆论准备，班级活动也不例外。舆论工作做得好，学生对活动的主题、内容、形式、目的、意义及活动中的具体要求和应注意的问题就会有深刻的理解，有利于他们做好充分的心理准备。这样，活动一旦开始，学生能很快进入角色，充分发挥自己的聪明才智，避免不必要的问题发生。

2. 物质准备

活动前还要根据班级活动的主题、内容和形式，做好物质准备工作。如资料、音响、投影仪等所需的器材，班级活动场地的布置以及总结表彰时所需奖品。不同的活动对相关物质的需要不同，对场地布置的要求也有区别。

班级活动离不开一定的活动场地，环境的布置和美化应当追求"视觉的影响力和情感的感染力"。如模拟法庭活动的会场应营造一种庄重严肃的气氛；新春联欢活动，会场可悬挂一些彩条和灯饰，对黑板上的活动题目加以装饰，营造出一种欢乐的氛围；研讨活动和辩论活动，教室桌椅的摆放形式不同，黑板上和墙壁上的布置也会有区别；请学校领导或专家来进行讲座，应根据讲座者的需要准备好黑板、粉笔、投影仪和电脑，营造一种求真的学术氛围；社会调查活动应当事先做好联系，根据调查主题准备好调查提纲和记录的用品；青少年志愿者活动，要根据活动的主题和服务对象、服务项目做好物质准备。

另外，班主任或班干部活动前要做必要的督促检查，查看每位同学是否做好准备，如该写的发言稿是否写好，该排练的节目练得是否熟练，该展示的作品是否准备好等。

（二）依案实施

实施阶段是把方案变成行动，以达到集体和个体自我教育的目的。实施过程中，每个参与者都有一个再创造的过程。班主任除了扮演好自己的角色之外，还要密切关注活动进行中的情况，预防突发事件，以便及时应对和解决；与此同时，还要特别关注学生在活动中表现出的好思想、好品质。如在活动中所表现出的合作精神、集体主义精神和创造性个性品质。把这些材料收集起来，以备总结时用以激励学生。另外，班主任必须高度重视自己在活动中的主导作用，对活动要善于引导，发挥班干部和骨干的积极性、主动性和创造性，带领全班同学进行自我管理和自我教育。

（三）总结评价

活动结束并不意味着活动已经完事大吉。班主任应当尽快带领学生对活动进行总结评价。在高谦民等主编的《小学班主任》一书中提到："班集体活动结束了，班主任教育工作并没有结束，它只是预示着班主任工作又到了一个新的起点。"

总结评价，首先要对活动的过程进行总结回顾。肯定成绩，找出差距，把感性认识提高到理性认识，从中发现规律，以便指导今后活动的开展。总结的重点应放在活动取得成功的原因，特别是学生在活动中的主体作用，以及学生在活动中体现的合作精神、创新精神、集体主义精神。另外，对有突出表现的学生给予表扬和奖励。

在班级活动的总结评价中，班主任还应激励学生进行自我总结评价，以培养他们的分析判断能力和自我教育的能力。班主任在评价活动时要做到以下两点：一是公平，二是激励成功。在评价活动的成功经验时，要注重运用具体实例说明集体的力量，以增强学生的合作意识和集体主义观念，提高班集体的凝聚力。

在总结评价社会实践、社会调查、公益劳动等接触社会的班级活动时，要广泛收集社会的反映，实行社会、家庭、学校（老师）评价与学生自我总结评价相结合的办法；系列班级活动，应做好阶段性总结评价，并在此基础上做好全面总结评价，使阶段性总结评价成为推动系列活动的加油站。

总结评价阶段不仅是班级活动的有机组成部分，也是一门科学，有其独立的研究领域和对象，需要广大班主任进一步研究。

阅读资料：

扬起理想的风帆

一、活动目的（缘起）

初三的学生，面临着毕业升学与未来发展方向的问题，于是开始思考自己的人生理想。通过主题班会引导学生树立正确的理想，引导学生去思考如何实现自己的理想，也是本次主题班会的主要目的。

二、活动准备

（一）发动学生自己思考、准备阶段

班主任动员并布置思考题：（1）你的理想是什么？（2）为实现你的理想你将采取哪些措施？

要求同学们认真思考，积极讨论，把自己的想法写成文章，文章形式不限。同时，发给每人一份调查表，调查表内容有：你希望自己将来成为一个怎样的人？初三毕业后你准备怎么办？

学习歌曲《攻城》

（二）综合整理、设计阶段

把全班同学的文章收集起来，进行综合整理，选出有代表性的文章。把调查表收集起来，对调查表中同学们的理想进行统计，设计主题班会的环节。

三、活动主题

扬起理想的风帆

四、活动过程描述

活动开始，男女主持人走上讲台，用诗一般的语言引领活动的开展。逐步解决好以下三个问题：

（一）什么是理想

男：我们送走了鲜红的红领巾时代

女：我们刚刚告别幼稚、童真的笑脸

男：又以新的姿态、新的风采

女：又以新的希望、新的期待

合：迈进了初三这个最紧张的学习阶段

男：我们站在新的起点，又面临着新的挑战

女：前方的路会坎坷不平，未来的日子会有风雨阴晴，我们需要一盏指路灯，有了它，我们才能不在航行中迷路。我们的指路灯就是——理想

合：初三（3）班"扬起理想的风帆"主题班会现在开始

女：在人生道路上，是什么支持和鼓励着人们前进？是理想，是树立在他们心中的理想。请听演讲——《树立理想的重要性》（略）

男：在实现理想的道路上，充满了困难险坡，一个比一个严峻、一段比一段崎岖。我们必须握紧拳、挺起胸，和困难抗争。请听我们班的小诗人朗诵自己写的诗——《扬起理想的风帆》（略）

（二）你的理想是什么

女：人的理想各种各样，有人想当工程师，有人想当企业家，有人想当老师，还有人想当一名画家。现在，让我们听一听下面几位同学的演

讲，看看他们的理想是什么。

男：理想是人们一生奋斗的目标，当我们树立了理想后，又应该用怎样的姿态来实现它呢？请听演讲——《通向理想的道路》（略）

（三）为实现自己的理想而努力奋斗

女：不知不觉，三年的初中生涯就要过去了。现在，我们面临着一次重大的考验——初中会考。我们要向家长、向人民、向国家，也向自己交一份满意的答卷。让我们互相关心，携手共进。

男：同学们，听过以上的演讲、朗诵，你有什么感想呢？是否受到一些启示？我们将把议论延续到班会外。下面请我们的班主任朱老师讲话。

朱老师：什么是理想？理想是人生奋斗的目标，是人们对未来美好生活和社会的追求。

古今杰出的人物，无不从青少年时期就树立起远大的理想。如为中华之崛起而读书的周恩来；"此去阁台召旧部，旌旗十万斩阎罗"的陈毅；"横眉冷对千夫指，俯首甘为孺子牛"的鲁迅；"虎门销烟"的林则徐；"人生自古谁无死，留取丹心照汗青"的文天祥；"精忠报国"的岳飞；"先天下之忧而忧，后天下之乐而乐"的范仲淹。正确的理想应把自己与社会联为一体，为社会奉献自己的才智，在服务社会中实现自我价值，这样的理想才不是一种"自私可怜"的欢乐。

如何实现自己的理想呢？

第一要树立自信心。自信心在一个人的成长过程中，占有关键的地位。你认为自己是怎样的人，你就会做出怎样的表现，这两者是一致的。你觉得自己是个有价值的人，结果你就会做有价值的事，变成有价值的人；你觉得自己一文不值，你就不会得到有价值的事物。

有个叫维克多的人，在他15岁的时候，老师告诉他，他永远毕不了业，最好退学去做生意。维克多听取了"忠告"，在以后的17年中，一直做一些临时工。因为别人一直告诉他，他是一个劣等生，所以17年来，他的作为就真的像一个劣等生。但是，当他32岁的时候，却发生了惊人的转变。一次测验显示，他是智商高达161分的天才。这时候，他开始像天才那样有所作为了，他一连写了好几本书，获得几项专利，并且成为一个成功的商人，更重要的是，他还被选为国际智能组织的主席。

维克多之所以从一个劣等生、临时工到后来获得巨大成就，就是因为他忽然间获得的自信心。当他感到自己跟以前有所不同时，就真的跟以前不同地行动起来，更有效率、更有能力。

第二要保持积极健康的心理状态。如果有人将一桶垃圾倒在你家客厅的地板上，你一定会勃然大怒，但对于把垃圾倒进你心灵的人，你又会怎样处理呢？也许你会欣然接受。其实，把垃圾倒进你心灵的人，比把垃圾倒在你家地板上的更能伤害你，心灵的垃圾远比地上的垃圾危害大。哪些是心灵的垃圾？如黄色书籍、黄色音像制品，迷信，朋友对你的嘲笑及消极话语等。保持积极健康的心理状态，可从以下几方面锻炼自己：定期阅读励志书籍，阅读各种成名人士的传记。当你阅读毛泽东、林肯、华盛顿、周恩来等伟人的故事时，不会不受感动。我们拿这些故事中的人物和自己相比，可以激励自己发愤图强、积极进取。要尽量跟那些"道德高尚，性情良好，站在人生光明面"的人交朋友。积极的朋友会鼓励你前进，督促你成功，这对为实现理想而努力奋斗的你，是非常有益的。

第三是毅力加勤奋。要实现自己的理想，现在必须勤奋学习，掌握过硬的知识和本领。对一些同学来说，要想勤奋学习就要改变一些不良习惯。如迷看电视连续剧、玩电子游戏机、上课开小差、作业马虎、懒散等。改变这些不良习惯靠的是毅力。痛快痛快，先痛后快。开始也许要经历一段痛苦，但一旦改掉了，学业上进步了、成功了，那就会非常愉快。古人云："不积跬步，无以至千里；不积小流，无以成江海。"伟大的枪手跟渺小枪手之间的差别，就在于伟大的枪手是一位有毅力、肯勤奋练习的渺小枪手而已。

第四是提高学习效率。夏天的中午，把放大镜的焦点对准报纸不动，不久，报纸就会燃烧起来。如果把放大镜不断移动，永远也无法点燃报纸。外面的世界很精彩，不管你有多少能力、才华，如果你无法约束自己，将心智聚集在特定的目标上，并且一直为实现目标而奋斗，那你就无法取得成就。另外，还要养成一个高效率的学习生活模式。比如，快速起床、穿衣、叠被、刷牙、洗脸，5分钟之内就要完成。学习如何才能达到高效率呢？据对全国选出的200名学习成绩优异的中学生的调查结果发现，他们学习获得成功的共同规律是：课前认真预习；上课专心听讲、积极思考；独立完成作业；及时复习总结；制订学习计划。

作为班主任，作为初三（3）班的一员，我的理想是成为一只渡船，毕生监守自己的岗位，把同学们一批批渡向施展才华、建功立业、实现理想的彼岸！

离会考的时间越来越近了，要达到理想的彼岸，无悔自己的青春，同学们就要加倍努力拼搏。只要付出辛勤的汗水和艰苦的劳动，我相信胜利一定会属于同学们的。

女：同学们！主题班会即将结束，让我们扬起理想的风帆，脚踏实地，一步一个脚印，不断前进，勇敢地迎接挑战！

男女：让我们全体同学用《攻城》这首歌来结束今天的主题班会吧。

齐唱：攻城不怕坚，攻书莫畏难；科学有险阻，苦战能过关……

（根据朱君培老师《扬起理想的风帆》主题班会实录改写）

思考与练习：

1. 设计班会活动为什么要掌握学生实际水平与社会期望的差距？举例说明。

2. 小莉同学说："最有意思的一次班会，是我们班主任请来一位从日本回来的留学生给我们讲他的奋斗史。他讲了自己怎样在异国他乡努力奋斗、一步步成长成熟的经历；他讲了留学生在国外受到的歧视和生活的艰辛。他鼓励我们好好读书，号召我们树立民族的自尊心和自豪感。我们深受感动。从那次起，我觉得同学们真的开始有所转变。"请根据这段话设计一次主题班会，要体现出有所创新。

3. 分别以"相信科学""地球的危机""远离毒品""珍爱生命"为主题设计系列班级活动（最少要由三个活动组成）。并说说设计班级系列活动应注意什么。

4. 根据最近国内外的某一热点问题设计一个主题班会活动。

第六章
在班级活动中培养学生的创新精神

创新是一个民族的灵魂，是一个国家兴旺发达的不竭动力。创新能力是创造型人才最具生命力的一种特殊素质。它是指主体在创造活动中表现出来和发展起来的各种能力的总和，也可以说，是一种能根据一定的目的任务，积极主动地进行创造性思维，对原有知识经验进行重新加工组合，创新新知识、新思想、新概念、新成果，开拓新领域的能力。因此，要想培养和提高学生的创新能力，开展丰富多彩的班级活动是一条重要途径。

第一节　创新精神

素质教育的核心是在坚持德育为首的前提下，着力培养学生的创新精神和实践能力，这是教育面向现代化、面向世界、面向未来的需要。

一、创新不是专家们的专利

谈到创新，一些人往往会想到新技术、新产品、新理论，认为那是专家们的事，与中小学生没有关系。这无疑是一种片面的理解。

陶行知曾经说过："处处是创造之地，天天是创造之时，人人是创造之人"，"人人是创造之人"自然包括"小孩子"。对此，陶行知举了许多生动的例子。如陶行知去南通州推广"小先生"制，写了一篇演讲词，其中有一段："读了书，不教人，甚么人？不是人"。他讲完后，一个小孩子马上说，陶先生，你的演讲最好把"不是人"改为"木头人"，"木头人"比"不是人"更好。因为"不是人"三个字不具体，桌子不是人，椅子不是人，而"木头人"能给我们一个具体的印象。陶先生非常高兴地说，小孩子也都有创造的能力。

他还介绍了晓庄学校停办后，没有老师了，那里的孩子自己组织起来，推举同学做校长、当教员，自己教、自己学、自己办，并自称"自动学校"。陶行知称"这是中国破天荒的创造"，为此，写下了一首诗恭贺他们：

有个学校真奇怪，

大孩自动教小孩。

七十二行皆先生，

先生不在学生在。

并寄给晓庄的孩子以表赞扬。第三天孩子们回信表示感谢，并说诗中的"大"字应改为"小"，还说"大孩能教小孩，难道小孩就不能教大孩吗？大孩能够自动，难道小孩不能自动吗？而且大孩教小孩有什么奇怪啊？"陶先生说："我马上把他改为'小孩自动教小孩'，这样一改，是更好了。农村小孩改留学生的诗，又是破天荒的证明，证明小孩有创造力。"与此同时，陶先生还写诗告诫大人们不要小看小孩子的创造力：

没有父母带，

先生也不在。

谁说小孩小？

划分新时代。

人人都说小孩小，

谁知人小心不小。

你若小看小孩子，

便比小孩还要小。

因此，我们可以坚信，创新不只是专家们的专利。

什么是创新呢？

做出新产品、产生新技术、提出新理论当然是创新。那么学生制作一件小工艺品、提出一个小发明，小学生做一道习题，能一题多解、探索新的方法、提出新见解，难道不是创新吗？

创新是有层次的。我国有三个成语叫做"无中生有、有中生无、有无相生"，这里边的"生"就是创新。从大的方面说，所谓"生"就是"世界"并非本来如此，也不是一直如此，而是生生不息、日新月异。"生"就是从被抛弃、被忽略、被认为是不可能、不必要的空白处生出来，独辟蹊径、别开生面、化腐朽为神奇。"无中生有"的前提是"有中生无"，即超越已有成果，不被权威结论所束缚，不因眼前的困难而退缩。可见，创新的本质是"有无相生"，即我们平时所说的有所发明、有所创造、有所前进。创新的过程即是超越的过程。

二、创新精神的内涵

创新是靠有创新精神和创造能力的人来实现的。

创新精神是一种敢于超越的精神。它是由创新意识（问题意识、竞争意识）和创新品质，即创造性个性品质（独立性、创新性、批判性）组成的一种不怕困难和挫折的进取精神。有了这种精神就能够敢于战胜自我，超越自我；善于学习他人，超越他人；能够继承传统，突破传统。创新精神实际上是冒险精神、团队精神、执着精神和奉献精神与创造力共同炼就的特殊合金。具有这种精神的人敢于走前人未走过的路，解决前人未解决的问题；敢于同伪知识、伪科学做斗争；敢于求真知、说真话、付真行、做真人。有了这种精神的学生就会自尊、自强、自力，就会不唯书、不唯师、不盲从、不苟同，就能够真正成为独立把握自己命运的人。

（一）创新意识

1. 意识

意识是一种人脑的机能，是高级神经系统高度发展的表现，是人的心理对现实生活的自觉反映，是感觉、思维等各种心理过程的总和。

（1）显意识、潜意识和下意识

人们常说显意识、潜意识和下意识这三个词汇，其实显意识就是有意识，潜意识和下意识就是我们平时所说的无意识。人们在与别人交流和从事社会活动时，都是有意识参与的，是一种自觉的思维活动。因此，被称为显意识。而伴随着人的某种活动、交流时的一些行为，如举手投足、眉飞色舞，往往都是下意识操纵的；在人的行为过程中，还时常迸发出一些灵感，使人在说话时神思泉涌、妙语连珠；做事时能够突发奇想、一时顿悟，问题迎刃而解。这是由潜意识参与的结果。

（2）相信直觉和灵感

在班级活动的过程中，学生的潜意识能够自觉不自觉地参与活动的全过程。除了能够"有意识"地从事某项活动外，也能"潜意识"的去选择活动的方案和形式。有时，"潜意识"会告诉人们某种行为是有价值的，某种选择会有好的效果，这时，我们应该去"倾听"。实践证明，正确的决策往往是潜意识的直觉、灵感、顿悟，暗中起了决定性的作用，因此，应该相信直觉和灵感。

（3）意识是创新精神的种子

有的学者认为，"意识"具有一种"能量"，是产生创新精神的种子。生活中受环境的影响，人们往往会形成某种"念头"，而这个"念头"则是经由人的意识活动产生的想法和信念。只要把这种"想法"和"信念"逐步变为主体行为，就能使自己得到发展。"意识"尽管看不见摸不着，但是人的行为确实在受"意识头脑"的支配。因此，班主任在组织开展班集体活动时，应积极唤醒学生的创新意识，培养学生的创造性思维，发展学生的创造性个性品质。

2. 创新意识

创新意识是指对某些问题紧抓不放，并设法解决问题的意识，是人的需要、动机、理想的自觉理性的反映，并将成为创新行为的动力。创新意识强的人能把创新欲望化为内在的习惯和自觉的行为，处处想到创新。人的活动是在一定动机支配下进行的，动机是创新活动中不可缺少的内在动力之一。它可以推动学生在遇到问题时，本能地、自然地产生创造的动力和探索的激情，进而形成参与竞争的意识，转化为高强度的创造性思维活动，努力实现创造的目的。

（二）创造性个性品质

创造性个性品质是人们创造性解决问题所必备的心理素质之一。它和创造性思维紧密地交织在创造的过程中，推动着人们从寻常事物中发现问题、提出问题，经过努力拼搏使问题得到"新颖、独特的解决"。有专家明确指出：创造性个性品质和创造性思维能力的协同作用，形成创造力的心理机制。表现为鲜明的独立性、创造性和批判性。

目前，中小学教育比较重视在课堂教学和创造课中培养学生的创造性思维，却忽视了在班级活动中发展学生的创造性个性品质和培养学生的创新精神。

笔者认为，课堂教学和创造课是培养学生创造性思维能力、创造性个性品质和创新精神，并使之得到充分发展的有效途径。但是，结合组织开展班级活动，激励学生积极主动参与班级活动的全过程，也是一条行之有效的途径。因此，在班级活动中发展学生创造性个性品质，培养学生的创新精神，有着十分广阔的天地和突出的优势，需要我们班主任积极地去探索。

1. 创新型人才的创造性个性品质

从国内外专家的研究成果中发现，各个年龄层次的创造型人才，都不同程度地具有以下创造性个性品质：

（1）高度的独立自主精神，有主见，不盲目从众，不人云亦云，善于独立学习和工作；

（2）坚强的意志力和坚持性，能执着不懈地向既定目标奋进；

（3）自信心十足，深信自己所做事的价值，在困难与挫折面前不改变信念，始终坚信我能行；

（4）思维活跃，想象力丰富，具有较强的创造性思维能力；

（5）兴趣广泛，对任何事情都有强烈的好奇心；

（6）洞察力强，能察人所未察，并能从中发现问题；

（7）喜欢复杂的事物，敢于独辟蹊径，大胆探索；

（8）富有幽默感，不刻板，对自己的经验具有开放性；

（9）能容忍意义不明的情况和不同的见解；

（10）具有冒险、进取和献身精神，不因循守旧，不唯书唯上，具有独创性和使命感。

美国著名教育心理学家托兰斯对富有创造性儿童的个性品质特征进行了深入的研究。他发现，在智力大体相同的情况下，创造力强的儿童较之创造力低的儿童，在个性品质方面具有的明显特点是常有"打破常规，在特定模式之外"的见解，并积极实践自己的想法和作业"幽默、刻板性小、松弛的特点"。

这是我们培养学生创造性个性品质不能忽视的现象，并且需要因势利导。与此同时，我们必须了解处在一定年龄段的学生的个性具有共同的特点。如在一个班级里，有的学生外向活泼、热情，积极参加班里的集体活动；有的学生内向含蓄、沉默寡言，默默无声地为集体埋头苦干。他们的个性差异很大，但都热爱集体，乐于为大家服务，这种个性是他们共同的思想基础。可见，我们在集体主义教育中，必须有针对性地进行创造性个性品质的培养，实施因材施教，解放学生的个性。

2. 创造性个性品质是从儿童时代逐步发展起来的

培养创造性个性品质是 21 世纪全新的教育，是把个性生命发展的主动权交给学生的重要举措。为了帮助孩子做好未来生活的准备，引导他们学会做人，就要注重其身心健康发展，把"平等＋个性"当作新世纪教育的追求。因此，班主任应该对学生进行有目的、有计划、有组织的教育引导，积极促进他们创造性个性品质的形成和发展。目前，我国大力推进的素质教育所要坚持的是"全面发展基础上的个性发展"，其核心是培养学生的创新精神和实践能力，其中个性，特别是创造性个性品质是创新精神发展的沃土。正如有的学者所说，个性孕育了创新，创新表现了个性。可见，只有坚持"全面发展基础上的个性发展"，素质教育的目标才能真正实现。

3. 用积极的个性品质克服消极的个性品质

学生的个性品质具有两极性：

一是积极的个性品质，如勇敢、勤奋、乐观、无私及前文提到的 10 条，它能使个体目标明确、情绪饱满、意志坚定，从而取得事业的成功；

二是消极的个性品质，如马虎、贪婪、胆怯、懒惰、悲观等。它会造成个体目光短浅、无所作为，甚至堕落。

积极的个性品质与消极的个性品质是相对而言的，是相联系而存在的。每个人都存在着这两种个性品质，只是程度不同。如前所说的个性外向、活泼的学生，他们既有反应迅速、接受能力强、性格活泼、兴趣广泛、好奇心强、争强好胜等优点，也有容易产生骄傲自大、心浮气躁、浅尝辄止的缺点；内向含蓄型和性情暴躁型也同样各有其积极的个性品质和消极的个性品质。

　　班主任只有深入了解学生的个性，准确地把握其个性的优缺点，才能因材施教，在班级活动中帮助他们巩固和发展积极的个性品质，防止消极的个性品质，以促进个性品质向高层次——创造性个性品质发展。

　　具有创新精神的人都具有鲜明的个性。如前所述，个性与创新可以说是一对孪生姐妹，个性孕育了创新，创新体现了个性。创新精神是个性发展的动力源，是人的综合素质的高层次体现。

　　创新精神要从小开始培养。目前，我国通过课堂教学和开设创造课培养学生创新精神的研究已经取得了令人瞩目的成绩，但是，如何在班级活动中培养学生的创新精神还没有引起足够的重视。因此，有必要就此做一番研究。

第二节　在班级活动中培养学生的创新精神

　　本节主要是为了探讨班级活动与学生的创新精神之间的因果关系，揭示它们之间的规律。因此，首先弄明白什么样的班级活动有利于学生创新精神的发展，为什么？其次弄清楚怎样组织开展班级活动有利于发展学生的创新精神，为什么？

　　以上问题需要教师特别是班主任通过实践、思考、总结才能找到答案。这个过程，就是提出问题、分析问题、解决问题的过程，也就是教育科研的过程。在这个过程中，教师要做好以下几项工作：

　　一是收集资料。即搜集这方面的研究成果，进行学习研究。

　　二是积累经验。在以往的班级活动中，哪些比较成功，哪些效果不太理想，分析原因并用文字记录下来。

　　三是有目的地策划新的活动。这个目的就是培养学生的创造性个性品质，发展学生的创新精神和实践能力。

　　四是从实践中发现规律、总结经验。

　　下面，笔者先介绍一个案例，然后就这两个问题谈点粗浅的认识：

　　泰州市高港中学王曙光老师一改过去清明时节只让学生参观烈士生平事迹展，在烈士像前宣誓表决心的传统做法。而是让学生决定活动方案，进行活动准备。听说自己定方案，学生兴趣很浓，讨论十分积极。最后，班委会汇总了几条建议作为这次活动的内容：①搜集烈士事迹；②植树；③表演文娱节目；④写论文，出专栏。方案确定后，全班同学在班委会的带领下，利用休息时间找树苗、写稿子、练节目。因为是自己确定的方案，大家情绪高涨，动脑动手，相互协作。既锻炼了学生的能力，又为开展好这次活动奠定了基础。

学生自己设计活动方案是一种创新。它不仅使活动增加了新的内容，让活动富有生机与活力，也让学生的思维能力和创新能力从中得到锻炼和提高。

活动准备完备后，在活动实施过程中，王老师为了进一步锻炼学生的实践能力和创新意识、合作意识，仍然让学生做活动实施的主人。

清明节上午9点多，同学们来到烈士墓地，访问他们提前请来的熟悉烈士英雄事迹的老人，观看烈士碑文，并认真做了记录。在搜集烈士事迹过程中，学生记录、整理资料的能力得到了锻炼。同时渗透了思想品德教育，学生的情感、价值观也得到了提升。

上午11点多，全班师生分成十多个小组，在墓地周围植树。快要结束时，学生代表朗诵《植树造林献词》："……翠绿的柏树枝，永不弯腰低头，是先烈的精神；幼小的常青树，天天蓬勃向上，是我们的象征……"师生共同植树，既是劳动能力的锻炼，也是对先烈的缅怀和对环境的美化。

植树结束，节目表演开始。精彩的表演，博得了观众的阵阵掌声。节目展示，师生互动，既锻炼了学生的创造能力和表演能力，又锻炼了他们的合作协调能力。

每次活动后还要引导学生做好活动的延伸拓展工作，并把它作为锻炼学生能力的一个重要环节。

返校后，同学们讲述着自己参与活动的感受和收获，并着手写论文。因为是亲身实践，他们很快就将自己的所看、所为、所感写成了文章。如《各自的一生》《追求》《踏着烈士的足印》……全班8个小组，每个小组选送了几篇质量较高的文章，附上绘画图片，办了一期学生自我设计的专栏。许多老师看了以后说，像这样以学生为主体，在活动过程中锻炼学生能力的做法，值得肯定。

组织丰富多彩的教育活动，重视学生在活动过程中的主体地位，既能激发学生的活动兴趣，又能锻炼学生的各种能力，起到课堂教学无法替代的作用。那么，什么样的活动有利于培养学生的创新精神呢？王老师的案例给了我们以下几点启示：

一、喜闻乐见的活动有利于培养学生的创新精神

学生创新精神的培养是以学生喜闻乐见的班级活动为中介的，没有活动就没有教育，就没有班集体，就不可能培养出具有创新精神的开拓型人才。可以说班级活动是实施素质教育的载体，是创新型人才的摇篮。这一切已经成为教育工作者的共识。下面笔者依据广大班主任的实践经验，从三个方面加以阐述。

（一）活动能激发学生的创新意识

创新意识是一个人要求突破原有知识、创新原有知识的一种意识。创新意识越强，越能把创新的念头化为内在的动机，使学生在活动中产生创新的愿望和行动。

1. 唤醒学生的问题意识

问题意识就是心中的"怀疑感"，就是多问几个为什么。问题意识总是和人的求知欲联系在一起，而且在问题形成后，去坚持不懈地探索问题的答案。我国地质学家李四光说："做科学工作最使人感兴趣的，与其说是问题的解决，恐怕不如说是问题的形成。"爱因斯坦这样说："提出一个问题往往比解决问题更重要。"强烈的问题意识可以激起人对事物的兴趣，可以驱动人探索未知世界。因此，培养学生的问题意识对开发学生的创造力，提升学生的创新精神是非常重要的。培养学生问题意识的途径很多，如课堂教学活动中鼓励学生质疑问难，开始班级活动等都是培养学生问题意识的重要途径。

班级活动具有多种情景性。在这些情景中，青少年会遇到许多困难，发现许多问题，也会带着这些问题去主动探索、思考解决问题的办法。古人云："学贵有疑，小疑则小进，大疑则大进。疑者，觉悟之机也。一番觉悟，一番长进。"正是活动的这种情景性，使学生的好奇心、求知欲得到强化，得到满足，并激发学生的创造性思维，强化了学生的创新意识。

2. 激励竞争意识

1992 年，苏联心理学家阿福波做了单独情景下和社会情景下进行工作的效率比较试验。结果发现，同样的任务，在众人面前进行的效率，比单独进行的效率更高。心理学家将这现象称之为"社会助长作用"。班集体活动是人际交往的主要形式，交往主体之间可以形成一种有效的信息刺激，从而激发思考，有助于各自的创造性思维活动。特别是那些围绕某一主题开展的研讨会、辩论会、演讲会、模拟法庭等竞争激烈的活动，必然会使每位参与者集中精力讲清自己的基本思路和观点。一旦发生争论，双方都会想方设法论证自己的观点，批驳对方的观点，使信息能够及时交流和反馈。并且在频繁的碰撞与竞争中开发学生的智力，发展学生的创造性思维，使学生的智力从"常态"跃进到"激发态"。如南京航空航天大学附中把每年的最后一天定为校"创造节"，集中展示学生的创造活动。

在每届创造节，他们都组织全校学生开展丰富多彩、具有明显创造亮点的活动。例如，拍卖会，学生拍卖师将各班学生及老师提交的拍卖品逐一报价拍卖，热心竞拍者举牌竞价。这项活动不仅为学校扶贫助困基金筹集了近千元资金，也使学生学习了拍卖知识。每年的校"吉尼斯"记录申报赛，吸引着各年级有特技的能人和好奇的观众。背圆周率、慢骑车、转书本、水中憋气、一分钟跳绳、仰卧起坐等，学生们纷纷创造出南航附中的新记录，激发了学生的竞争欲和创造欲。

在创造节上，还有陶艺制作比赛、橡皮泥雕塑比赛、水仙花雕刻比赛、班歌班会设计、贺卡制作、外语演讲会、时装模特展示会、时事论坛会等十几项活动。其中，最大的亮点活动是在美食广场。每个班一个摊点，各班要制作各样美食，煎、炸、蒸、煮、烤，全部由学生操作。为了这项活动，这些在家中尽享"小皇帝"待遇的孩子们会提前向家长、饭店师傅学习，到校一展厨艺。

3. 促进学生形成正确的自我意识

正确的自我意识，是人们依据周围环境的发展而形成的对自己的正确认识，以及积极的情感状态。正确的自我意识能够增强青少年的创新意识、自信心，发挥他们的创造潜能。而班级活动恰恰能够促进他们形成正确的自我意识。

如一些平时学习成绩优秀的学生，可以在活动中发现许多自己未知的东西，发现自己实践能力的不足和劣势等问题。从而激励自己把书本知识运用于实践，向其他同学学习。那些平时学习成绩暂时落后的同学，在活动中可以使他们的许多潜能得到激发、才华得到展示、自我价值得到体现、自信心得到强化。

活动还能满足不同性格、不同发展水平学生的不同需要。他们可以在活动中扮演一个适合自己的角色，发挥其主观能动作用，从而使他们都能产生一种主人翁的自豪感，并有效地预防不健康心理的产生和冷漠孤僻性格的形成。这样就有助于形成正确的自我意识，激发创新动机，强化创新意识，积极地投入到创新活动中。

许多班主任还通过开展社会调研活动，引导学生提高对创新意识重要性的认识。他们组织学生到工厂、街道、医院、大学院校、军警部门、政府机关等处，调查研究各部门的工作情况，了解创新意识在社会各行各业中的意义。通过调研，同学们弄懂了创新是社会各行各业发展的生命力。工厂没有创新意识，产品落后，管理滞后，就要在竞争中失利，甚至亏本；政府观念不变，职能不改变，国家就难以发展；学校办学思想不改变，就难以适应形势需要，培养不出新型人才。

（二）活动能启迪学生的创新思维

长期以来，中小学生缺乏创造性思维，完全依赖于教师。要想培养学生的创造性思维，首先要培养学生的独立思维，强化学生三个方面的心理意识：

一是敢于大胆地、合理地怀疑；

二是不盲从于教师和大多数人的抗压心态；

三是具有不断否定自己的健康心态，从而使其逐步形成发散性思维品质。

所谓发散性思维，是指人能够把思维的若干因素重新组合，找出两个或两个以上的答案。吉尔福特认为，发散性思维是"从所给的信息中产生信息，其着重点是在从同一的来源中产生各种各样为数众多的输出，并且

很可能发生转移作用"。这种思维品质的培训和训练,是按照下列三个层次循序渐进进行的:

一是流畅性(发散的量)

流畅性是发散性思维的第一层次,即思维的速度,使其短时间内表达较多的概念,探索较多的可能性。

二是变通性(发散的灵活性)

变通性是发散性思维较高层次的特征,即培养学生从不同角度灵活考虑问题的良好品质。

三是新颖性(发散的独特性)

新颖性是发散性思维的最高层次,也是求异的本质所在,即培养学生大胆突破常规敢于创新的精神。

创造性思维是创新人才活动智能结构的关键,它具有以下五个明显的特征:

一是积极的求异思维;

二是敏锐的观察力;

三是创造性的想象;

四是独特的知识结构;

五是活跃的灵感。

人们经常会问,为什么近代一些划时代的理论成果没有产生于中国,为什么诺贝尔奖与中国人无缘?是我们的智慧不如西方人吗?当然不是!那原因是什么呢?有专家认为,关键在于我们的思维方式问题。因为,人们在认识能力上的重大突破,都与思维方式的变革有直接关系。当今世界是多元的时代,要求人们的思维方式必须随时代变化而变化。笔者在《班主任应具有宏观思维能力》一文中,曾阐述这样几个观点:

一是要胸怀全局,具有整体思维的习惯,即增大容纳信息的思维空间,并注意其空间结构;

二是要勤于思考,学会超前思维,即要有动态把握事物的思维方式,通过过程分析来认识事物规律及其相互作用;

三是要克服单维思维模式,运用多维思维,即要多视角地认识同一事物,并将其综合为认识整体的能力;

四是要善于自省，充分运用反馈思维。

人的宏观思维能力，是人的创造性思维的必然结果，是在社会实践活动中形成与发展的。培养学生这种创新思维离不开班级活动。班级活动是实施创新教育不可缺少的途径，能够使学生深刻地、高水平地发挥知识潜能，并把知识广泛地迁移到创新活动中去，使他们形成可贵的创造性个性品质，提高其创新精神和实践能力。

如不少班主任开展的"奇思妙想"活动，就有效地推动了学生创造性思维的迅速发展。他们把"奇思妙想"活动分为两类：一类是有可能实现的，具有发明性质的设想。例如，许多学生针对书包、文具盒、课桌、雨伞、电灯、黑板、黑板擦这类具体生活、学习用具，提出改进设想，使之功能更多，使用更方便；另一类是虽然一时难以实现，但是学生可以以此想出道理，甚至完全是想象，如有的学生想象出了气托马桶坐垫、太阳能房屋、自动调节温度的衣服、智能邮筒等；当然也有些纯粹属于科幻性的想象，如海底城市、新世界住房、空中牧歌一类的设想，等等。

（三）活动为学生提供想象的空间

1. 什么是想象

想象"是人们对头脑中已有的表象加工改造以后所得到的新的形象的心理过程"。想象是新形象的创造，新形象不是凭空产生的，而是人们对旧知识、经验和表象的选择、加工、改造和重组的结果。可见，一个人生活经验的多寡直接影响人想象的深度和广度。

想象是创造性思维的重要表现形式，创造性思维是思维与想象的统一。想象力就是从大量的感性材料中把握其中各种事物之间的内在联系，从而去"想象、构思事物的内部机理和结构的联系图景"，创造性思维的本质就是通过想象去寻找真理。

想象是最有价值的创造因素。科学家的假设、设计师的蓝图、画家的创作、作家的人物塑造、工人的技术革新都需要丰富的想象。事实上，大多数创造都是经过"想象——假说——实践"这样的三段式递进实现的。正如哲学家康德所说："想象是一股强大的创造力量，它能从实际自然所提供的草料中创造出第二自然。"

2. 离开了活动就不可能提高想象力

（1）丰富多彩的班级活动为培养学生的想象力提供了时间与空间，对培养学生的悟性与灵气具有得天独厚的优势。

它可以使学生遇到意想不到的情景（实际自然）而突发奇想。有的专家认为，要培养学生丰富的想象力，使他们具有创新精神和实践能力，就必须为他们提供充裕的时间和广阔的空间，指导他们做到以下几点：

一是在丰富多彩的阅读活动中主动学习；

二是在各种社会实践活动中主动参与社会生活；

三是在走进大自然的探美活动中接受美的陶冶；

四是在广泛接触社会中，学会与人交往，学会观察人生；

五是在丰富多彩的精神生活中，增加知识经验，为丰富想象和发展创造力提供取之不竭的信息资源。

总之，班级活动可以使学生涉猎多个领域的知识，形成合理的知识结构，以保持和发展其好奇心。

（2）丰富多彩的班级活动为培养学生的想象力提供了丰富的知识储备。

实践证明，具有丰富的实践经验和知识的人，比只有一种知识的人更容易产生想象。为什么呢？因为所有想象的原材料都是来自于生活实践，来自于原有的知识。如《西游记》中的猪八戒形象，非常具有想象力，但它不过是由猪头、道袍和肥胖人身加上齿钯构成的，这些都是现实生活中原有的。所以，通过班级活动，可以增加学生的实践经验和知识储备。

（3）丰富多彩的班级活动能提高学生的迁移能力。

所谓迁移，是将过去的经验转用于解决类似的其他问题的心理现象，即运用经验、转移经验的能力。创造性想象需要这种迁移能力，任何新构思都必须运用过去的或其他领域类似的解答，没有较强的迁移能力，就不会有丰富的想象力，也很难形成创新精神。邵道生先生认为，丰富的想象力要在自己的实践中发展，不能靠在那里空想，不能单靠"头脑试验"，它只是一种轮廓，是粗线条的，需要在自己的实践中修正、完善、提高。可见，开展班级活动对于提高学生的想象力是多么的重要。

（4）丰富多彩的班级活动可以使学生产生直觉和灵感。

爱因斯坦说："真正可贵的因素是直觉。"直觉是一种突然跃入脑际的能阐明问题的思维活动。所谓灵感，按照钱学森先生的说法，就是"人在科学或文艺创作的高潮中突然出现的，瞬息即逝的短暂思维过程"。即我们平时说的"一闪念"。因此，灵感可以说是一种"顿悟"，是解决问题时突然的茅塞顿开。这种直觉和灵感与人的知识是否丰富、是否有熟练的技能有关，与人的激情和敏锐的智慧分不开。它往往是在实践活动和人际间的讨论、争论中才能产生。丰富多彩的班级活动能够丰富人的知识和实践经验，能够促进人际间的信息交流和观念的相互碰撞，能够燃起人的创造激情。这一切恰恰能增加人的创造机遇，而只有丰富多彩的活动才能提供这种机遇。

（四）活动能够保障学生的"心理安全"和"心理自由"

学生具有创新的潜能，要把这种潜在的创新能力转化为现实的创新能力，关键在于营造一种能够激发潜能、形成创新能力的环境氛围。培养创新人才需要良好的环境，需要形成系统有效的创新人才培养的运行机制。只有在浓厚的创新氛围和有利于创新的环境中，才能实现对创新人才的培养。这种氛围和环境主要包括社会、学校和家庭三个方面。学校作为学生直接接受教育的场所，应该为学生创造良好的创新教育环境。20 世纪 40年代，心理学家勒温关于领导方式的研究给了我们很大的启示。他的研究证明，民主型的教育效果最佳，而权威性的教育往往会限制学生的思维和行动，对学生创新能力的发展最为不利。还有研究显示，"心理安全"和"心理自由"是创新精神和实践能力形成与发展的最重要的条件。

所谓"心理安全"，就是不对学生进行过多的干预，不对学生独特的想法进行批评或挑剔，使其消除顾虑，获得心理的安全感，敢于表达自己的见解。所谓"心理自由"，就是尽量减少对学生行为和思维的限制，给他们自由表现的机会。因此，在班级活动中，教师要创造保证学生"心理安全"和"心理自由"的良好氛围。

二、学习创新理论，完善创新的心理机制

（一）托兰斯的创造理论

针对如何培养学生的创造性这一问题，托兰斯提出培养的五条原则、贯彻五条原则的具体方法及培养创造性的七条建议。现归纳如下：

1. 五条原则

（1）尊重学生提出的古怪问题；

（2）尊重学生的想象力和别出心裁的念头；

（3）让学生知道自己的观念是有价值的；

（4）间或让学生做些事，但仅仅是为了练习，而不是进行评价；

（5）从因果关系上开展评价。

2. 贯彻五条原则的具体方法

（1）鼓励学生自己提出设想；

（2）允许学生用自己的方法在他认为可能的领域中去争取成功；

（3）强调个别差异的美学意义；

（4）减少压力、反对惩罚；

（5）容忍一时的无序的混乱；

（6）不断去挖掘学生身上尚未发现的能力；

（7）积极地看待失误，在建设性的气氛中帮助学生认识错误；

（8）只要可能，任何时候都对学生的兴趣和注意表示认可，给学生思考的时间和发展他们的创造性观念；

（9）在学生中培养一种相互交流的气氛；

（10）虚心倾听学生的意见；

（11）让学生参加决策活动；

（12）谨慎使用批评手段。

托兰斯在调查中发现，所有这些做法，对学生在课堂上的创造性行为

都有明显的积极效果。我们如果能够科学地把这些原则和方法运用于班级活动之中，就一定能够有效地培养学生的创新精神和实践能力。

3. 培养学生创造性的具体建议

（1）形成一种全国性的更利于表现才能与创造力的风气。在这种风气中，每个人的创造力都得到尊重，整个社会要承担起发展儿童创造潜力的责任。教师、父母、社会都要允许孩子有犯错的自由，对各个领域中的真正具有独创性的努力都应持赞许态度。

（2）给儿童，特别是3～6岁的儿童提供适当的经验，以发展其协调形象化艺术的、音乐的、戏剧的、舞蹈的、动作的能力，并且把这些能力看作教育的基础。

（3）应当寻求多种方式去奖励儿童多种多样的创造成就。

（4）应设置更注重持久训练和更具有远见的课程，如课程中留出适当的时间帮助学生形成未来更广阔、更丰富、更精确的意象。

（5）必须提供一个有利于发展能力、技能和自学所必需的动机的环境，特别是一个创造性发展所需要的"友善的和有奖赏的"环境，保证创造才能的发展壮大。

（6）应为集体学习和解决问题提供更多的机会，培养学生相互合作的能力。

（7）应承认思想上的分歧是事物本质的一部分，承认多种多样的才能价值，鼓励儿童用各种不寻常的方式去观察事物和思考问题。

托兰斯的创造理论，对于指导构建班级活动的良好心理机制具有重要的理论价值和指导作用。

（二）陶行知的创造理论

陶行知先生被周恩来总理誉为"伟大的人民教育家"，早在半个世纪以前，他就提出了"创造教育"的理论。他明确指出："儿童是新时代之创造者；不是旧时代之继承者。儿童是创造产业的人；不是继承遗产的人。儿童生活是创造，建设，生产；不是继承，享福，做少爷。"

陶行知在《育才二周岁前夜》一文中说："集体创造的目的，在运用有思考的行动来产生新价值。我们虽不能无中生有，但是变更物质的地位，配合组织使价值起值的变化而便利于我们的运用。这也构成普通功课之一部分，使学生在集体创造上学会创造。"而且，他还把六月二十日到七月二十日定为集体创造月，从四个方面有计划地开展创造月活动。这四个方面是：

1. 创造健康之堡垒；

2. 创造艺术之环境；

3. 创造生产之园地；

4. 创造学问之气候。

他认为，校长要成为"社会的领袖"，就必须富于创造精神。他主张校长要有如下三层资格：

1. 要有劳动的身手；

2. 要有教师的头脑；

3. 要有社会改造家的精神。

陶先生还告诫我们的老师要"认识小孩子有力量，要解放儿童的创造力"；要有勇气和胆识去"敲碎儿童的地狱"，与孩子们一道"创造儿童的乐园"。当时，他提出了著名的"六大解放"：

1. 解放小孩子的头脑，使他能想，把儿童头脑从迷信、成见、曲解、幻想中解放出来；

2. 解放小孩子的双手，让他能干，给小孩子有动手的机会；

3. 解放小孩子的眼睛，让他能看；

4. 解放小孩子的嘴，让他能谈；

5. 解放小孩子的空间，让他们去接触大自然及大社会；

6. 解放小孩子的时间，不要把他们的功课表填满，要为儿童争取时间之解放。使他们充分而自由地活动，"在劳力上劳心"。

如果广大班主任和教师能够在班级活动中，实现这"六大解放"，完善班级活动的创新心理机制。那么，培养学生创新精神的目标就一定能够实现。

（三）完善创新的心理机制

根据托兰斯和陶行知的理论，班主任应在班级活动中构建一种有利于培养学生创新精神的良好的心理机制。即在组织班级活动时，尽量符合下列各项要求，以利于培养学生的创新精神。

1. 活动要能够满足学生的合理需要，提升学生的行为动机

学生有诸多的心理需要，如好奇心、求知欲、表现欲、竞争欲、成就欲等。在组织班级活动时，一定要满足学生的合理需要，提升其行为动机。因为，满足需要是激励的基点，提升行为动机是激励的着力点。每项活动都必须满足学生的需要，使他们感到活动对他们的发展有意义，他们才愿意参加，积极性才会提高。与此同时，还必须考虑他们参加活动的动机。逐步把他们参与活动的动机从满足需要提升到为了级的荣誉、为了提高自身的素质、为了将来有真本领为四化建设服务的层次上。可见，只有新颖的活动形式才能达到提升学生活动动机的目的，即从低层次的动机向高层次的动机发展的目的。

2. 活动要使每个成员都能扮演一个满意的角色，实现"角色激励"

只有这样，才能使学生在活动的过程中体验成功的快乐，从整体上看，班主任要善于发动学生为班级活动献计献策，使他们真正成为班级活动的策划、组织者、实践者。学生只有真正成为班级活动的主体，才能充分发挥他们的主观能动性、独立性和创造性。

让笔者记忆犹新的是《创新教育在黄冈中学》这篇文章（见《教师博览》，1998 年第 10 期）。黄冈中学为了激发学生的创新精神，保护学生的好奇心，特别是小调皮们的好奇心和积极性。不仅注意活动内容的丰富性、活动形式的多样性，还对活动进行了全面的创新，开展了许多富有挑战性的活动。

如"十五"大期间他们引导学生深入调查研究，收集了 100 多个问题，然后同学们又分头查找资料、求教老师，再向全校师生作答，体现了学生的创新精神。他们开展了干部竞选活动，明确要求竞选者要有创新精神，能促使广大学生开动脑筋、出高招，使班级工作不断推陈出新。他们到井冈山开展夏令营活动,在一两千里的行程中,衣食住、联络、采访、摄影等诸多事情都是学生唱主角,班主任只是一名平等的参与者。活动结束后,同学们还拍摄了专题片,受到社会的好评。他们经常开展专题演讲、时事点评、个人特长展示(琴棋书画)。学校还开设了"中学生论坛",任何学生有了新观点、新感受、好建议均可以上台讲论,大大激发了学生的创新意识。1998 年"五四"期间,学生在系列活动之一的"理化兴趣晚会"活动中,表演了"星球大战""天女散花""巧变魔蛋"等20 多个精彩纷呈的节目,充分体现了学生的创新能力。这些事实足以说明,创新活动并鼓励学生主动参与,确实能激发学生的创新意识,形成和发展创新精神。班主任必须给予足够的重视。

3. 活动必须形成一种竞争的心理,激发创新意识和创造性思维

中小学生都有好动、好奇、好胜等心理特点。在班级活动中,注入竞争(赛)气氛会大大提高学生参与活动和实现班级目标的积极性。这样不仅有利于学生素质的提高、集体意识的增强,而且能够促进班级的发展。当然,强调班级活动的竞争性,不应忘记培养学生健康的竞争心理,防止小团体主义和利己主义的倾向。

例如,同学们非常喜欢登山,有位班主任最初只是带领学生去登山,尽管也起到了感受自然美和磨炼意志的作用,但总觉得效果一般。于是,他一改以往的做法,先派人按指定路线分阶段(高度)插上印有不同标志的小红旗,谁得的红旗多谁就是优胜者。最后,采取精神鼓励与物质奖励相结合的方法,强化学生参与竞争的意识,把竞争机制引进班集体活动,使学生产生一种自我实现的成就感和价值感,也鼓励他们向榜样学习,使他们认识"优胜劣汰"的道理。这样做比单纯去登山教育意义更大。

(四) 怎样才能使班级活动适应这种创新的心理机制

1. 班主任要以自己的创新精神影响学生

在班级活动的结构要素中,最积极、最活跃的要素是人,即班主任和学生。在班级活动中培养学生的创新精神,班主任是教育的主体,发挥着主导作用;学生是学习的主体,发挥着能动作用,他们之间是双主互动的

关系，是教学相长的关系。

陶行知说过，教育不是造神，他们所要创造的是真善美的活人。先生最大的快乐是创造出值得自己崇拜的学生。说的正确些，先生创造学生，学生也创造先生，学生先生合作而创造值得彼此崇拜的活人。这段话不仅深刻地说明了师生双主互动、教学相长的关系，而且这种"值得彼此崇拜的活人"即是具有"创新精神和实践能力"的人。

我们常说，只有用创新精神才能培育创新精神，只有用创造力才能激发创造力。也就是说班主任用自己的创新精神去教育影响学生，效果会更好。班主任的创新精神主要表现在解放思想、不囿于传统教育观念，乐于接受现代教育思想，具有创新意识、超前意识，敢于在教育改革中创新；在思维方式上具有独创性、批判性和敏锐的观察力、果断的判断力、机智的应变力；在意志品质上具有强烈的进取心和好奇心，有在困难面前坚持不懈、百折不挠、不达目的决不罢休的胆识和魄力。这种精神品质对学生潜移默化的影响要比向学生灌输创新知识、提出创新要求，效果好得多。一言以蔽之，"教育者的全部工作是为人师表"，在培养学生创新精神的过程中，首先班主任要有创新精神，然后才会有学生的创新精神。

除此之外，班主任还必须做到：

（1）相信学生的能力；

（2）去掉种种限制；

（3）鼓励主动探索；

（4）帮助解决困难。

2. 创设宽松的环境氛围

环境是人的个性和创新精神发展的重要因素。一个人良好的心情、情绪和积极的情感对自身的成长发挥着积极作用。对此，陶行知说得更为明确："发挥和阻碍，加强或削弱，培养或摧残这创造力的是环境。教育是要在儿童自身的基础上，过滤并运用环境的影响，以培养加强发挥这创造力。"可见，要培养学生的创新精神，班主任不能忽视班级环境和活动情境的营造，要给学生创造一个自主发展的空间，一个自主选择和发展的机会，一个心理自由的氛围，这样才能培养有创新意识和创新精神的人才。营造宽松、和谐的班级环境，培养集体意识、荣誉感和自豪感是调动学生积极性、主动性和创造性的基本手段。班级环境主要包括物质环境和人际环境。

　　班级物质环境的布置，要一改过去单调古板为具有情趣的个性化环境，达到清新舒适、有新意、整体协调、具有美感，又不失其教育性和陶冶情操的作用。学生置身于这样的环境中会感到轻松愉悦，思维就会活跃，而且能够使学生形成自觉性、自制性和坚韧性，以促使他们的自我发展意识走向自觉，形成创新精神。

　　人际环境建设尤为重要。在传统的教育模式中，班主任是绝对的权威，对班集体的管理实行专制主义的管、卡、压，师生之间缺少沟通。因此，锁住了学生的心扉，封闭了学生的情感，禁锢了学生的思维，束缚了学生的想象，压抑了学生的创造个性。具有现代教育思想的班主任，与学生之间是民主、宽松、平等、和谐的朋友式的关系。他们尊重、理解、关心、支持、赏识每一个学生，并引导他们自觉接受教育，这样才能消除他们心灵上的恐惧感，从而增加师生之间沟通交流的机会。

　　3. 搞好创新评价，激发创新精神

　　评价是班主任经常使用的教育手段，如何评价学生，其教育效果大不一样。记得有这样一个故事：

　　一位母亲带着她14岁的女儿去看心理医生。医生还没开口，这位母亲便唠叨起来。说她女儿沉默怪癖、撒谎肮脏、又蠢又笨、成绩差的出奇，老师和同学谁都不喜欢她，她自己也不知该拿这样的女儿怎么办。医生观察一番后，支开了这位母亲，和蔼地对小姑娘说："姑娘，你没看出你其实长得很漂亮吗？如果有时间的话，今晚你愿不愿意打扮一下跟我和我太太一起去看国家芭蕾舞队的演出呢"？姑娘听了万分惊喜。傍晚，一位穿着绿裙子、打扮得干干净净的漂亮姑娘出现在医生的家门口……从此以后，她变了，又整洁又乖巧，学习成绩突飞猛进，朋友也越来越多。为什么会有如此大的变化呢？就是因为医生一句鼓励的知心话，使她"旧貌换新颜"。

　　这个故事告诉我们，对学生不同的评价，其效果大相径庭。对学生肯定性的评价（表扬、赞许、奖励）是促进学生心理安全的重要因素。他们会朝着老师期望的方向努力，他们不会害怕表现，进行发散思维也无须处于防御状态，当然创新精神就不会受到压抑。

评价要有科学标准。传统教育中，凡是听话、顺从、成绩好的学生就会受到表扬；凡是有独立见解、经常向老师发难的顽皮学生就会受到批评，如果他们也想得到老师的表扬，就得放弃自己独立的个性。这种以服从为条件的评价（表扬与批评）就会贬低和压抑学生们的创新精神。班主任只有树立创新的教育观和现代的人才观，才能对那些顽皮的学生和喜欢用非常方式观察与思考的学生有容忍的精神。

评价学生要突出个性，要有阶段性评价。班主任要善于在生活中发现学生闪光的个性，给予充分的肯定。要做到肯定性评价与否定性评价相结合，以肯定性评价为主。即使是否定性评价也应该是善意的、一分为二的，切不可讽刺挖苦、变相体罚。班主任还要注意培养学生的自我评价能力，提高学生的自我认识和自我教育能力，这对发展学生的创造性思维和创新精神具有重要作用。

思考与练习

1. 您是如何理解创新意识的？其表现形式是什么？举例说明。

2. 创造性个性品质包括哪些内容？为什么说创造性个性品质要从小培养？

3. 简要说明什么样的班级活动有利于培养学生的创新精神？

4. 为什么说活动能激发学生的创新意识？

5. 为什么说活动能启发学生的创造性思维？

6. 为什么说活动能为学生提供想象的空间？

7. 在班级活动中，怎样构建培养学生创新精神的良好心理机制？

参考文献

[1] 陈佑清.教育活动论 [M].南京：江苏教育出版社，2000—10 (1).

[2] 唐云僧，李鸿基，陈锡生.中小学班集体建设经验全书 [M].银川：宁夏人民出版社，1999—12 (1).

[3] 辛晹.中国班主任学 [M].长春：吉林教育出版社，1990—3 (1).

[4] 总课题组.班集体激励论 [M].天津：天津教育出版社，2000—10 (1)：82—83.

[5] 杨连山.思辨集 [M].山东：运河文学杂志社，1995—6 (1).

[6] 张化万.把玩进行到底 [J].基础教育，2007 年，(1).

[7] 黄晶，刘云艳.民间游戏"捉迷藏"对儿童的教育价值 [J].基础教育，2007 年，(8).

[8] 张静.论班级主题活动的"场"效应 [J].基础教育，2009 年，(3).

[9] 房超平.培养"大写"的人 [N].中国教育报，2010—4—20.

[10] 邵道生.使您聪明的奥秘 [M].北京：北京理工大学出版社，1991—8.165.

[11] 胡守棻.德育原理 [M].北京：北京师范大学出版社，1989—9 (2).

[12] 中华人民共和国教育部《素质教育观念学习提要》编写组.素质教育观念学习提要 [M].北京：三联书店，2001—7 (1).

[13] 武怀堂.思想教育心理学 [M].北京：华夏出版社，1987—6 (1).

[14] 王宝祥，牛志强，陈燕慈.班主任工作全书 [M].北京：专利文献出版社，1997—9 (1).

[15] 刘培征.班集体活动论 [M].天津：天津教育出版社，2002—9 (1).

[16] 杨年.创造性思维的特征 [J].中州学刊，1983 年，(6).

[17] 高谦民，黄正平.小学班主任 [M].南京：南京师范大学出版社，1997—12 (1).

后　记

　　《班集体活动创新论》是全国教育科学"十五"规划课题《班集体建设创新与学生创新精神培养》的子课题《班集体活动创新与学生创新精神的培养》的研究成果。曾得到总课题专家组的指导和帮助，出版前又得到了《班主任》名誉主编王宝祥、主编苏学恕、李汉生的具体指导。王宝祥还拨冗审读了书稿并书写了序言（本修订本一并发表）。现在呈现给广大班主任的《班级活动创新与问题应对》一书，是在广泛征求对《班集体活动创新论》意见的基础上，重新构思修改而成，并得到中国教育学会"十一五"重点课题《中小学班主任专业素养的现状与发展的研究》天津市津南区14所子课校和宝坻四中的大力支持，做了进一步的研究，扩大了研究成果。为了使本书内容更加充实，更具理论的指导性和实践的应用性，我还邀请了天津"十佳"班主任张国良先生和优秀班主任杨照女士参加了本书的修改。张先生承担了第一章、第三章的部分写作内容和本书的校对任务。杨女士承担了第三章、第四章的部分写作内容并由我进行了最后的审订和修改。

　　值此本书出版之际，特向给予我们支持和帮助的专家学者和广大班主任致以谢忱。

　　感谢专家学者的研究成果为我们打开思路提供的帮助；

　　感谢为我们提供优秀案例的班主任们；

　　感谢所有帮助我们的同志。也诚恳期盼专家学者和广大班主任对本书提出批评指正。

杨连山

《名师工程》系列丛书

征 稿 启 事

《名师工程》系列丛书是西南师范大学出版社策划、组织出版的大型系列教育丛书。丛书以新课程下的新教学为背景，以促进施教者的教育能力为落脚点，以提高教育质量、提升教师水平为宗旨。

丛书首批推出的"名师讲述""教学提升""教学新突破""高中新课程""教师成长""大师讲坛""教育细节""创新语文教学""教育管理力""教师修炼""创新数学教学""教育通识""教育心理""创新课堂""思想者""名师名课""幼师提升""优化教学""教研提升""名校长核心思想系列""名校工程""高效课堂""班主任专业化"等系列，共130多个品种，其余系列也将陆续出版。为了让广大教师有一个交流、借鉴的机会，同时也为了给广大教师提供更多、更好的图书，《名师工程》系列丛书编辑出版委员会特向全国教育工作者征集稿件。

稿件要求：

1.主题鲜明、新颖，有独创性。

2.主题以提升教育能力为主，也可适当外延。

3.主题要有一定规模、有典型案例支撑。

4.案例要贴近教育实际，操作性强。

5.文章、书稿结构清晰，语言精彩。

书稿作者在选题确定之后，请及时与我们做好沟通，具体事宜确定好之后再进行创作；也欢迎用已经完稿的稿件投稿。一线教师如希望参与图书案例的创作，可联系我社策划机构，由策划机构备案，在适合的图书中参与创作。

真诚欢迎各位教师踊跃投稿。

联系方式：

西南师范大学出版社高教分社

电话：023-68254356　　　E-mail：zcj@swu.cn

西南师范大学出版社高教分社北京策划部

电话：010-68403096

E-mail：guodejun1973@163.com

西南师范大学出版社
《名师工程》系列丛书目录

系列	序号	书　　　名	主编	定价
班主任专业化系列	1	《班主任专业化成长策略》	杨连山	30.00
	2	《班级活动创新与问题应对》	杨连山　杨照　张国良	30.00
	3	《班集体建设与创新人才培养》	李国汉	30.00
	4	《神奇的教育场——打造特色班级文化创新艺术》	李德善	30.00
优化教学系列	5	《高效教学组织的优化策略》	赵雪霞	30.00
	6	《高效教学方法的优化策略》	任　辉	30.00
	7	《高效教学过程的优化策略》	韩　锋	30.00
	8	《让教学更生动——激发兴趣让学生快乐认知》	朱良才	30.00
	9	《让教学更高效——策略创新让教学事半功倍》	孙朝仁	30.00
	10	《让教学更开放——拓展延伸让学生触类旁通》	焦祖卿　吕　勤	30.00
	11	《让教学更生活——体验运用让学生内化知识》	强光峰	30.00
	12	《让知识更系统——整合与概括让学生建构体系》	杨向谊	30.00
	13	《让思维更创新——思辨与发散让学生思维活跃》	朱良才	30.00
教师成长系列	14	《做会研究的教师》	姚小明	30.00
	15	《学学名师那些事》	孙志毅	30.00
	16	《给新教师的建议》	李镇西	30.00
	17	《教师心灵读本：成为有思想的教师》	肖　川	30.00
	18	《教师心灵读本：教师，做反思的实践者》	肖　川	30.00
名校系列	19	《让每个生命都精彩——生命教育校本实践策略》	王鹏飞	30.00
	20	《好学校，从关注每个学生开始——石梅小学优质教育多元感悟》	顾　泳　张文质	30.00
创新语文教学系列	21	《曹洪彪新概念快速作文》	曹洪彪	30.00
	22	《小学语文：享受对话教学》	孙建锋	30.00
	23	《小学语文：名师教学目标落实艺术》	刘海涛　王林发	30.00
	24	《小学语文：名师魅力教学设计艺术》	刘海涛　王林发	30.00
	25	《小学语文：名师魅力课堂激趣艺术》	刘海涛　豆海湛	30.00
	26	《小学语文：单元整体教学构建艺术》	李怀源	30.00
	27	《小学作文：名师情趣课堂创设艺术》	张化万	30.00
思想者系列	28	《心根课堂——让教育随学生心灵起舞》	刘云生	30.00
	29	《做一个纯粹的教师》	许丽芬	26.00
	30	《率性教书》	夏　昆	26.00
	31	《为爱教书》	马一舜	26.00
	32	《课堂，诗意还在》	赵赵（赵克芳）	26.00
	33	《今日教育之民间立场》	子虚（扈永进）	30.00
	34	《教育，细节的深度反思》	许传利	30.00
	35	《追寻教育的真谛——许锡良教育思考录》	许锡良	30.00

系列	序号	书　　　名	主编	定价
创新课堂系列	36	《个性化课堂教学艺术：小学语文》	商德远	30.00
	37	《如何实现三维目标——让学生与文本共鸣的诵读教学》	张连元	30.00
	38	《想说　会说　有话可说——突破作文瓶颈的三维教学法》	杨和平	30.00
	39	《综合课的整合创新教学》	周辉兵	30.00
	40	《如何打造学生喜欢的音乐课堂》	张　娟	30.00
	41	《理想课堂的构建与实施——一个教研员眼中的理想课堂》	张玉彬	30.00
	42	《小学语文：决定教学质量的关键策略》	李　楠	30.00
	43	《用〈论语〉思想提升数学教育智慧》	胡爱民	30.00
	44	《童化作文——浸润儿童心灵的作文教学》	吴　勇	30.00
高效课堂系列	45	《用什么提高课堂效率——有效数学课必须关注的10大要素》	赵红婷	30.00
	46	《让作文更轻松——小学作文高效教学36锦囊》	李素环	30.00
	47	《让研究性学习更高效——研究性学习施教指导策略》	欧阳仁宣	30.00
	48	《让母语融入学生心灵——提升学生语文素养的高效施教艺术》	黄桂林	30.00
教研提升系列	49	《教师怎样做小课题研究——高效助力教师专业化成长》	徐世贵　刘恒贺	30.00
	50	《今天我们应怎样评课》	张文质　陈海滨	30.00
	51	《今天我们应怎样进行教学反思》	张文质　刘永庥	30.00
	52	《一节好课需要的教育智慧》	张文质　姚春杰	30.00
名校长核心思想系列	53	《做一个智慧的校长》	孙世杰	30.00
	54	《成为有思想的校长》	赵艳然	30.00
幼师提升系列	55	《全国优秀幼儿健康教育活动课例评析》	教育部教育管理信息中心	30.00
	56	《全国优秀幼儿艺术教育活动课例评析》	教育部教育管理信息中心	30.00
	57	《全国优秀幼儿社会教育活动课例评析》	教育部教育管理信息中心	30.00
	58	《全国优秀幼儿语言教育活动课例评析》	教育部教育管理信息中心	30.00
	59	《全国优秀幼儿科学教育活动课例评析》	教育部教育管理信息中心	30.00
名师名课系列	60	《名师如何炼就名课》（美术卷）	李力加	35.00
教师修炼系列	61	《班主任工作行为八项修炼》	杨连山	30.00
	62	《教师心理健康六项修炼》	李慧生	30.00
	63	《教师专业化五项修炼》	杨连山　田福安	30.00
	64	《课堂教学素养五项修炼》	刘金生　霍克林	30.00
	65	《高效教学技能十项修炼》	欧阳芬　诸葛彪	30.00
	66	《教师新师德六项修炼》	王毓珣　王　颖	30.00
创新数学教学系列	67	《小学数学：名师教学目标落实艺术》	余文森	30.00
	68	《小学数学：名师高效教学设计艺术》	余文森	30.00
	69	《小学数学：名师易错问题针对教学》	余文森	30.00
	70	《小学数学：名师魅力课堂激趣艺术》	余文森	30.00
	71	《小学数学：名师同课异教》	林高明　陈燕香	30.00
	72	《小学数学：名师抽象问题艺术教学》	余文森	30.00

系列	序号	书　　名	主编	定价
教育通识系列	73	《用心做教师——青年教师快速成长的十大定律》	王福强	30.00
	74	《做最受学生欢迎的老师》	赵馨　许俊仪	30.00
	75	《做有策略的校长——经典寓言与学校管理智慧》	宋运来	30.00
	76	《做有策略的教师——经典故事中的教育启示》	孙志毅	30.00
	77	《从学生那里学教书》	严育洪	30.00
	78	《突破平庸——提升教育质量的31个跳板》	严育洪	30.00
	79	《教育，诗意地栖居》	朱华忠	30.00
	80	《好班规打造好班级》	赵凯	30.00
	81	《做学生成长的引领者——学生终身成长的素质培养》	田祥珍	30.00
	82	《如何管出好班级——突破班级管理的四大瓶颈》	刘令军	30.00
	83	《青春期性教育教师实用手册》	闵乐夫	30.00
教育细节系列	84	《名师最具渲染力的口才细节》	高万祥	30.00
	85	《名师最有效的沟通细节》	李燕　徐波	30.00
	86	《名师最有效的激励细节》	张利　李波	30.00
	87	《名师培养学生好习惯的高效细节》	李文娟　郭香萍	30.00
	88	《名师人格教育的经典细节》	齐欣	30.00
	89	《名师营造课堂氛围的经典细节》	高帆　李秀华	30.00
	90	《名师最有效的赏识教育细节》	李慧军	30.00
	91	《名师最有效的批评细节》	沈旎	30.00
教育管理力系列	92	《名校激励管理促进力》	周兵	30.00
	93	《名校安全管理执行力》	袁先潋	30.00
	94	《名校师资团队建设力》	赵圣华	30.00
	95	《名校危机管理应对力》	李明汉	30.00
	96	《名校校本研究创新力》	李春华	30.00
	97	《学校文化力建设策略》	袁先潋	30.00
	98	《名校长核心教育力》	陶继新	30.00
	99	《名校长高绩效领导力》	周辉兵	30.00
	100	《名校行政管理细节力》	杨少春	30.00
	101	《名校教学管理提升力》	张韬　戴诗银	30.00
	102	《名校学生管理教导力》	田福安	30.00
	103	《名校校园文化构建力》	岳春峰	30.00
教育心理系列	104	《做最好的心理导师——中学生心理健康咨询手册》	杨东	30.00
	105	《每天学点教育心理学》	石国兴　白晋荣	30.00
	106	《学生心理拓展训练与指导》	徐岳敏	30.00
	107	《好心态成就好学生——学生心理问题剖析与对症教育》	李韦遴	30.00
大师讲坛系列	108	《大师谈教育心理》	肖川	30.00
	109	《大师谈教育激励》	肖川	30.00
	110	《大师谈教育沟通》	王斌兴　吴杰明	30.00
	111	《大师谈启蒙教育》	周宏	30.00
	112	《大师谈教育管理》	樊雁	30.00
	113	《大师谈儿童人格塑造》	齐欣	30.00
	114	《大师谈儿童习惯培养》	唐西胜	30.00
	115	《大师谈儿童能力培养》	张启福	30.00
	116	《大师谈早恋与性教育》	闵乐夫	30.00
	117	《大师谈儿童情感教育》	张光林　张静	30.00

系列	序号	书　　　名	主编	定价
课程系列高中新	118	《高中新课程：教师角色转变细节》	缪水娟	30.00
	119	《高中新课程：班主任新兵法细节》	李国汉　杨连山	30.00
	120	《高中新课程：教学管理创新细节》	陈　文	30.00
	121	《高中新课程：更有效的评价细节》	李淑华	30.00
教学新突破系列	122	《把教学目标落实到位——名师优质课堂的效率管理》	冯增俊	30.00
	123	《拿什么调动学生——名师生态课堂的情绪管理》	胡　涛	30.00
	124	《零距离施教——名师和谐师生关系的构建艺术》	贺　斌	30.00
	125	《一个都不能落——名师提升学困生的针对教学》	侯一波	30.00
	126	《让学习变得更轻松——名师最能吸引学生的情境设计》	施建平	30.00
	127	《让知识变得更易学——名师改造难学知识的优化艺术》	周维强	30.00
教学提升系列	128	《方法总比问题多——名师转变棘手学生的施教艺术》	杨志军	30.00
	129	《用特色吸引学生——名师最受欢迎的特色教学艺术》	卞金祥	30.00
	130	《让学生爱上课堂——名师高效课堂的引导艺术》	邓　涛	30.00
	131	《拿什么打开思路——名师最吸引学生的课堂切入点》	马友文	30.00
	132	《没有记不牢的知识——名师最能提升学生记忆效果的秘诀》	谢定兰	30.00
	133	《让学生的思维活起来——名师最激发潜能的课堂提问艺术》	严永金	30.00
名师讲述系列	134	《施教先施爱——名师讲述班主任的核心教导力》	杨连山　魏永田	30.00
	135	《在欢乐中成长——名师讲述最具活力的课堂愉快教学》	王斌兴	30.00
	136	《让学生做自己的老师——名师讲述如何提升学生自主学习能力》	徐学福　房　慧	30.00
	137	《引领学生高效学习——名师讲述如何提高学生课堂学习效率》	刘世斌	30.00
	138	《教育从心灵开始——名师讲述最能感动学生的心灵教育》	张文质	30.00